les ritals

cavanna

les ritals

FRANCE LOISIRS
123, boulevard de Grenelle, Paris

Édition du Club France Loisirs, Paris
avec l'autorisation des Éditions Belfond

ISBN 2-7242-0507-3

A tous les Cavanna,
les Taravella,
les Giovanale,
les Gariboldi,
les Cisticerchi,
les Nardelli,
les Bocciarelli,
les Maloberti,
les Pavarini,
les Burgani,
les Simonetto,
les Gasparini,
les Pianetti,
les Pellicia,
les Bergonzi,
les Ferrari,
les Farinotti,
les Sargiente,
les Redivo,
les Manfredi,
les Colucci,
les Staletti,
les Perani,
les Draghi,
les Brascio,
les Villa,
les Lucca,
les Rocca,
les Porro,
les Roffi,
les Rossi,
les Ricci,
les Lozzi,
les Prati,
les Toni...
et à tous ceux
qui font que la banlieue Est
n'est pas la banlieue Ouest.

C'est un gosse qui parle. Il a entre six et seize ans, ça dépend des fois. Pas moins de six, pas plus de seize. Des fois il parle au présent, et des fois au passé. Des fois il commence au présent et il finit au passé, et des fois l'inverse. C'est comme ça, la mémoire, ça va ça vient. Ça rend pas la chose compliquée à lire, pas du tout, mais j'ai pensé qu'il valait mieux vous dire avant.

C'est rien que du vrai. Je veux dire, il n'y a rien d'inventé. Ce gosse, c'est moi quand j'étais gosse, avec mes exacts sentiments de ce temps-là. Enfin, je crois. Disons que c'est le gosse de ce temps-là revécu par ce qu'il est aujourd'hui, et qui ressent tellement fort l'instant qu'il revit qu'il ne peut pas imaginer l'avoir vécu autrement.

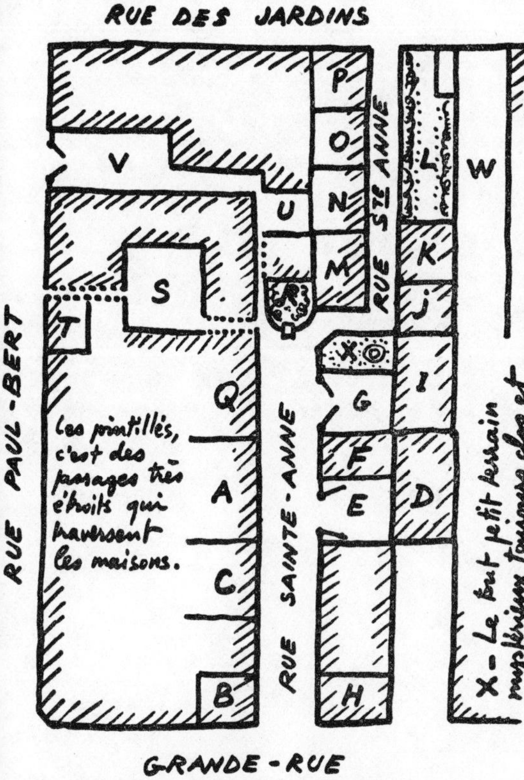

X – Le tout petit terrain mystérieux toujours clos et invisible de partout dans lequel il y a un puits très profond et où habitent des chauves-souris et même un hibou. C'est là que les chattes font leurs petits.

A – Le numéro 3 de la rue Sainte-Anne.
B – La boutique à Sentis, le libraire.
C – L'atelier de l'imprimerie Henry.
D – L'atelier de Monsieur Moreau, bourrelier-sellier.
E et F – La cour et le hangar de M. Moreau.
G et I – La cour à Hémery, le marchand de patates, et son hangar.
H – Le marchand de couleurs.
J-K – Le "Petit Cavanna", bistrot-bal-hôtel (2 chambres) tenu par la famille Pellicia.
L – Long étroit jardin des Pellicia, avec des troènes qui sentent très bon et très fort quand ils sont en fleurs.

CROQUIS FAIT DE MÉMOIRE ET SÛREMENT PLEIN D'ERREURS, MAIS ALLER SUR PLACE JE PEUX PAS : SI VOUS SAVIEZ CE QUE C'EST DEVENU !

M – La maison où habitent les Burgani, les Porro et la petite vieille très très vieille qui vit avec plein de chats.
N – Le hangar à Mougenot.
O – Un atelier de je ne sais quoi.
P – Petite maison qu'on a détruite quand j'étais tout petit pour faire un gros immeuble.
Q – Le 5 !
R – Petit jardin tout petit, demi-rond, avec une grille toute rouillée, un pilastre et un bec de gaz. Il n'y pousse que des saletés, "pourquoi les Français i sont fignants".
S – La cour à Galopo.
T – Le "produits d'Italie".
U – La cour à Gasparini.
V – La cour au tôlier de la rue Paul-Bert.

W – Le tir à l'arc de la rue des Jardins.

Les mètres

Le dimanche matin, quand il fait beau et qu'il a pas de jardin de bourgeois à aller bêcher ou de fosse à merde débordante à aller déboucher, papa ouvre la fenêtre, celle sur la rue, et il répare des mètres.

Des mètres en bois. Le mètre de maçon est en bois, tout jaune. Le mètre de menuisier aussi, mais il a pas de ressorts. Le mètre de maçon a des ressorts — papa, en tout cas, appelle ça des ressorts — au bout de ses branches pour qu'elles se tiennent bien droites quand on déplie le mètre. Les menuisiers, je sais pas comment ils font. A cause des ressorts, les mètres de maçon cassent souvent. Le bois est mince, les grosses pattes pleines de crevasses sont raides, le mètre, crac, casse. Le maçon jure porco Dio, traîne la Madonna dans la merde et engueule le garçon. Le garçon, c'est l'arpète. Quand quelque chose va de travers, c'est lui qu'on engueule. Il s'en fout, il est là pour ça, il aime mieux ça que se faire chier à l'école. Il a une augée de mortier sur l'épaule, ou deux sacs de plâtre dont un sur la tête, pour l'équilibre, ou un cabas plein de litrons au bras, et il court. A plat ou sur l'échelle. Un garçon maçon qui ne court pas, il se retrouve bientôt à chercher de l'embauche chez les bureaucrates.

Papa est garçon, mais pas vraiment l'arpète. Il a plus l'âge. Les arpètes, il les engueule, oui, plus fort que les compagnons, même. Petit compagnon, ça s'appelle, qu'il est. Ça veut dire qu'il se tape un boulot de compagnon et touche une paie de garçon. Un caractère en or, papa. Et puis, il sait pas lire. Un compagnon, faut que ça puisse lire le plan. Ecco. Tou comprende, Vidgeon? Papa comprend.

Ah, oui. « Vidgeon », c'est le diminutif gentil de Luigi, en dialetto. Comme tu dirais « Petit-Louis ».

Les bouts de mètres cassés, il les ramasse, sur les chantiers, à droite à gauche, tout content, en se chantant une petite chanson sans paroles et sans musique, plutôt un bourdonnement guilleret, comme on s'en chante pour soi tout seul quand on est content d'être au monde et qu'on ne veut pas déranger les gens pour si peu. Il les ramasse et il les met dans sa boîte à fourbi. Tous les maçons ont une boîte à fourbi. C'est une caisse, assez grosse, lourde comme le diable déjà quand elle est vide, avec un truc sur le devant pour le cadenas et des machins en fer sur les côtés pour passer la courroie quand on change de chantier. Elle est lourde parce qu'elle est faite avec des chutes de planches d'échafaudage, quatre centimètres d'épaisseur, ou avec des panneaux de portes d'écurie en chêne, tout ça assemblé aux clous à chevron et renforcé aux coins avec des ferrailles trapues qu'on dirait des bouts de rails, des fers à cheval, des équerres énormes, des morceaux de balcon en fonte, afin que ça soit bien solide. Faire solide, c'est la hantise du maçon. Comme il a en même temps horreur du tournevis et du ciseau à bois, outils de gonzesse et traîtres pareil, il y va à grand renfort de clous, plus il y a de clous et plus ils sont gros plus c'est solide, rappelle-toi bien ce que je te dis, petit. J'ai vu une fois une boîte à fourbi qui avait quatre pattes, faites de quatre fers à repasser coincés dessous par des clous recourbés, pour pas que le fond de la boîte touche la boue. Le gars était vachement fier.

En plus qu'elle est lourde de naissance, la boîte, elle est lourde du fourbi qu'elle a dans le ventre. Surtout les outils personnels tabous sacrés que personne a le droit d'y toucher ou alors tu paies un litre, quand tu l'ouvres ça fait un nuage mélangé de poudre de bleu à lessive pour battre les lignes et d'ocre rouge pour faire la fausse brique, t'en as plein les mains, plein la gueule, tu peux pas dire que tu y as pas touché, paie ton litre, mon salaud.

L'odeur de cette poudre ocre rouge, c'est quelque chose, tiens.

Des boîtes à fourbi, papa, il en a plein. Sur chaque chantier en train, il en a deux ou trois. Plus une douzaine dans notre cave. Plus une dans la cuisine qui fait gueuler ma mère. Plus une dans le coin où il y a mon lit, avec un cadenas terrifiant et cassé. Plus quelques autres dans les cabanes à outils des jardins qu'il bêche le dimanche pour se faire des sous que maman sait pas qu'il a — enfin, qu'elle sait pas combien au juste —. Plus quelques autres dans des coins tellement secrets qu'il les a oubliés lui-même. Au fait, si vous en avez marre, autant me le dire tout de suite, parce que moi, quand je commence à raconter papa, on en a pour un bout de temps.

Papa ouvre la fenêtre et répare des mètres. Pourquoi la fenêtre? Parce que c'est le seul coin que maman lui permet. Elle n'a que le dimanche pour faire son ménage, la semaine elle fait celui des autres, le matin, et leur lessive, l'après-midi. Le dimanche matin, ça voltige et ça houspille, chez nous. Papa prend l'appui de ciment de la fenêtre comme établi, il étale dessus son petit fourbi. Le machin en fer où s'enfonce la tige de l'espagnolette lui tient lieu d'enclume, et d'enclume bien commode, même, grâce au trou qu'il y a au milieu. Le trou lui sert à chasser les rivets des bouts de mètres cassés, le tour du trou lui sert à river les clous qui servent de rivets aux bouts de mètre neufs. Avec un paquet de vieux mètres, papa en fait un neuf. Quand il est fait, il le regarde au soleil, content comme tout. Il y a juste le nombre de branches qu'il faut, cinq pour un mètre simple, dix pour un double-mètre, juste le nombre, pas une branche de plus ou de moins, merde, c'est pas un con, papa. Je suis très fier de lui.

Un jour, je demande à papa :

— Papa, pourquoi ils se suivent pas, les numéros?

Papa m'a regardé, il a craché un long jus de chique par la fenêtre, du coin de la bouche — pour ça aussi, je l'admire beaucoup — et il a dit :

— Ma, qué nouméros?

— Les numéros sur le mètre. Là, il y a 60, et juste après il y a 25, et juste après 145...

— Ma qu'est-ce qué t'as bisoin les nouméros? Tou régarde combien qu'il y a les branches, et basta, va bene. Quatre branches, ça veut dire quatre-vingts. Ecco. Pour les pétites centimètres toutes pétites qui sont en plus, tou comptes avec le doigt, à peu près, quoi, voyons, faut pas perdre le temps à des conneries, qué le plâtre, lui, tou sais, le plâtre, il attend pas, lui.

Je pense que papa, ce jour-là, a flairé que son piston (il n'a jamais bien discerné, à l'oreille, la différence entre piston et fiston) avait déjà un pied chez les bureaucrates.

Quand papa en a bien marre de se faire traiter de feignant et de rital par sa panthère, il descend dans la rue faire un tour. Maman pourrait continuer à lui gueuler dessus par la fenêtre, mais elle a son quant-à-soi, elle est française, elle, elle ne vit pas à ciel ouvert sur la place publique, elle a bien trop de fierté pour ça. Elle se contente de ronchonner à la cantonade, à grosse rocailleuse voix morvandelle, en secouant sa literie avec haine, et tous les feignants du monde en prennent un sacré coup, je nomme personne, et tous ces mielleux tous ces pouilleux qui viennent manger le pain des Français sans avoir le courage de vous dire merde en face, race d'hypocrites, ah, là là, à bon entendeur, salut.

Maman, quelle bourrasque!

Moi aussi, je file dans la rue, sans quoi je suis bon pour encaustiquer le parquet, faire briller les pieds de la table, moulure par moulure — en ont-ils des chichis, les saloperies, une patronne qui lui a fait cadeau pour se meubler moderne — ou faire monter les œufs en neige à en avoir des crampes dans le bras. L'escalier dégringolé quatre à quatre, trois étages d'odeurs entrelardées de vieille pisse et de raviolis, les chiottes sont à mi-étage, sans égout et toujours bouchées, heureusement entre chaque passent sous les portes les effluves des raviolis du dimanche, ça te requinque jusqu'à l'horreur suivante.

La rue, c'est la rue Sainte-Anne, à Nogent-sur-Marne,

banlieue Est, six kilomètres de la Nation, entre le bois de Vincennes et Le Perreux *. La rue Sainte-Anne! Oh, là là, c'est un gros morceau, ça! Laissez-moi souffler un peu.

---

* Non, surtout n'y allez pas! N'allez pas la voir, ma rue! Si vous saviez ce qu'ils en ont fait! Un tas de gravats, un désert où parquent les bagnoles aux dos de tôle, une chose horrible, le désespoir, la mort... On la laisse crouler sur elle-même depuis quarante ans, défense de réparer, évacuations de force. Les taudis sonores sont devenus des ruines froides, les chemises blanches et les grandes ceintures rouges ne flottent plus aux fenêtres, il n'y a plus de fenêtres, les cent millions de mômes aux dents blanches ne jouent plus dans les caniveaux... Trois ou quatre Portugais furtifs, noirs et brefs comme crottes de rat, vivotent dans les interstices de ce qui fut le royaume glorieux des grands Ritals aux gros bras. Ecrasée dans ses haillons, puant l'huile de vidange et la pisse de vieillarde refroidie, elle attend les promoteurs aux beaux costards qui vont y planter leurs icebergs d'aluminium. Ou un « centre commercial », peut-être, c'est rentable aussi. N'y allez pas! Nogent est laid, Nogent est con, Nogent est mort. Comme le reste.

Eté 1978

Rue Sainte-Anne

Quand t'arrives par la Grande-Rue, tu dirais une impasse. T'aperçois, là-bas au fond, une grille sur un muret, une grille rongée rouillée avec en plein milieu un gros pilastre et un bec de gaz posé dessus, derrière la grille une vague verdure, derrière la verdure une maison de deux étages qui barre toute la rue. Et bon, tu t'en vas, c'est une impasse, quoi, pas la peine d'insister. Oui. Faut connaître. T'aurais remonté la rue jusqu'au fond, jusqu'à la grille, arrivé là t'aurais vu, sur le côté à droite, que la rue continue. Seulement, ça, faut avoir le nez dessus pour le voir. Elle continue, mais devenue d'un seul coup toute rétrécie rabougrie. Elle était déjà pas bien large avant, juste un boyau, mais là, t'étends un peu les bras à droite à gauche, tu touches les deux murs. Et comme elle part complètement sur le côté, à l'équerre, juste devant la porte à Jean-Jean, et qu'aussitôt elle refait un autre coude à l'équerre en sens inverse juste devant la porte aux Pellicia, si tu connais pas, rien à faire, tu peux pas deviner. Et si tu devines, t'oses pas y aller. Tu te sens salement étranger. Et tous les mômes qui te tournent autour, qui commencent à te chercher... Pourtant, passé les deux coudes, c'est encore une vraie rue, qui file tout droit vers la lumière, tout là-bas tout au bout, la lumière de la rue des Jardins où il passe même l'autobus depuis qu'ils ont mis la Grande-Rue en sens unique. Une vraie rue, avec des vrais trottoirs et des caniveaux, sauf qu'elle a un mètre vingt de large de mur à mur et que les trottoirs c'est juste un pavé. Les caniveaux, il y a tout le temps des nouilles dedans. Des nouilles blanches, molles, tristes. Des nouilles françaises. Les nouilles italiennes, c'est rose, c'est joli, à cause de la tomate. D'abord, t'as déjà vu des Ritals jeter la pasta au caniveau, toi?

Cette partie-là, la partie tout étroite, elle est noire. C'est parce que les murs sont noirs. Un couloir noir, mais sans plafond. On voit le ciel là-haut, très loin, pourtant les maisons sont plutôt basses, mais c'est la rue qui est si étroite. A droite en montant, il y a la porte du bistrot à Mme Pellicia, une petite porte avec une petite fenêtre que tu devinerais jamais que c'est un bistrot s'il n'y avait pas écrit sur la vitre : « Au Petit Cavanna ». Parce qu'avant c'était le bistrot à Grand-mère, la grand-mère Cavanna, la mère du grand Dominique, le Patron. Ça s'appelait « Au Petit Cavanna » pour pas que les gens confondent avec l'autre Cavanna, le grand beau restaurant juste en face du commissariat qu'il y en a qui viennent de loin et même de Paris, des fois, par l'autobus, pour y faire la noce tellement que la cuisine est bonne. Le dimanche après-midi, les Ritals mettent la chemise blanche avec les manches proprement roulées au-dessus du coude, et ils viennent au « Petit Cavanna » respirer la bonne odeur du pernod et de la pisse de chat en buvant du onze degrés. Ils discutent dans la fumée, ça fait un boucan terrible. Les Ritals ont des voix très graves et très sonores. Ils s'engueulent pour des histoires de haies mitoyennes, là-bas, au pays, ou bien ils jouent à des jeux de cartes inconnus, avec des cartes aux dessins fascinants, rouges, verts, jaunes, des couleurs de cuisine italienne, tomates, poivrons, safran, je suis sûr qu'elles sentent le parmesan, les cartes. Qu'elles me paraissent fades et froides, les tristes cartes de la belote française! Les cartes italiennes, ça s'abat sur la table à grands coups de poing, en hurlant à voix sauvage des choses que je comprends pas, des choses de meurtre et de malédiction. Et quand ils jouent à la morra! A la mourre, comme on dit en dialetto. Là, oui, ça fait du bruit! Ils jettent les doigts en avant, à toute volée, tu te demandes comment le bras ne s'arrache pas de l'épaule pour aller se planter dans le ventre du gars en face, ils étincellent de tous leurs yeux, de tous leurs crocs, ils rugissent de leurs gosiers énormes : « Tchinnquoué! Dou-é! Quouattro! » Le plafond sursaute. Les vitres tremblent, elles tremblent pour de bon, quand nous autres mômes on passe dans la rue ça nous vibre dans la tête, les murs font écho, toute la rue résonne comme un gros mirliton. Et quand ils chantent! A pleine gorge, tous bien ensemble, les yeux dans les yeux pour que ce soit très juste très réussi, la bouche ouverte à deux battants pour que s'y épanouissent à l'aise les amples « A » italiens, se donnant des coups de coude de bonheur tellement ils sont contents que ça soit si beau, ils lancent à trois voix leur chœur formidable. Et les vitres folles dansent tellement, les murs-mirlitons mirlitonnent si fort que jusqu'à la rue des Jardins et jusqu'à la Grande-Rue et jusqu'au fond des cours secrètes les fenêtres s'ouvrent, les femmes en pèlerine noire s'accoudent et écoutent. Les femmes des maris convenables qui ne vont pas bêtement dépenser les sous du ménage au bistrot sourient du coin de la bouche, bien droites, méprisantes. Celles qui savent le leur en train de brailler avec les autres écument de rage et de honte. Mais sauvent la face. Marmonnent, l'œil dur : « Aspett' un po' quanno tornerai... » Nous, on bouche la rue, collés en tas à la porte du bistrot, guettant quand un gars sort pisser dans le ruisseau pour tâcher d'apercevoir quelles gueules ont nos pères quand ils sont heureux comme nous ne les voyons jamais heureux ailleurs. Papa chante plus fort que tout le monde, mais mon cousin Silvio a la plus belle voix.

Plus bas, là où la rue a toute sa largeur, il fait clair, même un camion peut passer, en montant de chaque côté sur le trottoir et en faisant bien attention de pas écraser les mômes. Il y a plus de mômes que de pavés. Les pavés, au moins, ça reste en place. Les mômes, ça grouille, ça se faufile, ça croit pas au malheur. Hémery, le marchand de patates, un soir qu'il était bourré, il a senti une saleté qui calait la roue du camion, il a reculé un peu pour prendre de l'élan, il a passé la première et rrac il a écrasé la saleté en jurant bordel de bon dieu de sacré nom de dieu de mômes de merde avec leurs conneries à la con. La saleté, c'était son petit Robert à lui, il avait trois ans, il accourait dire bonjour à papa, il avait glissé. J'étais juste à côté, j'ai tout vu. Encore une chance que ça soit le sien à lui, d'un sens, qu'ont dit les femmes. Mon Dieu, si ça avait été le mien! qu'a dit maman. Maintenant, Hémery, il boit pour oublier.

La rue Sainte-Anne, il paraît qu'elle est comme ça depuis le Moyen Age, elle a pas bougé, c'est la demoiselle de la bibliothèque municipale où je vais chercher des livres le jeudi qui me l'a dit. Toutes les rues autour, pareil : la rue Saint-Saturnin, la rue Saint-Vincent, la rue Curé-Carreau... Le roi Charles VII, celui qui a gagné la guerre de Cent Ans grâce à Jeanne d'Arc, celui-là, oui, il venait à Nogent pour tringler sa poule, une fille qui s'appelait Agnès Sorel et à qui il avait fait cadeau d'un beau château parce qu'elle le suçait bien, et ce château se trouvait à Beauté, qui était un hameau au bord de la Marne, à mi-côte, ce qui fait que les troubadours pouvaient faire les spirituels et les lèche-cul sans changer de main en appelant la pute du roi « la dame de Beauté ». Je dis « la pute », comme ça, parce que maman m'a habitué au dégoût des femmes pas sérieuses, elle a horreur du vice, maman, c'est pas croyable, mais si on y réfléchit, Jeanne d'Arc aurait mieux fait de sucer un peu le roi au lieu de faire sa pimbêche, il ne l'aurait peut-être pas laissé brûler toute vivante par les Anglais, ce sans-cœur. Enfin, bon, c'est leurs oignons, mais moi je vois qu'une chose : il y a à Nogent une rue Agnès-Sorel et une avenue de la Dame-de-Beauté, une belle avenue, tiens, et dans des chouettes beaux quartiers rupins, alors que de rue Jeanne-d'Arc, pas la queue d'une. Ça donnerait à penser que les sauveuses de royaumes, c'est utile, il en faut, bon, mais c'est plutôt chiant et demoiselle du catéchisme, question conversation, alors qu'une bonne suceuse, ça fait paraître encore plus beaux les beaux jours et, quand viennent les mauvais, ça console bien. Quand j'explique ça aux copains de la rue, ils se marrent. Ouais, c'est parce qu'ils n'ont pas de Jeanne-d'Arc, en Italie. Mais dis-leur seulement que le Pape est une vieille pédale et qu'il se fait enculer par Bartali, t'as intérêt à avoir pris vingt mètres d'avance.

La rue Sainte-Anne et le quartier tout autour, c'est le vieux Nogent. Les Français ont abandonné ses ruelles tortillées, ses enfilades de cours et de couloirs et ses caves grouillantes de rats d'égout aux Ritals. A part quelques artisans comme M. Moreau, le bourrelier en face de chez nous, ou le tonnelier du haut de la rue, les quelques familles françaises qui se cramponnent, noyées dans les Ritals, sont des gens très pauvres, ou alors des soûlards à moitié clodos qui vivent des Assurances et se foutent sur la gueule le samedi soir devant toute la rue en hurlant à la volée des choses épouvantables, des choses qui traversent portes et fenêtres pourtant bouclées à grand fracas par les mères blêmes d'horreur et font ricaner les mômes sous cape. Les Ritals, de la maison au chantier et du chantier au bistrot, ne fréquentent que des Ritals. Alors ils croient que tous les Français sont comme ceux-là : sales, feignants, obsédés du cul, soûlards, va-de-la-gueule et communistes, et leurs femmes toutes putains et vérolées. La plupart interdisent à leurs mômes de jouer avec des mômes français. Déjà, moi, à moitié français par ma mère, je suis suspect. Les petits Ritals disent « vous » à leurs parents, les parents disent « vous » à la nonna, la grand-mère. Il y a toujours une nonna, entortillée de chiffons noirs, égreneuse de chapelet, tapie dans le coin de la cuisinière, qui entretient le feu, tient chaude la minestra et surgit à la fenêtre pour appeler les gosses à l'heure de la soupe.

Les Ritals, ça s'engueule pas, ça se bat pas. En tout cas, tu vois rien de l'extérieur. Les Français disent que c'est des hypocrites. Le père fronce le sourcil, les mômes filent, font ce qu'ils ont à faire, sans un mot. Le père cogne rarement. Il faut que ce soit très grave. Un crime. Avoir répondu « non » à la mère, par exemple. Alors, il déboucle sa ceinture de cuir. Deux coups, pas plus, mais secs, sur les mollets. Si c'est encore plus grave, il frappe avec le côté de la boucle en fer. Le père ne crie pas. Il engueule le môme à voix contenue, entre ses dents. Ses yeux sont terribles. Le môme serre les mâchoires, crève de rage rentrée, pleure en dedans, ne dit rien. Ne jamais perdre la face, surtout devant les Français. Maman est éperdue d'admiration et d'envie. Elle voudrait que papa soit comme ça. Un chef. Un dieu. Papa ne m'a jamais battu. C'est pas un dieu, papa. J'ai pas peur de lui. Si je fais le con, il est triste. Il me dit : « Pourquoi tou fas goler ta mère? » Je fais le con pas plus qu'un autre, plutôt même moins. Mais maman est difficile à contenter.

Moi, les petits Ritals, les pur jus, ils me font un peu peur. Comme les Peaux-Rouges des illustrés, si stoïques si méprisants. Heureusement, ils sont pas tous aussi surhumains.

La rue, elle a sûrement pas bougé depuis Agnès Sorel. Sauf l'immeuble où nous habitons, le numéro trois, qui a été reconstruit en brique juste avant 1914 par les premiers Ritals débarqués, les deux Dominique, Cavanna et Taravella, les associés, les Patrons.

Papa aussi s'appelle Cavanna, mais on n'est pas parents. Enfin, si, on doit bien l'être un peu, si on voulait chercher, mais ça remonterait trop loin, ça s'est perdu. Ces Cavanna-là, c'est les Cavanna riches. Ça veut dire que là-bas, au pays, ils ont du bien. Papa est un Cavanna pauvre.

Les soirs d'été, les hommes descendent dans la rue avec des chaises, ils s'assoient à l'envers, le dossier devant, leurs bras posés dessus. Ils sont blancs de plâtre, ou gris de ciment, ils ne se changent pas en quittant le chantier. Ils se lavent le dimanche matin dans une bassine, la femme leur frotte le dos, la grande sœur monte la garde devant la porte de la cuisine pour que les petits ne risquent pas de voir le père à poil... Les gosses jouent dans le crépuscule qui n'en finit pas. Ils font des rondes. Les soirs d'été sont voués aux rondes, c'est comme ça, cherchez pas à comprendre, de même que l'hiver est la saison des billes et le printemps celle de la chaînette qu'on fait dans une bobine avec quatre clous. Toutes les rondes, on les connaît, rue Sainte-Anne, toutes. « Enfilons les aiguilles de bois », « Où est la Marguerite? », « Qu'est-ce qui passe ici si tard? », « Passe, passe, Nicolas », « Ah, mon beau château », « La tour, prends garde », « Le petit bossu »... Toutes les rondes françaises. Pas une italienne. Forcé : où s'apprennent les rondes? A la maternelle. Tous les petits Ritals vont à la maternelle pendant que les mères font des ménages. Ils passent de la berceuse italienne à la ronde française, fchiaff, coupure. Petits Ritals, vous serez des Français moyens, pour vos gosses l'Italie ne sera qu'un pays sur la carte, comme la Belgique ou la Pologne, juste un peu plus chouette pour passer les vacances... Petits Ritals, faites comme moi, barbouillez-vous de nostalgie, c'est un plaisir délicat que seuls peuvent s'offrir les déracinés, mais rien qu'un doigt, petits Ritals! La nostalgie, c'est comme tout, t'en prends t'en laisses, tu prends le bon, tu laisses le reste...

Les soirs d'été, les hommes assourdissent leurs voix, et ça fait dans la nuit bleue un doux couac-couac d'étang à grenouilles. Ils se roulent à la main des cigarettes de maçon, grosses comme des manches de pioche et toutes bourrelées de varices, avec le tabac qui sort comme le crin d'un vieux matelas. Papa aime mieux la chique. Il s'enfonce cinq centimètres de gros boudin noir dans la bouche — de la carotte, ça s'appelle, je lui achète chaque jour de l'an pour ses étrennes dix ronds de carotte au bureau de tabac, j'ai honte de demander ça, le bureau de tabac se fend la gueule —, il coupe d'un bon coup de dents tout ce qui ne veut pas rentrer, il le range soigneusement dans sa poche de veste où il y a déjà les os de son dernier dîner mis de côté pour le chien perdu qu'il ne va pas manquer de rencontrer ce soir ou demain, les clés des cadenas de ses boîtes à fourbi, des vis, des boulons, des rondelles, des ressorts de mètres, des clous encore tout bons y a juste qu'à les redresser, des carrés de journal bien découpés bien carrés pour aller aux cabinets, des bouts de ficelle, des élastiques, des tas de trucs formidables. Les poches de sa veste pendent de chaque côté comme des musettes, en plus il enfonce ses poings dedans quand il marche, bras tendus, faut le voir marcher, ça tire sur la veste, faut que ça se prête ou que ça craque. Les poches du pantalon sont bourrées aussi, mais ça se voit moins parce que c'est un pantalon large, genre zouave, bleu l'été, velours côtelé marron l'hiver, serré aux chevilles sur les grosses godasses croûteuses racornies par le ciment.

Il est petit, papa, tout petit, mais qu'est-ce qu'il est costaud! Il est trapu et gras du bide, ça lui va très bien. Vous verriez ses yeux! Bleus comme ces fleurs bleues, vous savez, quand elles se mettent à être vraiment bleues. Ses cheveux sont blancs et fins comme les fils de ces plantes qui poussent dans les haies, je sais pas comment ça s'appelle. Ils ont toujours été blancs. Quand il était gosse, au pays, les autres l'appelaient « Il Bianco ». Maintenant, ils l'appellent « Vidgeon Grosso » ou « Gros Louis » (prononcer « Louvi »), ils ne savent plus très bien s'ils parlent dialetto ou français, ils sont à cheval sur les deux. Il rit tout le temps, papa. Il s'arrête pile en pleine rue pour rire aux conneries qu'il raconte, il se plante sur ses deux cuisses, les poings enfoncés à bout de bras dans ses poches de veste, il renverse la tête en arrière et il lance à pleines mâchoires son rire au ciel. Les gens s'arrêtent et rient aussi, pas moyen de s'empêcher, c'est quelque chose, tiens. Il en pleure. Il tire son mouchoir de dessous les os, les clefs, les boulons, les ficelles, un mouchoir violet, à carreaux, grand comme un drap, il le roule en gros tampon, il se frotte les yeux à s'arracher les paupières, puis il se l'étale à plat sur la figure, il s'empoigne le nez à travers le mouchoir, il se mouche, pouët, les oiseaux se sauvent, c'est la panique, il se frotte le nez avec le mouchoir en boule, ça va mieux, le voilà reparti. Et redéconnant. Vingt mètres plus loin, ça recommence.

Quand papa me raconte ses histoires, des fois, le soir, dans notre cuisine, je me marre, j'attrape le hoquet, je sais pas si c'est l'histoire, si c'est le mélange dialetto-français, si c'est l'accent, ou si c'est de voir rire papa. Il a du mal à arriver au bout tellement il rigole, et moi avec. Maman lui dit : « T'as pas honte de raconter des bêtises pareilles devant le petit? » Maman, elle a pas la bouche qui se plie dans le sens de la rigolade. Ils sont tous comme ça, dans sa Nièvre. Hâves et sombres. C'est à cause de la vie qu'est tellement dure, par là-bas. Pourtant, en Italie, dans le coin d'où ils viennent tous, c'est encore plus dur. Rien que du caillou. Si t'as de la terre, tu te crèves et tu crèves de faim. Si t'en as pas, tu t'en vas en France, nu-pieds, servir les maçons. N'empêche, ils goûtent la vie, les Ritals.

Le Fernet

Le Fernet, c'est la potion magique des grand-mères. Quand tu vois un môme passer, grave, rasant les murs à cause des bousculades et portant comme le Saint-Sacrement un verre qu'il protège de son autre main étendue par-dessus bien à plat contre les chutes de poussière (rue Sainte-Anne, on fait le ménage le soir, quand on l'a fini chez les autres, ou n'importe quand dans la journée, entre deux lessives « chez les autres »), un verre à demi plein de Fernet Branca qu'il vient d'acheter pour dix sous chez Mme Lozzi, le « Produits d'Italie » de la rue Paul-Bert, alors tu te dis tiens, sa nonna qui a encore le mal de ventre! Le Fernet Branca est souverain contre le mal de ventre. Aussi contre le mal de tête, contre le mal du froid, contre le mal des bonnes femmes qui les prend tous les mois que des fois ça les rend vraiment méchantes, contre tout. Le Fernet, c'est une invention que tu peux même pas imaginer comme elle est utile. Et rien que du naturel, attention! Personne ne peut l'imiter, impossible, parce que c'est fait avec des plantes secrètes qui poussent seulement en Italie, dans la montagne, et il faut les cueillir au bon moment, quand la lune et les astres sont juste comme ils doivent être, ça arrive une fois tous les sept ans, en même temps il faut dire la prière secrète et faire les signes, et si c'est pas un Italien qui les cueille ça marche pas, ça guérit rien du tout et même ça t'étouffe. C'est les frères Branca qui l'ont inventé, la Madonna leur est apparue, elle leur a dicté la formule et montré l'endroit, il y a leur signature sur la bouteille, si c'est pas juste exactement la bonne signature c'est pas du vrai Fernet et si tu en bois tu vas en prison. Autour de la signature il y a plein de médailles en or qu'on leur a données dans le monde entier tellement qu'ils ont fait du bien à des tas de gens malades, même des morts ils les ont fait revenir, mais faut pas qu'il y ait les asticots dedans, s'il y a les asticots, rien à faire, ça veut dire que l'âme est partie, quand l'âme s'en va les asticots peuvent venir, pas avant. Et sur l'étiquette il y a encore un aigle qui vole en l'air et qui emporte le monde dans ses pattes, c'est pour dire que l'aigle est le plus fort de tous les oiseaux, parce que le monde, c'est lourd, tiens, vachement, et le Fernet il est pareil comme l'aigle, si tu le bois tu deviens fort pareil. Ecco. Les Français, ils disent c'est quoi, cette saleté, ils goûtent et ils crachent, et ils toussent, et ils se frottent la langue avec le mouchoir, et ils gueulent que cette saloperie dégueulasse va les faire crever, ça doit être fabriqué avec du jus de leurs putains de cigares toscans tout noirs tout tordus mis à macérer dans de la chiasse de tigre, faut être pas normal pas civilisé pour se taper ça. La nonna est sûrement bien malade pour avoir le courage de l'avaler. La nonna fait la langue pointue, plisse les yeux et lape son Fernet à petits lapements de chat, en geignant « Oïmé che mi duole la pancia, non so' cos'ho fatto al Signoure! » entre chaque trempette de langue. La nonna est une vieille hypocrite. Son œil rigole de gourmandise et se cligne à lui-même dans le noir Fernet aux chauds reflets de goudron fondu. Le mal de ventre ravage les nonnas, tiens, mon céri, va m'acéter dix sous de Fernet cez madama Lozzi, oïmé qué zé souffre, fais vite, mon pétit lapin, tou diras rien à la mamma, eh, qu'elle sé farait dou mouvais sang, tou comprende, tou diras rien, eh? Tiens, ancora un sou, tou t'acétéras dou-é caramels.

La rue de Plaisance commence à la Grande-Rue, pas loin de la mairie, et va se perdre en se tortillant là-bas dans le boulevard de Strasbourg qui file tout droit comme un sauvage vers la Maltournée, c'est au diable, au moins quatre kilomètres, et encore plus loin c'est l'Allemagne. Le long de la rue de Plaisance, il y a des belles maisons avec des parcs, et il y a des couvents, plein. C'est le quartier des couvents. Il y a aussi des jardins de maraîchers et de fleuristes, mais de moins en moins. Papa a connu la rue de Plaisance quand c'était la campagne, avec au bout le hameau de Plaisance, trois bicoques, un bistrot et un château en ruine. Le château est toujours là, de l'autre côté du boulevard, on peut entrer par un trou dans la grille au-dessus du talus du chemin de fer, mais faut faire gaffe. On y joue à se taper sur la gueule, qu'est-ce qu'on se marre!

On se divise en deux bandes. Il y a ceux qui attaquent, qui sont dans le parc, et ceux qui se défendent, qui sont dans le château. Naturellement, tout le monde veut être dans le château, c'est plus marrant, mais c'est les premiers arrivés qui s'y mettent, alors faut les virer de là, et voilà, c'est justement ça, le jeu. Des fois, on est une dizaine dedans et au moins le double dehors, et alors, là, ça vaut le coup! Pas de règle. On a le droit de tout faire. On arrache les ardoises du toit, les marches de l'escalier, même les pierres des murs, et on balance ça sur les gars qui donnent l'assaut. Eux, pareil, ils nous virent sur la gueule des briques, des morceaux de statues, des billes d'acier tirées au lance-pierres triple élastique de chambre à air d'auto, tu tues un mec comme rien, avec ça. L'autre jour, Nino Simonetto avait réussi à grimper sur une espèce de terrasse, il y avait un grand trou au milieu, il passe la tête par le trou pour baiser les mecs dans la pièce en dessous, et justement il y avait Roger Pavarini, mon pote, qui était là-dedans, caché sur le côté, et qui guettait le trou, une brique à la main. Il voit la tête de Nino sur fond de ciel, il lui balance sa brique de bas en haut, à toute volée, en pleine gueule. Roger est plus costaud que n'importe qui. Il a que douze ans mais on dirait monsieur Muscle, un monsieur Muscle de trente berges et vachement entraîné, pourtant il a jamais rien fait pour ça, c'est de nature. Nino, sa figure a éclaté. Il est resté mort sur le dos, la gueule en bouillie, du sang partout, on n'arrivait pas à le faire revenir. Roger lui virait des coups de tatane dans les côtes « Eh, Nino, merde, fais pas le con! » Et puis il a fini par revenir, on avait eu peur. On a continué à se bagarrer jusqu'à la nuit, ça a été dur, surtout que les attaquants avaient profité qu'on était après Nino pour se faufiler dedans, les fumiers, alors il a fallu tous les virer, par les fenêtres, la tête en avant, ou dans la cave, c'est le plus marrant parce que l'escalier est pourri à mi-étage, il n'y a plus rien qu'un trou, tu fous les mecs en bas ils peuvent plus remonter. Quand on en a marre, on se tire et on les laisse gueuler. De toute façon, ils finissent toujours par se démerder.

Le soir, Nino, il osait plus rentrer à la maison. Il habite rue des Clamarts, une petite maison au fond d'un sentier, son père est forgeron, dans la cour il y a une enclume, une forge, des ferrailles, des cabanes avec des lapins, tout un bordel. On lui a dit vas-y, on est avec toi, dis que t'es tombé de vélo, s'il te croit pas t'as qu'à lui dire de nous demander si c'est pas vrai. Mais il osait pas, il avait trop la trouille, avec sa gueule tout éclatée comme un melon qui serait tombé du deuxième étage, son nez qu'il en avait plus et son œil qui lui sortait de la tête... Et voilà son vieux qui l'appelle à la soupe : « Nino! Tou viens, vi o no? » Alors Nino y est allé, en chialant d'avance. Nous, on est restés planqués, on voulait voir. Quand il a commencé à gueuler, on s'est approchés. Son père l'avait couché sur l'enclume, à plat-ventre, le cul à l'air, il y allait à la ceinture, la vache, qu'est-ce qu'il lui laissait tomber, bon dieu, j'avais jamais vu ça! Nino gueulait... Faut avoir entendu Nino gueuler. Il gueule avant que ça le touche, tout le quartier sursaute et court aux fenêtres, et puis ils se disent : « C'est rien, encore le fils Simonetto qu'a fait le con ». Et bon, ils se remettent à manger.

Le vieux château est plein de merdes et de mouches qui bouffent les merdes, les mecs chient partout, faut faire gaffe où tu mets le pied, ça schlingue, j'ai toujours un peu envie de dégueuler. Mais le parc, tout autour... Des fois, j'y viens tout seul. Quand je fais l'école buissonnière, par exemple. C'est formidable. La jungle. Mieux que la jungle : un machin civilisé qui est redevenu jungle. Des arbres de parc, rares, aux feuilles bizarres, mais gigantesques, pas taillés depuis cent mille ans, traînant par terre, noirs, bouffés tout vivants par des lianes comme ma cuisse, de la mousse en matelas, des nids partout, des branches mortes arrêtées dans leur chute, suspendues en l'air et pourrissant, couvertes de champignons rouges et de bêtes pleines de pattes... Des bassins de marbre tout cassés, avec une eau noire et verte aux reflets d'huile de vidange. Des statues mangées par les ronces, pas une seule entière. J'aime les parcs abandonnés, cette nuit en plein jour, ce silence énorme, ces appels d'oiseaux, tout là-haut, qui te font toucher le silence du doigt, ce mystère... Tu te croirais dans un conte de fées, tu voudrais vivre là-dedans toujours. Je raconte pas ça aux copains, ils me prendraient pour un con.

Les après-midi d'été, des voyous de Nogent ou de Fontenay viennent là tringler des femmes mariées. Les femmes mariées font leurs peureuses et leurs délicates, elles poussent des petits cris et disent non, je vais pas plus loin, c'est pas raisonnable, Fernand, vous m'aviez promis d'être raisonnable, et regardez-moi ces ronces, je vais filer mes bas, moi... Mais déjà elles ont la langue de Fernand au fond du gosier, et les voilà sur la mousse, et nous, les mômes, on n'en perd pas une. Surtout qu'on connaît les maris. Sa crampe tirée, le Fernand s'approche du coin où il sait qu'on est planqués, c'est pas difficile à savoir tellement on se fend la pêche, et il nous dit en tordant la gueule comme Jean Gabin dans « Pépé le Moko » : « Si tu causes si tu fais le con, tu vas voir tes miches, petit con. Je te fais la peau. » En même temps, il fait claquer un méchant cran d'arrêt. Tout ça pour épater la vieille. Tu parles, c'est du voyou à la mie de pain, collé à la gomina, on n'a pas les flubes. Des fois, ça nous prend, surtout si on est nous trois, Roger, Pierrot et mézigue, on les fait chier quand ils sont pour baiser, que la mémère est juste à point mais tremblante, on leur balance des pierres, on leur tire des pommes vertes emmanchées au bout d'une baguette flexible, ouizz, ça a une force terrible, ça fait un mal de chien. On chante le nom du mari, on gueule « Salope! Morue! Pouffiasse! Tu l'auras pas volée, ta vérole! J'ai vu ton cul, il est pas beau! », des trucs comme ça. Le voyou pique un sang et veut nous voler dedans mais, avec son froc sur les godasses, on a le temps de le voir arriver. Pendant ce temps-là, la bonne femme se remet debout et elle dit : « Laisse-les, René, c'est des petits cons! Barrez-vous, sales merdeux! Oui, René, faut que je m'en aille, l'autre con va rentrer et si la bouffe est pas prête je vais me faire cogner, tu parles d'un sale con, ce con-là... » La v'là barrée. Nous, on se marre. Dans le fond, c'est peut-être qu'on aimerait en faire autant et qu'on est vraiment des petits cons?

Parmi les couvents de bonnes sœurs de la rue de Plaisance, il y a celui des Carmélites et il y a celui des sœurs italiennes, quel genre de sœurs j'en sais rien, tout le monde dit « les sœurs italiennes », c'est tout. Les sœurs italiennes ont une chapelle ouverte au public, le dimanche, avec un petit clocher par-dessus qui sonne comme une sonnette de porte de jardin. Les femmes de la rue Sainte-Anne iraient bien à la messe là, mais ça fait loin, elles font toujours tout en courant, entre deux ménages, deux marchés, deux lessives, et le dimanche matin, oïmé, c'est le grand ménaze à elles cez elles, et la pasta asciuta da fare, o i ravioli, o i tourteilles, alors a z'ont pas le temps, a vont alla granda glise qu'il est plous près, ecco. Eh, si, on fa pas ce qu'on veut, dans la vie, c'est coumme ça... Ah, oui, « i tourteilles », tu voudrais bien savoir, hein? Eh bien, en vrai italien, c'est « i tortellini », je l'ai vu un jour sur le menu devant le grand Cavanna en face le commissaire. Peut-être que c'est pas tout à fait « tourteilles », en dialetto, moi, en tout cas, j'entends « tourteilles », alors, voilà, j'écris « tourteilles », ecco.

Quand les sœurs italiennes ont des travaux à faire faire

dans leur couvent, elles appellent des maçons italiens. Pas n'importe quels maçons italiens : l'entreprise Dominique Cavanna et Dominique Taravella. C'est la plus sérieuse, question travail et question religion. Et quand c'est juste pour une bricole, un volet à sceller, une chiotte à déboucher, elles veulent absolument monsieur Gros Louvi, mon papa à moi.

Elles adorent papa. Il les fait rire. Dès qu'il arrive, ça leur tire les coins de la bouche vers les oreilles, rien qu'à le voir. Il est tellement innocent, papa. Tellement limpide. Pur comme un nouveau-né. Il pose sur le monde ses yeux heureux de voir clair, ses yeux qui ne croient pas au mal, et le mal a honte d'exister. Il blague avec les sœurs, avec la mère supérieure, de ces blagues de paysans où Dieu n'a pas la part belle, et les sœurs rient, il finit par leur taper sur le ventre, par les tirer par un coin de leur voile pour bien leur expliquer, et le voilà qui lance son grand rire au ciel, va donc résister! Les autres parlent aux sœurs avec un respect plein d'onction, et ils ont raison, ça serait raté.

Papa ne fait pas l'innocent. Il est innocent. Il le sait, il en joue. Il connaît son charme. Il sent qu'il peut tout se permettre. Il te mène en bateau, te surveille mine de rien, et si tu le prends pour un con, tant pis pour toi, c'est pas lui qui dira le contraire. T'as vu les grands yeux bleus de bébé, t'as pas vu la petite lumière dans le coin. T'es passé à côté de quelque chose.

Les autres couvents se sont mis eux aussi à apprécier les maçons italiens, en ce siècle où l'ouvrier français vote Front Populaire et conchie Dieu. Papa va le dimanche bêcher le jardin des Carmélites. Un homme au Carmel! Il me raconte l'éternel silence, la clochette, les précautions... Les religieuses savent parfaitement qu'il ne va jamais à la messe, même pas à Pâques, qu'il ne se soucie pas de savoir si Dieu existe ou pas, c'est Lui que ça regarde, là-haut, s'Il a envie d'exister c'est Ses oignons, les curés sont de braves gens mais de gros farceurs, il ne passe le seuil d'une église que pour en refaire le pavage ou pour enterrer un copain. Il est plein d'histoires de curés qui couchent avec leur bonne, il traîne le Christ et la Madonna dans la merde quand il se cogne sur les doigts, les Ritals culs-bénits le regardent de haut. Papa s'en fout.

Culs-bénits ou pas, les Ritals ont tous l'horreur épouvantée du communisme. Ils ne savent pas ce que c'est, ils savent seulement que c'est le diable et l'abomination, le règne des feignants, des grandes gueules pleines de vinasse et des femmes en cheveux. La victoire du Front Populaire les a atterrés.

J'étais trop môme, j'ai pas bien compris. Je me rappelle la stupeur effarée quand Nogent, ville archi-bourgeoise et petite-bourgeoise, hermétiquement bouclée sur ses propriétés cossues aux murs opaques, quand Nogent la guindée, Nogent suintant le fric et la respectabilité apprit qu'elle avait voté Front Popu, envoyé à la Chambre des Députés un certain Jean Allemane, socialiste, et avait du même coup déculotté sans rémission M. Jean Goy, fasciste militant et ami personnel du chancelier Hitler. Je me souviendrai toujours.

Les vainqueurs même n'osaient croire à leur victoire. Et puis, soudain, l'explosion. La joie à pleines rues. D'où sortaient-ils, tous, ces ouvriers hilares, ces femmes d'usine aux yeux brillants, où se cachaient-ils, avant? Des drapeaux rouges, dis-donc! J'en avais jamais vu. Ils claquaient au-dessus de la foule, dans le soleil, éclaboussaient la rue, effaçaient les façades grises et les têtes effarées aux fenêtres, il n'y avait plus qu'eux, sauvages, vulgaires, insolents. Ils me faisaient peur et me fascinaient. La Révolution était là. Je vivais la Prise de la Bastille de mon livre d'Histoire de France. Quelque chose me serrait à la gorge, mes jambes tremblaient, et quand, mugissement énorme, jaillit *L'Internationale*, j'ai pleuré d'émotion. Je suis plutôt bon public.

Ils beuglaient de tout leur cœur, ils avaient gagné, la vie allait changer, c'était fait, ils étaient les patrons. Il n'y aurait plus de guerre, plus jamais. Plus de misère.

Plus de chômage. Plus de gosses crevés de tuberculose. Ils avaient fait un feu de joie sur la place du Marché et ils jetaient dedans les affiches de Jean Goy, les tracts de Jean Goy, et ils dansaient une ronde tout autour en chantant :

C'est Jean Goy à Charenton,
Ton, taine,
C'est Jean Goy à Charenton,
Ton, ton.

On en f'ra du saucisson,
Ton, taine,
On en f'ra du saucisson,
Ton, ton.

Tous les fascistes en bouff'ront,
Ton, taine,
Tous les fascistes en bouff'ront,
Ton, ton.

Espérons qu'ils en crèv'ront,
Ton, taine,
Espérons qu'ils en crèv'ront,
Ton, ton.

Les Ritals se terraient dans leurs rues à Ritals, sombres, méprisants, guettant de loin les échos de cette fin du monde. Les femmes aux fichus noirs pleuraient et priaient, à genoux devant les crucifix dorés. Nous, les mômes, on s'était faufilés, on se gorgeait de foule, on prenait notre part de rigolade épaisse et d'émotion héroïque, tous les visages étaient hilares, tous les yeux amis, tout était permis. On attrapait des verres de vin et même des apéros, on chantait, on dansait, on gueulait « Jean Goy, au poteau! », on se marrait comme des vaches.

Les dérouillées, à la rentrée! Pas moi, mais les autres. Qu'ils avaient fait pleurer la Madonna et saigner le petit Jésus, que si on les avait reconnus on allait supprimer la carte de travail du père, c'est sûr, avec le çomaze qu'il y a et tout, et demain tou vas te confesser, et en attendant, tourne le dos, qué ze te vais faire voir un'po.

J'ai expliqué à papa qu'il n'y aurait plus jamais la guerre. Il m'écoutait attentivement, parce que je savais lire et que j'allais à l'école. Un qui sait lire, faut écouter ce qu'il dit. Il n'y croyait pas beaucoup, mais il trouvait que c'était une bonne idée. La gouerra, il est pas bon, la gouerra. Lui, son régiment s'était mutiné, après Caporetto. Ils avaient compté un type tous les cinq types et ils les avaient fusillés devant les autres. Et ceux qui restaient, ils les avaient envoyés en prison : indignes de porter les armes. Z'ai eu de la çance. Ils m'auraient pu touer anche me. Il avait fini la guerre comme boulanger, à pétrir du pain pour ceux qui avaient l'honneur intact et couraient en pleurant au-devant des mitrailleuses. Ma!

Vercingétorix

Les Ritals, on est mal piffés. C'est parce qu'il y en a tellement, par ici. Les mômes français ne risquent pas le bout de leurs pompes dans nos rues à Ritals, mais à l'école, là, ils se rattrapent. Se sentent costauds, les petites vipères. On voit bien que leurs parents ne se privent pas de débloquer sur nous autres, à la maison. Tiens, rien que le genre de vacheries que ces merdeux nous balancent, ça pue la connerie de leurs vieux : « Les Ritals, vous êtes bons qu'à jouer de la mandoline! » De mandoline, j'en ai seulement jamais vu. L'idée de mon père jouant de la mandoline... « Dans votre pays de paumés, on crève de faim, alors vous êtes bien contents de venir bouffer le pain des Français! » Pardi. C'est normal, non? S'ils se laissaient mourir sur leur tas de cailloux, les Ritals, on les traiterait de feignants. Ils vont là où il y a à bouffer. Là où un gars avec deux bras et du cœur au ventre a une chance de dégotter un croûton au bout d'une journée de sueur. Les Français sont bien contents de le vendre, leur sacré fameux pain français, à ces gros ploucs si travailleurs, si bien élevés, si humbles, qui se coltinent les brouettées de béton à leur place. Eux, les prolos français, leur rêve c'est de devenir fonctionnaires, d'entrer à la poste comme télégraphiste à vélo, ou à la cartoucherie de Vincennes, qu'il pleuve qu'il vente t'es à l'abri, et à la fin du mois la paye tombe, des métiers de gonzesses, la preuve leurs mémères y bossent aussi, elles font les mêmes boulots qu'eux, juste les mêmes, elles se mettent du rouge à lèvres et elles ont des indéfrisables, des vraies pouffiasses d'usine, faut voir ce qui se passe derrière les tas de caisses d'obus, si tu veux pas être mal vue par le contremaître faut que tu les écartes, et le mari ferme sa gueule, trop content, tu parles, sa bonne femme va se faire des heures supplé, ils pourront s'acheter le tandem pour partir à la mer.

Ils nous disent encore, les petits haineux : « D'abord, les Ritals, vous êtes pas des soldats! Si les Français étaient pas là pour vous donner un coup de main, vous vous faites déculotter par les Boches, à tous les coups! » Ça, oui, ça me mouche, ça. Les petits Ritals ont beau raconter que l'armée italienne s'est toujours battue à un contre cent (un Rital — cent Boches, naturellement), c'est vrai que l'Italie n'a pas gagné beaucoup de guerres. Là, je me sens français, à bloc, comme maman. Vercingétorix, Jeanne d'Arc, Guynemer et tout. Guynemer, c'est son héros, à maman. Elle en pleure encore quand elle repense à tout ce qu'elle a pleuré le jour où elle a vu dans le journal qu'il était mort, tombé en plein ciel de gloire, même que le Boche qui l'avait descendu lâchement par-derrière — autrement, c'était pas possible — était venu avec son avion à l'enterrement et avait laissé tomber une couronne, une belle, qui avait dû coûter cher, juste au-dessus de la tombe, et la couronne avait encerclé la croix, faut drôlement savoir viser, surtout qu'en avion ça va vite, ils sont pas mal non plus, comme aviateurs, les Boches. Le journal, il est dans une boîte, c'est *Le Matin*, tout jaune tout cassé aux plis, et dans la boîte il y a aussi les photos des frères de maman, mon oncle Louis et mon oncle Baptiste, habillés en soldats de la guerre, et aussi la photo du mariage de maman, avec toute la famille française, ils ont l'air vachement pas commodes, tous, on voit qu'ils étaient pas trop fiers qu'elle se marie un Rital qui savait ni lire ni écrire, même pas parler français, et qui chiquait, et qui leur crachait tout noir au ras des pinceaux. Je dois dire que moi non plus je comprends pas bien ce qui lui a pris, à maman, surtout qu'elle était belle, dans le genre chat sauvage. Va savoir...

Comme étrangers, par ici, y a que les Ritals. Papa m'a dit que dans le Nord c'est plein de Polacks. Des grosses brutes, des vraies bêtes sauvages. Ils arrachent les betteraves, c'est tout ce qu'on peut leur demander, et encore, si t'es pas tout le temps derrière leur cul ils les cassent avec leurs grosses pattes de Polacks, ils salopent tout. Ou alors ils vont dans les mines, piocher le charbon. Mais le bâtiment, ils pourraient pas, c'est trop fin, trop délicat. Faut avoir l'œil juste. Faut penser avec la tête.

J'allais l'oublier. A Nogent, il y a un Sidi. Le dimanche, il va vendre des tapis dans les grands cafés de Vincennes, en face le fort. Il a un machin rouge sur la tête, comme un pot de fleurs, avec un cordon qui pend et un pompon au bout, il a des tapis sur le dos, un tas énorme, pas des tapis arabes, non, des tapis avec des grosses fleurs, des cerfs dans la forêt, des chiens de chasse, des couchers de soleil sur la mer, des bergers qui jouent du violon pour faire danser des bergères... Il vend aussi des portefeuilles, des bretelles, des couteaux douze lames, des étuis à cigarettes. C'est formidable, tout ce qu'il trimbale. Il fait chier les gens aux terrasses des cafés, les gens l'envoient se faire foutre, mais en rigolant. Ils lui disent « Mon z'ami ». Et hop, ils sont faits. Tu peux plus t'en décoller. Il finit toujours par te vendre quelque chose, un paquet de cacahouètes, un petit miroir de poche avec une femme à poil derrière... Les Sidis, ça ne pourrait pas travailler. C'est trop feignant. C'est pas de leur faute, c'est la race qui est comme ça. Chez eux, en Algérie, il fait tellement chaud, tu bouges seulement un doigt t'es tout en nage. Alors, tu penses, travailler... Et quand ils viennent ici, ils crèvent de froid en plein été, ils tombent tubards. Ils peuvent juste vendre des tapis, parce que tous ces tapis sur leur dos ça leur tient bien chaud. Et encore, il faut qu'il fasse soleil.

Il y a bien aussi les Russes, mais les Russes c'est pas des étrangers. Ils font des métiers de Français. Les Français ne les méprisent pas, ne se foutent pas de leur gueule à l'école. C'est eux qui méprisent les Français. Il paraît que c'est tous des princes et des marquises et qu'ils se sont sauvés à cause des Bolcheviks qui tuaient tous les aristocrates. Les Français ne les aiment pas beaucoup, les Français n'aiment personne, mais on sent qu'ils ont de la considération parce que c'est pas des vrais pauvres mais des gens riches qui ont vécu des choses très tristes, comme dans les feuilletons. Je connais bien Litvinoff et les frères Lichkine, c'est des copains d'école, je suis même allé chez eux. C'est plein de tapis partout, même aux murs, et plein de photos, de vases, de bougies allumées en plein jour, de drôles de saintes Vierges, des icônes, ça s'appelle. Ils sont marrants, ces gens-là, ils foutent l'argent en l'air pour des conneries, et pourtant ils sont aussi pauvres que nous, mais je sais pas comment ils se démerdent, même tout dégueulasses pleins de trous ils ont pas l'air petit monde comme nous autres qu'on est pourtant toujours bien propres bien reprisés. Maman dit que c'est des bohèmes.

Français, Rital, les Russes s'en foutent. Pour eux, tout ça c'est le même croquant. Eux, ce qu'ils peuvent pas piffer, c'est les Juifs. Avant de connaître les mômes russkoffs, je savais même pas ce que c'était qu'un Juif. Je devais avoir six ans, j'étais dans la classe de M. Cluzot, à côté de moi, à la même table, il y avait un Russe, il s'appelait Chendérovitch. A la table devant, il y avait deux Russes, à la table derrière, deux autres. C'est là que j'ai vu que Chendérovitch n'était pas un Russe comme les autres. Ces sales cons étaient méchants avec lui, on n'a pas idée. D'abord, je comprenais pas, il était pas bossu, ni boiteux, ni bigleux, ni bégayeux, enfin rien de ces trucs qui font qu'on peut pas s'empêcher de faire chier un mec du matin au soir. Ils lui disaient tout le temps « Sale Juif! », « Fumier de Youpin pourri! » Ils lui balançaient des vacheries en russe qui le faisaient chialer ou le foutaient dans des crises de rage épouvantables. Alors il cassait tout, leur tapait dessus, criait comme un fou, mais eux évitaient les gnons, ricanaient et se tapotaient la tempe avec le doigt. Ils me disaient : « Il est dingue! Tous les Juifs sont dingues. » Le père Cluzot faisait venir Chendérovitch au tableau et il lui cinglait les mollets avec sa règle, c'était son vice, à ce con, cingler les mollets, et Chendérovitch gueulait c'est pas juste, c'est les autres salauds, mais Cluzot allait pas chercher plus loin, il tapait jusqu'à ce que les mollets soient tout noirs, et après il mettait Chendérovitch au piquet. A moi aussi, il me l'a fait, le coup des mollets, et maman m'a demandé où que t'as eu ça, et moi j'osais pas lui dire, parce que j'avais bavardé en classe, et à la fin je lui ai dit, et elle a foncé chez le dirlo, le père Garnier, et Cluzot a dû se faire salement engueuler, en tout cas il a plus recommencé. L'année d'après, il s'est suicidé, ce con-là, en se couchant sur la voie devant un train. Preuve que ça tournait pas rond.

Enfin, bon, comme étrangers mal piffés, y a que nous, les Ritals. C'est nous qu'on éponge tout. La crise, c'est de notre faute. Le chômage, c'est nous. Mussolini qui fait le con, c'est pour nos pieds. Je vous l'ai dit, pour les Ritals, je suis un bâtard plus qu'à moitié français, mais pour les Français, pas de problème, ils me traitent de Macaroni et me chantent :

As-tu vu Négusse
A la porte d'Italie
Qui secouait les puces
A Mussolini!

Négus, c'est le roi d'un pays de négros, là-bas, en Afrique. Les Italiens lui sont rentrés dans le chou avec leurs avions et leurs tanks, et naturellement ils sont encore en train de prendre la tripotée, ces cons-là. Se faire casser la gueule par des négros tout nus qu'ont rien que des lances et des arcs à flèches, merde... En tout cas, c'est ce qu'il y a dans *Paris-Soir*.

Depuis que cette espèce de guerre est commencée, on nous fait vraiment chier, surtout les mômes. Chez la boulangère de la Grande-Rue, quand mon tour arrive, cette grosse vache fait exprès de servir tous les gens qui sont derrière moi rien que pour pouvoir me dire que du gros pain au kilo y en a plus, y a que du fantaisie ou de la viennoise, et ceux qui sont pas contents ils ont qu'à retourner chez eux voir si le pain est meilleur.

Même les profs, à l'école, ils peuvent pas s'empêcher de nous faire sentir qu'on est des culs-bénits, de la graine de fascistes. Eux, laïques, républicains et Jules Ferry comme des fous.

Ces andouilles-là ne se rendent même pas compte du boulot qu'ils ont fait sur moi. Cul-bénit, je l'ai été, ah oui, et de tout mon cœur. Pas jusqu'au mysticisme, j'ai pas le tempérament, mais de tout mon besoin que les choses tiennent bien ensemble et qu'il y ait là-haut un grand-père avec une tête très intelligente responsable de tout. L'abbé n'aimait guère cette foi trop ardente et trop raisonneuse, je m'en rends bien compte maintenant. J'avais beau être le premier à l'examen du catéchisme et marcher en tête du cortège de la première communion avec mon cierge et mon brassard, il préférait les petits Ritals pur jus bien gnangnan bien lèche-cul, qui se contentaient d'avoir peur de Dieu et ne cherchaient pas à faire Sa connaissance. L'abbé avait du flair. La foi m'a quitté comme une dent de lait. Non, elle ne m'a pas quitté : je l'ai virée. Foutue dehors à coups de pompe dans le cul.

Et c'est bien à vous que je le dois, vous, mes instits de la communale, pourtant pas spécialement bouffeurs de curé. A vous surtout, mes profs de l'école supé (à Nogent, ce qu'ailleurs on appelle « cours complémentaire », c'est-à-dire après le certif et jusqu'au brevet, est un truc spécial, expérimental, peut-être bien, une superbe Ecole Primaire Supérieure toute neuve, en brique rouge, qui domine la vallée de la Marne et où l'on a droit à des professeurs agrégés, comme au lycée, dis donc, amphithéâtre de physique-chimie, laboratoire pour travaux pratiques, terrasse panoramique pour peindre des paysages, un machin terrible, je peux dire que j'ai du pot!), à vous, Portalier, brute superbe, gueule énorme, sûrement plus qu'à demi dingue, à vous, Bernadac, Bonnet dit Nabuchodonosor dit Nabu, Legreneur, tous les autres... Vous ne soupçonnez pas, vous ne saurez jamais, quel formidable boulot souterrain vous faites. Pour vous, je suis l'emmerdeur « dissipé, peut mieux faire », le sale petit con ricanant qui « gâche ses dons » et empêche les bosseurs de bosser... Vous m'avez décollé les yeux et décrassé le dedans de la tête. Vous m'avez donné le goût, le besoin, la faim dévorante des choses claires, clairement conçues et clairement énoncées, vous m'avez montré l'architecture du monde et fait entrevoir l'architecture du savoir, vous m'avez fait goûter au haut plaisir d'apprendre, à celui, mille fois plus éblouissant, de comprendre, d'entendre cliqueter allégrement mes petits palpeurs intimes et de voir s'allumer toutes les lampes quand la solution, soudain, plof, jaillit, que tout s'emmanche ric et rac. Vous m'avez donné la curiosité, le doute et l'insatisfaction. Vous m'avez écarté des voies sombres et tentatrices, ou plutôt vous m'avez appris à en goûter les séductions troubles sans m'y brûler les pattes. Vous m'avez bien fait chier avec Corneille et Racine, et l'autre poseur, là : Chateaubriand, mais vous m'avez fait pleurer de bonheur à Molière, à La Fontaine, à Rabelais... Ouais. Vous avez fait tout ça. Vous m'avez mis au monde, tout beau, tout neuf, et vous n'avez rien senti.

T'es rital, t'es cureton, c'est marre. Voltaire et Diderot là-dessus, confitures aux cochons...

Remarque, les Français aussi vont au caté et font leur communion, mais c'est pas pareil. A Nogent, une famille qui ferait pas faire la communion à ses gosses, ça n'existe pas. Ou alors, des communistes cent pour cent, mais ça, c'est pas du monde, ça. Tous les mômes préparent leur communion, n'empêche que tu verras jamais un môme français enfant de chœur. Là, oui, il se ferait foutre de sa gueule! Scout, bon, c'est viril, c'est chic. Mais pour servir la messe, rien que du Rital.

Heureusement que les Ritals sont venus pour réveiller un peu la paroisse, surtout leurs femmes, surtout quand elles deviennent vieilles. L'église de Nogent, une vénérable chose du, paraît-il, douzième siècle, cachée au fond d'un trou, leur appartient. Aux messes basses du petit matin, aux vêpres, au salut, et même aux enterrements qui ne sont pas ceux des leurs, les silhouettes noires se glissent, furtives, par les bas-côtés, se choisissent des encoignures bien humbles, s'agenouillent, s'écrasent, pèlerines noires, fichus noirs, ferveur noire. L'église sent le parmesan et l'encens refroidi.

Le dimanche, à la grand-messe de onze heures, les enfants de chœur rouge et blanc balancent à toute volée les lourds encensoirs dorés qui crachent les grosses volutes de bonne odeur de Bon Dieu tout chaud. Ça purifie. Les dames de Nogent peuvent entendre chanter une messe convenable sans que viennent les incommoder les odeurs de cuisine exotique qui traînent dans les plis des jupes de leurs femmes de lessives.

Le curé a dû embaucher un vicaire spécial rien que pour s'occuper des Ritals, l'abbé Valensi. Il a les yeux tendres et des gestes de velours. Les nonnas sont tout le temps pendues à son confessionnal. A la moindre crainte de péché, crac, la nonna accourt derrière la grille de bois. Je ne sais pas si l'abbé comprend le dialetto piacentino, en tout cas il leur file en pénitence des enfilades de chapelets. Les nonnas vont s'agenouiller juste à côté et disent leurs chapelets, des centaines de chapelets, je suis sûr qu'elles en rajoutent pour se faire bien voir du Bon Dieu. Ou de l'abbé, va savoir. Et puis elles s'en vont, l'âme bien propre et les genoux craquants, mettre au feu la minestra du soir.

La minestra? C'est la soupe. Qu'est-ce qu'il y a dedans? La pasta, bien sûr. Avec quoi? Avec la tomate et les herbes. Ben, quelle différence avec un plat de pâtes? La différence, c'est qu'il y a le bouillon. Sans ça, t'as raison, de différence, y en a pas. A midi, les spaghettis se mangent « secs » : la pasta asciutta (maman dit « la pastachute »). Le soir, ils se mangent en minestra, perché il est plous lézer per aller dourmir.

J'avais quatre ans, cinq à tout casser, quand m'a empoigné le vice qui ne m'a plus jamais lâché, qui ne fait que croître et embellir, qui me possédera tripes et boyaux tout au long de ma vie, ça j'en suis bien sûr. Ce vice, c'est l'imprimé.

Les enfants de pouilleux, on est avantagés, au départ. A peine pondus, nous voilà à la crèche, puis à la maternelle. Rodés de bonne heure à l'école, pas de cassure. Ma crèche, c'était celle des bonnes sœurs, rue Cabit. Mon école maternelle, celle du boulevard Galliéni, la grande belle pleine de jolies peintures de fleurs et de gentilles bêtes sur les murs. A quatre ans, tu commences tes lettres. B, a : ba. Lulu a bu le lolo de mimi. A cinq ans, dictée du samedi matin, si tu fais zéro faute t'as la croix. « D'honneur », dorée avec de l'émail bleu dedans. « De mérite », sans émail. Croix d'horreur et croix de marmite, disent ceux qui ne l'ont jamais. Chaque samedi midi, maman m'attendait sur le trottoir. Du fond du vestibule, je courais à elle : « Maman, j'ai zéro faute! » Elle, pas crâneuse, tiens! Les voisines de la rue, jalminces. Ma qu'est-cé qu'il est intellizent, votré Françva, madama Louvi! (Une femme mariée porte plutôt le prénom de son mari que son nom de famille, surtout quand il risque d'y avoir confusion avec une dame plus considérable. Dire « madama Cavanna » serait presque blasphématoire à l'égard des Cavanna plus huppés. Le manant n'a rien à gagner à porter le nom du seigneur — del signoure.) Maman, c'est « madama Louvi », ou même « madama Gros Louvi ». Les commerçants où je vais faire les commissions l'appellent madame François. « Il apprende bien, votre Françva, madama Louvi. Il a la tête qu'il apprende tout ce qu'i veut. Ça sara fatigant, no, d'avar la tête qu'alle travaille tout le temps commé çà, no? Ça sara pétêt' pas bon pour la crvassance, no? Il est un pétit peu pâlot, votré Françva, zé trouve, madama Louvi. Il sara pas malade, no? » C'est là que j'ai commencé à me prendre pour un petit génie.

Le bon air

Petit, je l'ai pas été longtemps. De taille, je veux dire. Je montais en tige comme une asperge. A sept ans, j'étais presque aussi haut que papa et maman, qui sont plutôt rase-mottes, l'un comme l'autre, c'est vrai. « Ma qu'est-cé qu'il est grand, votré Françva, madama Louvi! Qué bientôt il va vous manzer la minestra sour la tête! » Et de rire. Moi, ça me faisait dans la bouche un goût de cheveux collés de soupe... Maman, toute crâneuse, au fond, prenait un air soucieux, disait que la croissance me fatiguait, me donnait des glandes. Elle me tâtait sous la mâchoire : « Oh, là là, tes glandillons qui te travaillent! Toi, t'es encore en train de me faire de la croissance... » Elle me bourrait de biftecks de cheval, de viande hachée crue qui donne du bon sang rouge. Me faisait boire de la quintonine avant les repas. Avec toute cette réclame qu'ils font dans le journal, ça peut être que du bon! Elle en prenait aussi, un doigt, pour goûter. Ça fortifie, qu'elle disait, je sens que ça me fait de l'effet : ça me tombe jusque dans les jambes! Tu parles! Tu vidais la petite bouteille brune dans un litre de rouge onze degrés, ça le faisait grimper à des vingt-vingt-deux! J'avalais mon demi-verre, à jeun, ça m'explosait dans la tête, ça me fauchait les pattes, je sentais la force et la santé se faufiler dans tout mon corps. J'étais gentiment bourré, quoi, mais ça, je le savais pas. Quand je rentrais de l'école, à quatre heures, maman était au boulot, je me tapais en douce une bonne goulée à la bouteille. Ça avait un goût de quinquina et d'orange amère, bien sucré, fameux, tiens. Pour me tranquilliser la conscience, je me disais que je me faisais du bien, que ça me donnerait des bonnes joues rouges et des gros mollets durs, comme aux autres, j'en avais marre de ma gueule verte, de mes yeux cernés et de mes quilles en fil de fer, merde. J'en avais marre d'avoir honte de moi. Et hop, une goulée de plus pour gonfler l'autre mollet qu'a pris du retard! C'est comme ça qu'on fabrique les futurs bons petits picoleurs d'apéros au pif bleu marine.

Le dimanche, quand elle arrivait à le harponner, maman disait à papa :

— Prends donc le petit et emmène-le respirer le bon air. Et fais-le marcher, surtout. La marche à pied, c'est ça qui développe les poumons!

Papa grognait bougonnait, vexé de s'être fait coincer avant d'avoir pu se faufiler, mais déjà maman m'avait boutonné mon manteau, mis un mouchoir propre dans la poche avec de l'eau de Cologne dessus, et moi, bien entortillé dans mon cache-nez, je tendais la main. Papa la prenait dans la sienne, se calait dans la joue une chique mahousse, une chique de consolation, on descendait l'escalier, et bon, quoi, nous voilà partis.

Maman, elle, elle restait à la maison. Pour faire sa lessive. Le dimanche, c'est le jour de sa lessive à elle. A peine levée, elle met la lessiveuse à bouillir sur la cuisinière bien bourrée d'anthracite, ça bout toute la matinée pendant qu'elle fait son ménage et qu'elle prépare des bons plats du dimanche pour le déjeuner. Une lessive de femme de maçon, c'est quelque chose. Ça salit, le bâtiment, on croirait pas! Et quand papa est appelé la nuit pour déboucher une fosse à merde qui déborde, avec un coup de rhum dans le ventre contre l'envie de dégueuler et une bougie à la main que si elle s'éteint ça veut dire qu'il y a le gaz de la mort dans la fosse, tire vite sur la corde pour que le copain, là-haut, t'aide à remonter à fond de train sans quoi tu plonges dedans la tête la première, on te ramène à la maison mort et dégueulasse plein de merde t'en fous partout, oui, ben, quand papa revient de ce genre de boulot, maman fait bouillir une lessive à part rien que pour ses affaires à lui. « Je veux pas mélanger la merde des autres avec la mienne! Non mais, des fois... J'ai plus de fierté que ça, moi! » Maman dit « la marde », comme on dit à Forges, commune de Sauvigny-les-Bois (Nièvre). « D'abord, ce genre de travail-là, je t'ai déjà dit mille fois que je veux pas que tu l'acceptes! Un de ces jours, tu vas y rester. Et qui c'est qui nourrira le petit quand je serai veuve? Toi, tu t'en fous pas mal, t'es comme l'oiseau sur la branche, pour tes Cavanna * tu te ferais couper en morceaux! Et toute la saloperie à laver c'est pour mon dimanche, que j'en ai l'estomac retourné. Et le pourboire qu'on te donne, j'en vois seulement pas la couleur. Une fleur, tu me l'as jamais offerte, jamais. Même pas un bouquet de violettes... Tiens, je voudrais que l'argent se change en merde dans ta poche! » Papa, sidéré par tant de perfidie, toute dignité brandie, œil bleu faïence froncé farouche : « Ma qué, violettes? Gvarde-ma ça! Ma qué ronçounneuse! » Et il se tire vers un quelque part où on ne l'engueule pas du matin au soir. Alors maman, à travers la porte, à toute volée : « C'est ça, sauve-toi! La vérité te fait peur! Lâche! T'es bien comme tous ceux de ta race! »

La banlieue, l'hiver, c'est triste. Une drôle de tristesse que je sais pas si elle me rend triste ou si elle me fait plaisir. Les deux, peut-être bien. Mais davantage plaisir, tout compte fait. Avec papa, on monte vers le Fort, vers Fontenay. Le boulevard stratégique grimpe tout droit dans le ciel gris avec ses arbres sans feuilles et ses gros pavés. Le bon air, c'est par là qu'il est. L'air des terrains vagues autour du Fort est purifié par l'altitude, alors que celui du Bois de Vincennes c'est rien que du mauvais air frelaté. En tout cas, c'est comme ça que maman voit les choses.

---

* Je crois vous avoir dit que le patron s'appelle aussi Cavanna, Dominique Cavanna.

Elle s'y connaît, en bon air, maman, elle est de la campagne. Papa aimerait mieux le Bois, il y a les petits vieux qui jouent aux boules, mais elle me demanderait où on est allés, et papa n'est pas sûr que je saurais lui mentir. Peut-être qu'il n'y tient pas tellement, non plus.

Papa serre ma main dans sa grosse main épaisse dure pleine de crevasses et de chatterton d'électricien autour des doigts. Il a toujours des tas de petites blessures qu'il entoure de chatterton, « Ma qué, sparadrap! » Son autre main, en passant, glisse un doigt sous les appuis des fenêtres des rez-de-chaussée. Il vérifie s'il y a la goutte. La goutte d'eau. Le larmier. Enfin, quoi, la cannelure qui rejette la pluie dégoulinante loin du mur et l'empêche de dessiner à la longue d'horribles moustaches noires et de faire péter le ravalement au gel. « Gvarde-ma ça *! La goutte, il y est pas! Couçons **! Ça, c'est des Français qui z'ont fait ça! »

On s'arrête devant un chantier. C'est nous qu'on est en train de la faire, cette maison-là, me dit papa. J'enjambe des tas de sable, des briques, des planches hérissées de clous rouillés. Ça sent le ciment frais en train de « ressuyer », odeur inoubliable. Papa ramasse un outil qui traîne, ronchonne contre le bon à rien, tâte si le mortier prend autour du dernier rang de briques, chantonne sa petite chanson sans queue ni tête... Moi, je farfouille par terre, je ramasse des clous pour ma collection de clous, des vis, des rondelles, des pitons... Quand j'en aurai beaucoup, je construirai quelque chose de très beau, avec des roues qui tourneront, des engrenages qui s'engrèneront, ça servira à rien mais ça fonctionnera très bien, quelque chose dans le genre des petits moulins en bois que font les enfants sur les petits ruisseaux dans mon livre de lecture, mais en bien plus grand, bien plus compliqué, bien

* « Regarde-moi ça! », évidemment. Vous aviez compris, j'espère? Comptez pas sur moi pour vous traduire à tous les coups. Si moi, pauvre petit enfant, je comprenais, vous devez pouvoir en faire autant.

** « Cochons! » Juste une petite fois, pour vous faire saisir le principe du sabir à papa. Maintenant, démerdez-vous.

plus beau... En attendant, je cherche avec ardeur, j'entasse les petites ferrailles rouillées dans mes poches, je suis riche, je suis plein de projets, je suis heureux.

Papa en a vite marre de se traîner et de me traîner de flaque en flaque. Vers Fontenay, ça devient zonard, les maisons sont rabougries, pas finies, les briques n'ont pas de crépi, la tôle ondulée remplace provisoirement les tuiles, un provisoire qui dure depuis longtemps. Ça sent le gars qui s'est voulu le pavillon, qui se l'est commencé, qu'a pas eu le souffle. Des clôtures en montants de lits enferment des bouts de jardin désespérés où des choux de Bruxelles flétrissent debout, au garde-à-vous, les pieds dans la glaise, le mâchefer et les culs de bouteilles. Qu'est-ce qu'ils bouffent comme choux de Bruxelles, en banlieue! C'est sinistre, ces machins, avec leurs trois feuilles jaunes au bout de leur bâton raide et tous ces petits choux avortés collés le long comme des abcès... C'est triste quand ça pousse, ça pue quand ça cuit, je suis bien content de pas aimer ça.

Papa pousse la porte d'une petite boutique peinte en vert bricolée à la maison, coincée entre deux immeubles étiques sur lesquels la pluie ne cesse jamais, jamais, j'en suis sûr, une vilaine pleuviasse morne, strictes boîtes à pauvres bien moins marrantes que nos trous à rats de la rue Sainte-Anne. Oui, mais ils ont le bon air, dirait maman. « A la ville de Parme. Epicerie-buvette. Produits d'Italie. » La chaude merveilleuse odeur vient me chercher jusque sur le trottoir, m'enveloppe, m'emplit, m'éclate. Je suis au paradis.

Je sais pas si c'est pour tout le monde pareil, mais moi, l'odeur, ça compte vachement. Le matin, quand je pars pour l'école, l'épicier de l'épicerie fine de la Grande-Rue, juste en face le débouché de la rue Sainte-Anne, est en train de griller le café. Il fait ça dehors, sur le trottoir, dans une espèce de tonneau en tôle avec tout autour des trous de poêle à marrons. Il tourne la manivelle pour que le café grille bien partout pareil, une grosse vapeur blanche monte et emplit la rue, ça sent le café qui grille, à plein nez, c'est bon! Bien meilleur que quand on le verse dans la tasse, oh là là, mille fois meilleur. Le café, on devrait pas le boire, on devrait se le faire griller sur un petit grilloir et se le respirer, bien à fond. Tiens, c'est comme les Camel qu'on se cotise pour s'acheter en cachette : quand t'ouvres le paquet, tu mets vite ton nez dedans, tu renifles, c'est pas croyable ce que ça sent bon! Du miel, de l'encens, des tas de trucs chauds et doux. Ça te donne envie de fumer pour te régaler de la bonne odeur jusqu'au fond des poumons. Bon, t'allumes... Bof, mouais, c'est pas mal, mais c'est pas ça.

L'odeur de la boutique italienne, c'est compliqué, il y a des tas de choses dedans, et en même temps c'est simple parce que c'est tout des odeurs qui vont dans le même sens. L'accord parfait, quoi, comme quand on chante *La Nuit* de Rameau, à l'école, à quatre voix, et que pour une fois on a pas trop envie de chahuter le prof de chant, ça arrive. Il y a les olives dans leurs tonneaux, il y a les petits poissons salés dans leurs tonneaux aussi, des petits tonneaux plats où les poissons sont rangés bien serrés bien en ordre comme les rayons d'une roue, quelle patience, il y a le concentré de tomate dans la grosse boîte en fer, il y a les champignons secs enfilés sur des fils au plafond, c'est ça qui sent fort, tiens, il y a les morues sèches plates comme des chemises empesées, il y a les salamis et la saucisse, il y a la pancetta roulée, il y a les herbes, les sacs de riz, de lentilles, les grappes de fiasques au ventre de paille, il y a le jambon de Parme sur la machine à faire les tranches « sottilissime » (très, très « subtiles », c'est pas joli?), ça aussi, ça sent fort et bon, le jambon de Parme... Et il y a le parmesan. L'odeur reine. Le parmesan, l'éléphant des fromages. Les roues de cent kilos, noires, empilées comme des pneus de camion, tellement dures qu'il faut les entamer à la hache, séchant et mûrissant doucement dans le coin, parfumant tout de leur incroyable odeur de culotte de petite fille pas très soignée... J'ai faim, soudain. Et justement, papa me propose « oun pétite cache-croûte ». Oh, oui! Le monsieur coupe la baguette « en sifflet » très aigu, je suis ravi, c'est tellement meilleur. A la maison, maman veut qu'on coupe le pain bien droit, bien perpendiculaire. De biais, « en sifflet », ça fait bistrot, qu'elle dit, c'est pas convenable. Dans mon pain, il glisse des tranches de salame fines comme du papier de soie, « sottilissime ». Maman n'achète jamais de salame, c'est trop cher, elle achète du saucisson de cheval, on s'en coupe des tranches épaisses, c'est bon aussi, mais c'est pas magique comme ici. « Et qu'est-ce que je lui sers, au jeune homme? » Papa dit : « Un petit turin ». Je bois mon dé à coudre de vermouth, à petites gorgées, les yeux fermés pour bien sentir le goût. Papa se tape quelques coups de postillon en causant du pays, de ceux qui sont morts et de ceux qui sont cocus, il rigole comme il sait rigoler, il s'essuie les yeux, se cale une chique pour affronter la nuit maintenant tombée. « On y va, piston? » On y va.

C'est pas des dimanches formidables, ça?

Mon cousin Silvio, Silvio Nardelli — avoir un cousin de plus de quarante ans, ça me fait drôle —, qui a travaillé en Angleterre, même que les maçons, là-bas, ça l'a soufflé, ils travaillent en chapeau melon, avec le col dur et la cravate, pour le reste ils sont habillés en maçons, grande blouse blanche, pantalon de velours serré aux chevilles et ceinture rouge, mais chapeau melon sur la tête et cravate, il en est pas encore revenu, Silvio, et attention, faut pas les bousculer, qu'il dit, ils aiment pas travailler avec des Ritals parce que les Ritals foncent comme des dingues, ils sont payés à la tâche, alors, fais-leur confiance, à chaque truellée de plâtre qu'il écrase sur le mur le Rital entend tomber les centimes dans le bocal au fond de l'armoire, mais les Anglais, impassibles, pas un geste plus vite que l'autre, le syndicat permettrait pas. Oui, Silvio raconte, quand tu arrives en Angleterre, que tu te présentes au bureau pour la carte de travail, le fonctionnaire te demande : « Italian? » « Yes. » « De quelle région? » Tu dis de quelle région. Au mur, il y a une grande carte de l'Italie. Au milieu de la carte, juste à la hauteur de Florence, il y a un gros trait rouge rajouté à la main, un gros trait qui coupe l'Italie en deux, en bas il y a le Sud, le pied de la botte, en haut il y a le Nord. Le fonctionnaire cherche ton patelin sur la carte. Il met le doigt dessus. Si c'est plus haut que le trait rouge, ça va, il te fait ta carte de travail. Si ça tombe en dessous du trait, il te dit sorry, sir, nous avons atteint le quota, pas de carte de travail, il faut return to Italy. Silvio est tout fier de raconter ça, et les autres sont contents aussi, ils se marrent. Il y en a toujours un pour dire sentencieusement : « L'Italien del Norde, il vient en Franche fare le machon. L'Italien del Soud, il va en Amérique fare le ganchetère. Ecco. »

Le Sud, c'est pas l'Italie. Rome, à la rigueur, bon, il y a le pape, il y a le roi... Quoique, ces deux-là, ils auraient pu se donner la peine de monter un poil plus haut, jusqu'à Milan, par exemple. Mais encore plus bas, c'est chez les Marocains. Des petits merdeux tout noirs tout frisés, la peau verte, l'œil de rat, menteurs, voleurs, feignants, baiseurs de leurs sœurs, maquereaux de leurs mères, pédés, mangeurs de saletés pourries, planteurs de couteaux dans le dos, parleurs tellement vite que t'entends rien, de toute façon même si t'entendais tu comprendrais pas, c'est pas de l'italien, c'est rien du tout, une langue de sauvages, et ils se comprennent même pas entre eux, ils sont obligés de causer en même temps avec leurs mains, comme les singes, tellement vite que les mains tu les vois même pas. Les Ritals crachent de mépris tout en jetant un œil par-dessus l'épaule, des fois qu'un Napolitain serait là, juste derrière, avec son couteau. « Si que zé sarais oun Napolitain, z'arais tellement vonte que zé sortirais zamais dans la roue, zamais! »

S'ils savaient, les bonnes grosses têtes, que pour les Français, Nord ou Sud, pas de détail, tous les Ritals sont des singes, des noirauds crépus joueurs de mandoline! Des fourbes, des sournois, des feignants, des rigolos pas sérieux, des excités, des parlant avec les mains! Ça leur foutrait un coup, oui, aux grands Ritals! Ils ont beau être là, devant toi, massifs, placides, taciturnes, rougeauds, plus grands que la plupart des Français, avec leurs yeux bleus ou verts, leurs tifs châtain clair, ou blonds, ou rouquins souvent, leur lourde mâchoire, leur nez puissant, ils ont beau être là, rien à faire, t'as beau les regarder de bas en haut, t'as dans la tête que c'est des Ritals et que des Ritals c'est petit noir frisé, tu les vois petits noirs frisés. Un Rital pas comme ça, en admettant qu'il en existerait, ça serait une exception. Si tous les Ritals ont un mètre quatre-vingts et les yeux bleus, tous les Ritals sont des exceptions. Et paf. J'ai vu des films américains, au ciné. Eh bien, quand il y a un Français dedans, il est petit, brun, frisé, il a des petites bacchantes de garçon coiffeur, il s'agite comme un singe, il parle à tout berzingue, toujours avec les mains, et il est le pauvre con ridicule qui croit se faire la fille mais que le grand beau cow-boy balance à la fin dans le baquet d'eau sale, ou alors il est le traître latin pourri qui va crever comme un dégueulasse avec un mauvais rictus, bien fait pour sa gueule. Ça veut dire que pour les Ricains, pour les Anglais, pour les Boches, les Français sont exactement ce que sont les Ritals pour les Français et les Napolitains pour les Ritals : de la sous-race, des singes, de la merde. Chacun a besoin de merde en dessous de soi. Quand un Français pense aux Ritals, il se sent grand fort costaud plein de dents en or comme un Ricain.

Entre Gênes et Milan, sur le fleuve Pô, il y a Plaisance. Piacenza. Entre la mer et le fleuve, il y a l'Apennin ligure, pince de homard hérissée de piquants et boursouflée de boursouflures. Depuis la crête de l'Apennin, au fond de gouffres parallèles, des torrents nombreux dégringolent vers la plaine du Pô. Deux de ces torrents, deux voisins séparés par une mince arête de granit, sont la Trebbia et le Nure. Sur leurs berges, cramponnés aux rochers, il y a des villages, des gros, des petits. Bettola, Ferriere, Canadello, Gropallo, Farini d'Olmo, Bobbio, Rivergaro, Ottone... C'est de là qu'ils viennent, mes Ritals. Le charnier natal. A la frontière entre Emilie et Lombardie, mais déjà plus Lombards qu'Emiliens, c'est-à-dire presque Suisses. Ce qui explique.

A l'école, quand on a fait les Gaulois, Rome, tout ça, le prof nous a expliqué la Gaule cisalpine. Tout le Nord de l'Italie, c'étaient des Gaulois. Du coup, j'ai compris des choses. J'ai compris pourquoi les Ritals de Nogent-sur-Marne et de toute la banlieue Est parlent une langue plus proche du patois des paysans de la Nièvre que du bel italien de la méthode Assimil. C'étaient des Gaulois à moustaches, voilà. Les Romains les avaient colonisés avant ceux de Vercingétorix, parce qu'ils étaient plus près, juste à portée de la main, mais c'était le même travail : leurs gosiers gaulois avaient été obligés de se mettre à parler latin, et ils avaient déformé vachespagnolisé la langue du petit père Cicéron juste de la même façon que devaient la déformer, plus tard, après le coup en vache de Jules César, les Gaulois de la grande Gaule. Qu'est-ce que je suis content d'avoir trouvé ça tout seul!

Autrefois, avant l'arrivée des Ritals, c'étaient les gars du Limousin qui montaient à Paris faire les maçons. Papa en a encore connu, dans son jeune temps. Eh bien, un truc qui l'épatait, papa, c'est que ces ploucs qui parlaient leur patois de ploucs français comprenaient le dialetto, et que lui comprenait le limousin. Ça, alors!

A la maison, on parle français. Enfin, maman et moi. Papa fait ce qu'il peut. Dommage. J'aurais tant voulu parler le dialetto! C'est pas tellement joli, c'est lourdingue et gnangnan, un peu comme le morvandiau de mon grand-père Charvin, le père de maman. Je trouve que les patois ont tous l'air de marcher dans de la glaise collante avec des gros sabots. Je me suis acheté un « Assimil », j'apprends l'italien quand je suis aux chiottes, ça passe le temps, mais c'est le vrai beau académique, quand je dis une phrase à papa, en mettant bien l'accent comme c'est dit dans le bouquin, il me regarde comme si je lui faisais peur.

On m'a appris à l'école que la langue française était la seule, ou presque, à posséder des sons comme in, on, an.

Des diphtongues nasalisées, si je me rappelle bien. Les Français ont un mal de chien à s'en débarrasser quand ils veulent parler étranger. Les étrangers trouvent ça très laid. Ça leur donne l'impression d'un type à bec-de-lièvre qui parlerait du nez, paraît-il. Eh bien, dans le dialetto, il y a les in, les on, les an. La polenta (prononcer : « polènnta »), la grosse bouillie de maïs, devient « la poulainte ». C'est peut-être pas exactement « poulainte », mais moi j'entends « poulainte ». Les vrais Italiens instruits, avec leurs belles voyelles bien pures bien franches résonnées à pleine bouche, rigolent des gros lourds du Nord qui causent du nez comme les canards. Mais ça facilite bien pour apprendre le français. Le dialetto a aussi le « u » français, monstre diabolique qu'un pur Italien n'arrivera jamais jamais à faire flûter entre ses lèvres. Et encore le « eu », autre spécialité bien française. Il y a deux mots clefs en dialetto, deux mots qui dispensent de longs discours. L'un est propriété commune de l'italien et du dialetto. C'est « Ma! ». Vous avez vu assez de films italiens en version originale pour savoir comment ça se place. L'autre mot est pur dialetto. C'est « Euh! » Si t'as pas entendu papa faire « Euh! » t'as vécu pour rien. Si tu sais dire « Ma! » et « Euh! » juste quand il faut, tu seras jamais perdu entre Turin et Ravenne, ni entre Montreuil-sous-Bois et Champigny-sur-Marne.

Ça fait que les Ritals qui mettent un peu le nez hors de leurs ghettos de Ritals se débrouillent vite fait avec le français. Mais, aussi longtemps puissent-ils vivre, ils seront quand même toujours trahis par le zézaiement. Rien à faire, ils zozotent. Le çeveu sur la langue italien, ça ne part qu'avec la bête. L'oreille ritale ne discerne pas un « j » d'un « z ». Ils sentent bien que c'est pas tout à fait pareil, mais ils voient pas bien en quoi. Alors, ils bricolent un truc entre les deux, à moitié « j », à moitié « z », si bien que pour les oreilles françaises ce son bâtard est identifié comme un « j » si c'est un « z » mal prononcé, comme un « z » dans le cas inverse. La rose devient la roje, l'argent devient l'arzent, manger devient manzer, Joseph devient Zojeph, et de toute façon on dit Jojo, qui s'entend Zouzou parce que les o ils les aiment pas tellement non plus, les Cisalpins, va savoir pourquoi.

Il y a encore des tas de choses marrantes, par exemple le « mica » italien, qui veut dire « pas » et qui redouble la négation, exactement comme « pas » en français. En dialetto, il devient « mia ». Accent sur l'i, le a final ne s'entend pas, ça donne à l'oreille quelque chose comme « mie », juste comme dans le Rabelais en vieux français que j'aime tant. « G'no mie » : « Je n'en ai pas ». (Je transcris comme j'entends.) Là où le vrai italien « il vero 'talian ») dit « L'abbiamo fatto » (Nous l'avons fait), le dialetto dit « G'l'oum fa ». C'est bien plus près du « J'l'ons fait » que j'entends quand je vais chez grand-père, qui se trouve pourtant tout ce qu'il y a de plus au centre de la France.

La maladie

Il y a deux grandes terreurs dans nos vies, deux menaces d'autant plus épouvantables qu'elles sont invisibles, sournoises, capricieuses, qu'elles frappent tout à fait au hasard, sans souci de la morale, et qu'enfin elles sont répugnantes : la tuberculose et la vérole.

Quinze ans, c'est pas vieux, pourtant j'en ai déjà vu partir, des gars de mon âge, pour le sana. Des tas. « Il s'en va de la poitrine », disent les femmes, en baissant la voix, soudain blêmes. Ça commence toujours pareil : un gros rhume, qui n'en finit pas de finir, qui se traîne en petite toux sèche, en fatigue, en sueurs bizarres. Et voilà les crachements de sang, signe terrible. « Surtout, si tu vois du sang dans tes crachats, dis-le-moi tout de suite, dis! Jure-moi que tu me le diras! »

Il y en a qui l'attrapent, d'autres pas, on sait pas trop pourquoi. Les Ritals ont tendance à penser que c'est une maladie de Français, une tare de race trop dorlotée, trop fragile. Les prolos français pensent que c'est une maladie d'employés à cols blancs, parce que ça ne boit pas assez de vin rouge qui fortifie le sang et les bronches et que ça mange du poulet et des asperges au lieu de bonne viande saignante et de camembert qui pue. L'idée de maman, c'est que c'est une maladie de gens qui veulent péter plus haut que leur cul, qui mettent tout dans les frusques, dans le rouge à lèvres et dans les meubles à crédit, et alors ils grattent sur la nourriture et bourrent les gosses de soupes au pain trempé dans l'eau chaude, c'est ça qui vous donne de la calorie et de la globule, tu parles, et en pleine croissance, moi je dis que c'est criminel, voilà ce que je dis. Si bien que lorsqu'il se déclare un tubard dans une famille, maman, tout en les plaignant, juge sévèrement ces gens qui rognent, c'est sûr, sur le bifteck de cheval et la quintonine de leurs enfants. « Moi, j'ai peut-être pas la T.S.F., mais quand le gosse passe une radio à l'école je peux marcher la tête haute, j'ai pas honte. »

En tout cas, quand une fois elle t'a chopé, la saloperie, c'est pour de bon. Plus rien à faire. Te voilà embarqué sur la longue route des sanas, des pneumo-thorax, des quartiers de poumon découpés avec leurs cavernes, de la suralimentation, des années et des années à te faire chier et à servir de cobaye, avec, recta, la mort au bout dans un vomissement de sang. Comme la sœur à Fousse, qui se traînait, se traînait, jusqu'au jour où c'est brusquement devenu galopant. Rien que ce mot : phtisie galopante... C'est pas à te dresser les cheveux sur la tête? Et Schaeffer, dix-huit berges, un grand maigre intrépide, toujours à faire le con à l'U.S.M., la société de nage : emporté comme une crêpe. Sa mère, une veuve, en est devenue à moitié dingue. Elle traîne les rues de Nogent, nous harponne, les jeunots qui avons plus ou moins connu son fils, nous sanglote dans les cheveux, des demi-heures, tout emmerdés on est.

A l'école, dans les petites classes, on nous faisait des leçons de choses sur comment ne pas attraper la tuberculose et comment ne pas la refiler aux autres quand on l'a. Plus tard, ça continue, en cours d'histoire naturelle. Ne pas cracher par terre, le crachat se dessèche et le vent emporte les spores dans les poumons des personnes innocentes (schéma). Utiliser des crachoirs, à sable (figure I) ou portatifs (figure II). Ne pas laisser les enfants jouer avec les crachats des gens qu'ils ne connaissent pas. Eviter le contact des personnes tuberculeuses. Mettre un mouchoir devant sa bouche pour parler à quelqu'un que l'on a quelque raison de croire contaminé. Ne pas avaler sa propre morve : avoir toujours un mouchoir propre et ne pas être trop paresseux pour s'en servir. Attention aux refroidissements : ne pas se mettre nu dans un courant d'air glacial si l'on est en sueur, c'est agréable mais c'est la porte ouverte au redoutable chaud et froid, monstre capable de foudroyer sur place le plus terrible costaud. L'air pur et le soleil sont les plus grands ennemis du microbe. Dormir la fenêtre grande ouverte (figure VIII). Orienter sa chambre au midi (figure IX : chambre, boussole, soleil entrant à flots). La culture physique forge des organismes résistants. Faites des mouvements respiratoires (figure X a : cage thoracique de sédentaire; figure X b : cage thoracique d'athlète; noter la différence de capacité respiratoire). De grands savants français ont mis au point un excellent remède préventif contre la tuberculose. Faites-vous vacciner par le B.C.G. (portrait des grands savants français).

Les Ritals ont leur idée sur la question. Le mal de poitrine, ça se guérit en mangeant des limaces rouges toutes vivantes. Ecco. C'est pour ça que les terrassiers, ils toussent jamais. Chaque fois qu'un terrassier aperçoit une grosse limace rouge traînant sa bave irisée, il parie un litre qu'il se l'avale toute vivante, et naturellement il gagne le litre. Les terrassiers ont des poumons en béton armé. Et un foie en dégueulis de chat pourri. Bien sûr, si tu cherches la petite bête...

Les Ritals savent des choses. Par exemple, si les cordonniers sont si souvent tubards, c'est à cause de l'odeur de pieds qu'il y a dans les godasses. L'odeur des pieds des autres fait des trous dans les poumons, n'importe qui sait ça. Quand tu portes tes chaussures à ressemeler, n'entre pas dans la boutique, reste sur le trottoir et tends tes pompes par la porte entrebâillée. Naturellement, tu fais ça discrètement, pour ne pas vexer.

La Dame aux Camélias est un des sommets littéraires de maman, avec *La porteuse de pain*, *Roger la honte*, *Le tour de la France par deux enfants* et *Les Misérables*. Plus ça la fait pleurer, plus c'est beau. La dame aux camélias meurt en crachant ses poumons, c'est d'un excellent effet, question propagande prophylactique. Dès que j'éternue, maman s'alarme : « Attention de ne pas faire comme la dame aux camélias! » Elle redoute l'apparition de la sinistre petite toux sèche, prélude aux baquets débordants de sang. « Quand elle m'a dit qu'il avait rempli une cuvette, je me suis dit en moi-même : ma vieille, c'est la fin. Mais naturellement je l'ai pas laissé voir. » Elle me fait « mûrir » le rhume par tous les moyens : cataplasmes à la moutarde, ventouses, suées forcées au vin chaud, sirop... Tant qu'on tousse gras, c'est du bon, ça dégage, c'est le mal qui s'en va.

Cette sainte terreur du grand mal sacré est encouragée en haut lieu par la campagne annuelle du timbre antituberculeux, « Un franc pour la santé! » L'instituteur distribue aux petits des carnets de timbres à vendre. J'aimais pas ça. Trop timide. J'arrivais à en vendre deux ou trois à maman, aux patronnes de maman, et c'est tout. Quand je m'amenais, rougissant, dans une boutique, trois cents galopins étaient passés avant moi. Bafouillant, je m'enfuyais.

Autre fascination morbide : la vérole. Mais combien plus excitante! Ça, oui, c'est un sujet de conversation! Tout ce qui se passe du côté du cul, du côté du cul des femmes, stimule passionnément notre curiosité scientifique.

On apprend l'existence des maladies honteuses pas longtemps après avoir eu la révélation orale de la vraie nature des plaisirs amoureux, et ça tombe à pic pour confirmer et renforcer l'impression satanique qu'ils nous ont faite. La femme, c'est le diable tout noir entre deux cuisses blanches, plus ça fait peur plus ça attire, la révélation des dangers inouïs que de surcroît elle recèle ne fait qu'en augmenter l'horreur et le mystère, donc la fascination. A l'âge où les pommes ne sont savoureuses que si elles comportent le risque d'un coup de fourche dans le ventre, la vérole rôdant autour du trou délectable n'était certes pas pour en détourner nos juvéniles concupiscences!

Aux alentours de la dixième année, les garçons commencent à donner comme sujet exclusif à leurs conversations le cul des filles et tout ce qu'on a envie de faire avec. Ce symptôme ira en empirant rapidement jusqu'à la formidable obsession sexuelle qui fera de leur vie quelque chose valant la peine d'être vécu. Dans ces conversations passionnées, la vérole, sa vie, ses mœurs, tiennent au moins autant de place que les activités lubriques et les perversions si scandaleusement savoureuses. Je dis « la vérole », comme s'il n'y avait qu'elle. C'est qu'en fait il n'y a qu'elle.

Pour les mômes — et aussi, j'ai bien peur, pour beaucoup d'adultes —, il n'existe qu'une maladie vénérienne, une seule, sous différents degrés ou à différents stades. J'ai beau essayer d'expliquer — car, moi, j'ai lu, à tort et à travers, mais lu, et retenu — que la vérole est une chose, la chaude-pisse une autre et le chancre mou une troisième, rien à faire, eux, c'est pas par des bouquins à la con qu'ils savent mais par des mecs retour du régiment, des durs qu'ont trempé leur queue dans des trous de toutes les couleurs, et moi, merdeux, j'ai plus qu'à fermer ma gueule.

Histoire naturelle de la vérole. D'abord il y a l'échauffement, c'est comme ça que ça commence. L'échauffement, c'est juste la tête du nœud qui te démange, elle est un peu rouge, tu fais même pas gaffe. T'as tort. Comment ça s'attrape? Oh, ben, parce que t'auras trop limé, ou t'étais trop excité, tu comprends, quand t'es resté trop longtemps sans niquer tu te retrouves comme un fou, la première gonzesse qui te tombe sous le paf tu la défonces tu te sens plus, et alors, plof, t'attrapes l'échauffement. Comme une ampoule à la main, quoi? Tu m'as l'air ampoule! Remarque que si tu restes longtemps sans baiser et que t'en as vachement envie, tu peux te farcir les coliques bâtonneuses, c'est pas bon non plus, ça veut dire que tu peux plus débander, et t'as les couilles qui te font mal, mais mal! Et qui enflent, et qui deviennent toutes noires, ça peut t'étouffer et t'en crèves, tu tombes comme une masse. C'est pas bon de rester sur sa faim. D'abord, une bonne femme qui veut pas se laisser faire par un mec, et que lui il en a les coliques bâtonneuses, si il la tue, supposons, eh bien, à tous les coups il est acquitté, à tous les coups, mais faut qu'il puisse prouver les coliques bâtonneuses, attention, sans ça, couic. Nous méditons gravement ce point de droit.

Bon. L'échauffement. C'est pas grave, mais si tu le soignes pas, ça devient une chaude-pisse. Ça alors, oui, c'est quelque chose. Et comment on la soigne? Dans du lait. Tu trempes ta queue dans du lait tiède, juste à la température du corps. Si tu peux avoir du lait de femme, c'est encore mieux. Du lait de la gonzesse avec qui t'as attrapé ça, meilleur que tout. T'es guéri aussi sec. Le rêve, c'est de se lever une femme mariée avec un bébé nourri au sein, t'es sûr de jamais manquer. On s'instruit, on s'instruit...

La chaude-pisse, si tu l'as suite à un échauffement, c'est la petite chaude-pisse, c'est pas grave. Mais si t'as la grosse, là, je te plains. Comment qu'on l'attrape, la grosse? On l'attrape avec une fille qui a ses règles, voilà. Horreur et stupeur dans l'assistance. Une fille qu'a ses règles, faut pas t'en approcher. D'abord, si elle est honnête, elle te le dira. Mais évidemment, il y a tellement de salopes... Remarque, c'est facile à reconnaître : elle fait tourner la mayonnaise. Mais il se peut que la fille soit nette, côté règles, et qu'elle te foute quand même la chtouille. Dans ce cas, eh bien, écoute voir : c'est qu'elle l'avait. C'est possible aussi. Un fumier lui avait refilé sans lui dire. Ou peut-être qu'il le savait pas, faut être juste. Alors, à toi de prendre tes précautions. Avant d'aller au radada, tu lui examines la fente, bien partout. Si tu vois des croûtes, méfie-toi. Appuie dessus. Si rien ne coule, tu peux y aller, c'est juste qu'elle s'est grattée parce que ça la démangeait. Mais si ça coule jaune épais, halte-là, sauve-toi vite, dis que t'as promis de rentrer de bonne heure. Si les croûtes bougent, c'est des morpions. Grille-les sur place avec une cigarette, mais si possible sans faire crier la dame, faut du doigté. Maintenant, si tu vois rien du tout, tout rose tout propre, ça veut peut-être dire que sa chaude-pisse elle l'a en profondeur. C'est les pires. Alors, là, tu prends une pincée de tabac à priser et tu lui saupoudres l'intérieur. Si elle gueule que ça la pique, pas de doute, elle l'a. N'insiste pas.

C'est merveilleux! Partout, dans la nature, la Providence a placé le remède à côté du mal. Impossible de se laisser contaminer, ou alors quand t'es bourré que tu sais plus ce que tu fais. Suivent les descriptions des épouvantables tourments qui ravagent le chaude-pissard. Tu te cramponnes au mur pour pisser, tu pleures, tu appelles ta mère, tu pisses sang et pus, tu te réveilles collé aux draps... Enfin, tu te résignes à aller voir le docteur. Qui t'applique aussitôt le seul, l'universel moyen de traiter la chaude-pisse : fendre la bite en quatre.

Description de l'appareil à fendre la bite en quatre. C'est une espèce de tube, assez gros, plutôt, on te l'enfonce dans le trou du bout de la bite, sans vaseline parce que les médecins, les mecs qui attrapent des chaudes-pisses ça les dégoûte, alors ils cherchent à les punir, ça te fait mal tu deviens fou, mais t'es attaché solide, tu penses, ils la connaissent, et quand le machin est enfoncé dans ta bite jusqu'au fond, le médecin appuie sur un petit cran d'arrêt, crac, ça s'ouvre dans ta bite, d'un seul coup, ça s'écarte, comme un parapluie, c'est ça, mais au lieu des baleines il y a des lames de rasoir, quatre, en croix, et alors le médecin tire sur le manche, et ça te fend la bite en quatre, ta bite a l'air d'une épluchure de banane, c'est pour que tout le pus s'écoule bien à fond, et pendant tout ce temps-là le médecin t'engueule te traite de cochon dégueulasse tu recommenceras tes saletés, dis, tu les recommenceras?

Il y a des gars, tellement ils ont peur qu'on leur coupe la bite en quatre, ils préfèrent garder leur chaude-pisse. Des fois, la chaude-pisse devient tellement grave que la bite leur pourrit et leur tombe dans le pantalon, paf, ils marchent et tout à coup quelque chose leur glisse le long de la jambe, et voilà, c'est leur bite, elle fait floc sur le trottoir, toute malade pourrie répugnante, à la sortie de la messe, si ça se trouve, et les dames élégantes la voient et se mettent à dégueuler, mais c'est pas parce qu'elles sont mal élevées, c'est le choc de la surprise de la dégoûtation, après elles sont tout honteuses, enfin, bon, ces maladies-là, c'est des drôles de choses, quand même, en plus que c'est pas moral.

Mais une chaude-pisse que tu soignes pas, ça finit à la fin des fins par devenir de la vérole. Ça, c'est le pire de tout.

Remarquez, la vérole, ça peut être vérole du premier coup. Suffit de faire l'amour avec quelqu'un qui l'a déjà. Dans ce cas-là, ça commence par un chancre. Un chancre, c'est une petite croûte, pas méchante, à voir comme ça. Ça te fait même pas mal. Ça te démange juste un peu, c'est tout. Tu te grattes et tu penses à autre chose. Mais justement. Si tu grattes un chancre, ça devient un cancer, qui grossit qui grossit et qui te bouffe tout vivant. Déjà, c'est pas marrant. Mais la vérole, alors!...

La vérole, tu deviens comme de la bougie. Tes os deviennent tout gris tout mous, tu te mets à couler comme du camembert trop fait, tu pues de la gueule, t'as des asticots gros comme des saucisses qui te sortent du trou du cul, des trous de nez, des oreilles, tes dents tombent dans la soupe, tes cheveux deviennent verts et il te pousse sur le corps des grands champignons jaunes pleins de pourriture. Pendant ce temps-là, les microbes de la vérole te dévorent l'intérieur, l'estomac, le foie, les tripes, tout, et quand ils ont tout bouffé, ce que tu manges tombe au fond tout droit et ressort comme c'est entré, et naturellement ça te profite pas, et alors tu meurs, et les asticots que tu as dans le corps te finissent en moins de deux et il reste rien de toi, rien de rien, même pas les os. Voilà ce que c'est que la vérole, qu'on appelle aussi la syphilis mais c'est la même saloperie.

C'est pourquoi on a intérêt à faire drôlement gaffe avec qui on tire un coup. La vérole, surtout au début, c'est parfois difficile à voir. Il y a un truc : il faut goûter. Si ça a le goût de vérole, méfiance. Et attention, la vérole, ça s'attrape même sans faire l'amour! Ce qui est encore plus vache. Il ne faut jamais pisser contre un mur, parce que si celui qui a pissé avant toi avait la vérole, crac, sa vérole te saute dessus, et te voilà fait. De même qu'il ne faut pas rester sous le vent d'un tuberculeux qui crache, il ne faut pas rester sous le vent d'un vérolé qui pisse. Aux cabinets, ne jamais s'asseoir sur le siège, ou alors il faut étaler plein de journaux tout autour. Mais le mieux c'est de monter dessus, comme un perroquet sur son perchoir. Et d'abord, les chiottes assises, c'est malsain, ça donne des varices, c'est des chiottes de feignants qui lisent aux chiottes, vaut mieux à la turque, c'est viril et sportif et ton cul touche à rien. Ne jamais faire l'amour dans l'herbe, des vérolés peuvent l'avoir fait juste avant et s'être essuyé la queue à l'herbe. Ne jamais serrer la main d'un nègre ou d'un Arabe, ne jamais rien leur acheter, ni accepter leurs sous : ils sont tous vérolés de père en fils, c'est le climat, et en plus ils ont la lèpre.

Finalement, ce qu'il y a de mieux c'est encore les putes, parce qu'au moins elles se lavent le cul cinquante fois par jour, et elles te lavent ton bazar, et elles ont la visite médicale obligatoire exprès pour les maladies du cul, et si un client attrape quelque chose les flics font fermer le bordel, là, au moins, tu risques absolument rien. Même si c'est un peu cher, l'un dans l'autre, tu t'y retrouves si tu comptes les économies de médecin, de pharmacien, plus la fille que t'es obligé de lui payer un diabolo-menthe ou alors t'es un vrai dégueulasse.

Bourbaki

Nogent, pour des mômes, c'est le pays de rêve. Des fois, avec les autres, on pense à ça, à cette veine qu'on a, et on compte sur nos doigts toutes les chouettes choses qu'on a, ceux de Nogent, et que les autres n'ont pas.

D'abord, il y a le Fort, que je vais vous raconter tout à l'heure. Rien que le Fort, déjà, y en a pas beaucoup qu'en ont autant, tiens. Après, il y a le Bois, à l'autre bout, avec ses lacs pleins de canards où qu'on va glisser dessus quand ils sont gelés, l'hiver, même avec des vrais patins à glace il y en a qui patinent, mais c'est des rupins, comme le fils Jeannin, le chemisier. Après, il y a la Marne, la large, la douce, la belle grosse feignasse qui se traîne tout le long de chez nous en tortillant des fesses, pas pressée d'arriver à Charenton. C'est entre les cuisses de la Marne que les petits Ritals apprennent à nager, tout seuls, quéquette au vent mais casquette sur la tête, devant le Champ-aux-Vaches, qui se trouve sur l'autre berge, celle de Champigny *, où les flics viennent moins souvent nous faire chier parce que c'est plus loin. Il y a les coteaux de Bry, où s'attrapent les épidémies de chiasse de reines-claudes et de mirabelles. Il y a la plaine immense entre Fontenay et Rosny avec ses ploucs féroces qui t'embrochent tout vivant pour trois poires pas mûres. Il y a le vieux château de Plaisance que je vous ai déjà raconté. Il y a le fabuleux marché de Nogent, surtout celui du samedi, avec ses camelots marrants, casseurs de vaisselle et cueilleurs de paye fraîche au fond des poches. Il y a la

* Cherchez pas le Champ-aux-Vaches, l'A 4 passe dessus.

rue Sainte-Anne, ses replis et ses tanières, la cave à Jean-Jean où on lèche chacun son tour la petite fente rose de la grande Suzanne, je dis Suzanne, pas que Suzanne... Oh, merde, y en a trop! C'est trop beau! Etre môme dans une ville pareille, môme du pavé, enfants de purotins, nez au vent et mains aux poches, des copains en pagaille, c'est Noël tous les jours! Et on le sait bien, nous autres, t'en fais pas, on se dit qu'est-ce qu'on en aura à se raconter quand on sera des vieux cons assis sur le rebord du mur du square des pompiers à cracher par terre dans le soleil, se marrer comme on se marre nous c'est pas possible, et on méprise les mômes d'ailleurs parce qu'ils peuvent pas se marrer comme nous, ils soupçonnent même pas ce que ça peut être, les pauvres cons.

Le Fort. C'est un fort, comme tous les forts. Des grosses pierres grises bien carrées, avec des longues fentes verticales pour canarder à ton aise ceux qui t'attaquent sans qu'eux puissent te viser ni même te voir, c'est pas con, des fois, les militaires, et de l'herbe en haut, et un fossé à pic en bas, plein d'eau il devrait être, le fossé, sans ça à quoi ça sert, mais non, il est toujours à sec, tapissé de boutons d'or, ou de pâquerettes, ou de coucous, ça dépend de la saison, les militaires ça a parfois des idées mais c'est négligent, et alors, crac, ça perd la guerre, et après ça va se mettre sur les monuments aux morts pour qu'on vienne leur pleurer dessus, mais un militaire qui se fait tuer c'est qu'il a mal fait son boulot, comme par exemple oublier de verser de l'eau dans les fossés du fort, et s'il en est mort il l'avait un peu cherché, non? Un fort, quoi.

Quand le père Portalier, à l'école, nous avait dit que Vauban avait construit beaucoup de forts très beaux, je m'étais dit sûr que le nôtre est de Vauban. Et puis, non. Paraît qu'il aurait été fait sous Napoléon III, en même temps que les autres forts qu'il y a autour de Paris, du travail de série, ah, bon. Il s'appelle le Fort de Nogent mais il est planté sur le territoire de la commune de Fontenay-sous-Bois. Ceux de Fontenay disent « le Fort de Fontenay ». Comme si un petit bled merdeux comme voilà Fontenay pouvait se payer un fort! Ça fait qu'on se flanque des roustes, eux et nous. Les mômes de Fontenay, je peux pas les piffer. C'est rien que du Rital voyou et morve au nez. Quand ils deviennent grands, ils descendent à Nogent foutre la merde dans les petits bals à Ritals de la rue Thiers, des fois même dans les guinguettes à Parigots des bords de Marne. S'ils n'ont pas la loi, ils vont chercher les Manouches de Montreuil. Bon. Pour vous faire comprendre ce que c'est que Fontenay.

Quand on dit « le Fort », on veut parler des espaces tout autour. Le fort lui-même, personne n'y est jamais entré, et qu'est-ce qu'on en aurait à foutre, c'est des troufions, on les entend jouer de la trompette pour gueuler que la soupe est prête ou qu'il est l'heure d'aller au lit, des conneries de troufions, quoi. Il y en a toujours un de garde devant la grande porte où il y a le drapeau, avec une baïonnette qui brille, il a l'air de se faire chier... Mais tout autour, au-delà des fossés, c'est le Far West. Des kilomètres de verdure sauvage. Pas le droit de construire, ça gênerait les officiers du fort pour viser l'ennemi avec leurs canons. Et c'est bossu, fendu, tortillé, vallonné, toute une géographie. Des montagnes, des ravins, des falaises à pic, des grandes pentes à dévaler sur le cul, tu croirais la Suisse. Enfin, moi, c'est comme ça que je vois la Suisse. Des arbres énormes. Des grandes plaines plates couvertes de coquelicots. Au fond des creux, des mares à salamandres. A un certain endroit, il y a un fouillis de tranchées de guerre très bien faites, compliquées enchevêtrées comme celles sur les photos de la guerre de Quatorze. Ça doit être pour que les soldats s'entraînent à la guerre de Quatorze. Ils vont être drôlement marrons, les Boches, à la prochaine, si seulement elle est juste comme celle de Quatorze... Enfin, bon, c'est un paysage très varié. Plutôt, c'est des tas de paysages différents posés l'un à côté de l'autre. Je pense qu'ils l'ont fait exprès, il y a longtemps, pour pouvoir jouer à la vraie guerre, et puis c'est retourné sauvage et maintenant ça court tout seul. Par endroits, les pentes sont couvertes de buissons épais, on peut marcher dessous à quatre pattes, personne te voit. On s'y aménage des cabanes, des camps secrets.

Le dimanche, les familles montent au Fort respirer le bon air et manger des œufs durs. Elles ne dépassent pas la première herbe, le long du boulevard, devant la grande porte, le nez dans les pots d'échappement des bagnoles. Tant mieux. L'étendue vierge est à nous, les mômes.

A Nogent, on a trois clochards. Ils ne se montrent pas dans les rues, on ne tolérerait pas. Ils rôdaillent autour du Fort. Au crépuscule, ils viennent se tasser devant la guérite de la sentinelle. Ils ont à la main des boîtes à conserves vides, toutes cradingues dégueulasses, qu'ils planquent dans un arbre creux. Voilà le rab de soupe qui arrive, dans une marmite portée par deux troufions. Les troufions versent la bouffe dans les vieilles boîtes cabossées, nouilles, fayots, croûtes de fromage, confitures, tout ça mélangé, ils se marrent, ils en versent les trois quarts sur les clochards, plein la braguette, ça réchauffe, papa. Les vieux essaient de leur mendigoter des « troupes ». Des fois, ça marche. Et puis ils se tirent dans un creux d'herbe pour bouffer peinards à l'abri du vent. Ils sont deux types et une bonne femme. Ils doivent se la taper à deux, c'est sûr, ces mecs-là, ça a pas de jalousie, pas de fierté. On les trouve répandus dans l'herbe parmi les litrons vides, bourrés à mort, la vieille les quilles grandes ouvertes, comme une porte de grange, elle a pas de culotte, tu vois son bazar jusqu'au fond, noir dégueulasse, t'as peur. Quand j'étais tout petit, maman m'emmenait voir la distribution du rab de soupe. Elle me disait : « Tu vois, si t'es pas sage, si tu travailles pas bien à l'école, voilà comment tu seras quand tu seras grand. » Je lui demandais : « On me mélangera les confitures dans la soupe? » « Bien sûr! » Horrifié, je jurais d'être sage et travailleur.

Un des clochards de Nogent s'appelle Bourbaki. C'est le plus épouvantable. Il a une barbe énorme, grise et jaune, pleine de saletés, et un bec-de-lièvre. On voit les poux lui courir dans les sourcils. Il pue très fort. C'est le Bourbaki de maintenant. Quand il mourra, il y aura un autre Bourbaki. Il y a toujours un Bourbaki, à Nogent. Lorsqu'un enfant est désobéissant, sa maman le menace d'aller chercher Bourbaki, qui l'emportera dans son grand sac. Naturellement, pour que ça fonctionne, la maman a d'abord montré Bourbaki au gosse, au hasard d'une promenade sur le Fort. « Tu vois comme il est laid? N'est-ce pas, monsieur Bourbaki, que vous êtes très méchant et que vous emportez les petits enfants désobéissants dans votre grand sac? » « Gnoingnoingnoin » fait Bourbaki, ce qui, traduit du bec-de-lièvre, signifie « File-moi vingt ronds, connasse, au lieu de faire chier ce pauvre môme! » La connasse file cinq ronds et, satisfaite, emporte son lardon aux yeux écarquillés par une trouille de bonne qualité, durable et profitable.

Ma petite enfance fut sanctifiée par la saine terreur de Bourbaki. Quand, plus tard, j'appris qu'il avait existé un Bourbaki historique, et un général même, et même le seul général français à avoir un peu secoué les Prussiens en 1870, ça m'a donné à penser. Nogent, Champigny, Bry sont des bleds où cette guéguerre bien oubliée a laissé de fortes traces. Ne serait-ce que dans le nom des rues : rue du Pont-de-Noyelles, rue de Coulmiers, rue du Général-Chanzy... Sur les hauteurs de Champigny, de Bry, de Villiers pointent dans les herbes folles des flopées de vieux petits monuments mangés de mousse, étouffés sous les ronces, jalons de la terrible bataille de Champigny qui aurait été fameuse si seulement on avait gagné la guerre. Au fait, beaucoup de ces monuments champêtres portent des ribambelles de noms italiens : c'étaient les volontaires de la légion de Garibaldi. Doivent se sentir chez eux, ces macchabées-là... Enfin, bon, si quelqu'un peut m'expliquer comment le brave général Bourbaki est devenu croquemitaine municipal à Nogent-sur-Marne, il me fera bien plaisir.

On a aussi un faux clochard : le père Bézigue. Maigre comme un vieux lacet, une sale barbiche qui pointe, une casquette des chemins de fer toute cassée, il traîne son vélo rouillé partout, ramasse des trucs. On le dit riche, propriétaire et faisant le pauvre. Mais c'est peut-être pour nous donner bonne conscience quand on lui court au cul en lui jetant des pierres ou des boulons. D'ailleurs, ça serait un authentique miséreux garanti qu'on serait tout aussi vaches avec lui. Une fois, j'étais avec Roger, on voyait Bézigue, il nous voyait pas, c'était dans le prolongement du boulevard Galliéni qu'ils ont fait vers le Fort, il y avait des tas de pavés qu'ils avaient amenés pour les travaux, des beaux petits pavés en granit bleu comme ils font maintenant. Bézigue a posé son vélo contre un tas de pavés, il a déplié un grand sac à patates qu'il avait sur son porte-bagages, il a regardé si personne n'était en vue, et hop, il a commencé à enfourner les pavés dans le sac. On le voyait faire, il en grognait de bonheur, il a le palais défoncé ou quelque chose comme ça, ça fait que tout ce qu'il raconte passe par le nez, personne le comprend, et c'est débecquetant, en plus, c'est pour ça qu'il préfère causer tout seul. Il grognait à petits grognements joyeux, sa barbiche gigotait de plaisir. Quand le sac a été plein à ras la gueule, il y a mis une ficelle, et puis il a été pour l'embarquer. Et là, impossible de le décoller. Plein de pavés comme il était, ça devait aller chercher dans les deux cents kilos. Il avait pas pensé à ça, Bézigue. Il en a chialé, chialé pour de vrai, à gros sanglots. Il a essayé de toutes les manières, tiré, traîné, rien à faire. Comme de vouloir bouger la Mairie. Alors, il a rouvert le sac, il a retiré un pavé. Un tout petit. En s'arrachant le cœur. Naturellement, ça suffisait pas. Alors, un deuxième. Un troisième. Chaque fois des torrents de larmes. Quand il a pu enfin bouger le sac, il n'y avait presque plus de pavés dedans, peut-être une vingtaine. Encore le remuait-il à peine. Il a réussi à se glisser dessous je sais pas trop comment, et voilà Bézigue parti, aplati sous son sac de pavés, geignant et postillonnant sa peine et sa morve par les trous de nez. Roger et moi, on s'était approchés, on s'est mis à bombarder le vieux con à coups de pavetons en le traitant de voleur. Il a tout lâché et, de surprise, s'est pris les pattes dans son vélo. Tu parles d'une rigolade.

Et le satyre? Ah, oui, tiens, le satyre. C'est une espèce de long mec mou en bleus de chauffe qui traîne sur le Fort, toujours la bite à la main en train de se branler. Ça nous fait marrer. Quand on est en bande et qu'on tombe dessus, il se barre vite fait et on le course à coups de cailloux. (Tout se fait toujours à coups de cailloux, avec nous!) S'il chope un môme tout seul, il lui dit t'as vu ma bite? Elle est pas belle, ma bite? Fais-moi voir ta bite. Elle doit être belle, ta bite. Tiens, touche ma bite, si si, touche, tiens, touche, elle est douce, hein? Elle est douce, la tienne? Fais toucher... Il a plutôt l'air pauvre mec, il nous fait pas peur. Sa bite, elle est longue et molle, comme un serpent mort, et toute rose toute malsaine, ça doit être à force qu'il se branle. Elle saute dans sa main, elle pend, rose et molle, et longue, longue... Je l'ai jamais vu bander. Les filles n'osent pas venir au Fort, elles ont peur du satyre, elles nous disent qu'on devrait l'attraper et lui couper la queue, ou la transpercer à coups d'épingles ou la lui brûler... Merde, elles sont un peu vaches, non? De toute façon, leurs mères leur interdisent de monter au Fort, alors...

Les Ritals trouvent très tordu très vicieux le système français pour compter l'argent. Ils n'arrivent jamais complètement à s'y faire, c'est pourquoi on les voit sortir leurs sous un à un de leur porte-monnaie croûteux de ciment (jamais directement du fond de la poche : l'argent, ça se respecte) et les examiner attentivement sur les deux faces en fronçant les sourcils avant de les poser à regret sur le zinc du bistrot. C'est à cause des sous et des francs.

Même aux gosses français il leur faut des années avant de s'en sortir. Tu comprends, il y a deux systèmes qui s'ignorent et qui s'entremêlent, faut savoir comment sauter de l'un à l'autre sans se mélanger les pieds, et surtout savoir quand on doit sauter de l'un à l'autre. Je t'explique.

Il y a les francs, qui vont de dix en dix, un franc fait

cent centimes. Bon. Il y a les pièces de cinq francs, de dix francs et de vingt francs en nickel simili-argent, qui sont d'ailleurs doublées par les vieux billets cradingues. Ensuite, il y a les pièces de un franc et de deux francs en laiton tout jaune si tu l'astiques bien tu dirais de l'or, il y a les pièces de cinq centimes, de dix et de vingt-cinq centimes, en nickel, avec un trou au milieu, c'est celles que je préfère, des fois on en voit qui servent de rondelles sur des gonds pour rehausser une porte, le type n'avait que ça sous la main comme rondelles, faut croire, alors nous, avec une barre de fer, on fait sauter la porte de ses gonds et on va s'acheter des bégots à la Parade, je vous dirai tout à l'heure ce que c'est que des bégots et ce que c'est que la Parade. Après, il y a les pièces de un et de deux centimes en bronze rouge, de gros vieux machins lourds comme le diable au fond des poches, avec dessus, tout usée, la tête de Napoléon III, empereur des Français, un barbichu pète-sec qui portait un bouquet de thym et de laurier sur les oreilles. Mais ces pièces-là, on en voit de moins en moins.

Ça n'a pas l'air bien méchant, d'accord. Jusque-là. Mais attends, voilà les sous qui rappliquent. Les sous, ça n'existe pas. Interdit de compter en sous, d'afficher les prix en sous. Le mot « sou » n'est gravé sur aucune pièce de monnaie. Seulement, dans la vie, tout le monde n'emploie que les sous. Les sous vont de vingt en vingt, ils ont leurs façons à eux, et si tu sais pas compter en sous à toute vitesse dans ta tête, et traduire aussitôt les prix en francs que tu lis en sous qu'on te cause, tu te fous dedans tu te fais baiser à tous les coups.

Un franc, c'est vingt sous. Un sou, c'est cinq centimes. Ça fait qu'un franc cinquante c'est trente sous, que quatre sous c'est vingt centimes, etc. Avec de l'habitude, tu y arrives. Pareil pour les poids. La loi oblige les commerçants à annoncer les prix en kilos, fractions de kilo et multiples de kilo. Mais en fait on compte par livres, vieille unité parisienne qui, valant à peu près un demi-kilo, s'est confondue avec. Une livre égale cinq cents grammes. On gambade dans les sous-multiples de la livre : « Vous m'en mettrez une demi-livre, un quart, un demi-quart... (sous-entendu « de livre », et non « de kilo »). C'est pour ça que le beurre se vend par 250 g, 125 g... quantités bizarres si l'on se réfère au système métrique, laïque et républicain. On ne dit jamais un kilo et demi, on dit : trois livres. J'aime bien tous ces petits détails agaçants qui font qu'on se sent chez soi. Mais imagine la paysanne ritale fraîche débarquée qui a lu sur l'ardoise que le kilogramme de patates vaut un franc trente et qui entend la maraîchère lui dire : « Ça fait pas tout à fait les trois livres, je vais jusqu'à quarante sous? »

C'est drôle, les choses. Jusqu'à deux francs (quarante sous), on compte en sous : quinze sous, vingt-huit sous, trente-trois sous, etc. Mais, au-delà de quarante sous, on compte seulement en francs. Il ne viendrait à l'idée de personne de dire : « quarante-deux sous ». Pourquoi? C'est comme ça. Ça se fait pas. Personne ne pourrait expliquer, personne même ne s'est jamais rendu compte qu'il faisait comme ça, en tout cas personne ne se trompe. Une exception : cent sous. On ne dit pas « cinq francs », on dit « cent sous ». Mais on ne dit pas « deux cents sous »! Marrant, non? Ça me fait le même effet que pour l'âge des bébés. Si je demande : « Quel âge il a? Un an? » On me rectifie : « Il a douze mois. » Moi, je veux bien. A partir de quel âge est-il convenable de compter en années?

Nous, les mômes, on compte en ronds et en balles. Pas devant les vieux. Quand je m'oublie à ça, maman me fout une paire de baffes. Enfin, elle essaie. « Tu finiras à Biribi! » Remarquez, les balles, c'est valable qu'à partir de dix balles. On dit pas « une balle » pour « un franc ». Ça ferait rigoler tout le monde. Ni « deux balles », ni « sept balles »... Pour cinq francs, on dit « une thune ». J'aime bien. C'est un mot formidable. Surtout à cause du H qu'il y a dedans. On dit « deux thunes », « une demi-thune »...

Tino

Dans la rue Sainte-Anne, il commence à y avoir des T.S.F. Pas depuis longtemps, mais de plus en plus. Les premières ont dû se pointer dans les années 33-34, en plein chômage, et c'est justement ceux qu'avaient pas de boulot qui s'achetaient le poste avant tout le monde. Maman disait : « Ça a seulement pas une chemise à se mettre sur le cul mais pour leurs guignolades ça sait bien trouver des sous, va! » « Mais c'est pour écouter les nouvelles, madame Louis, ça nous économise le journal. » « Les nouvelles, pour ce qu'elles sont bonnes, je les sais toujours assez tôt! » Et paf.

Naturellement, les premiers à l'avoir c'étaient tous des Français. Les Ritals méprisent ces futilités. L'arzent, si on peut en mettre oun ti po' à gauce, il sara pour s'asséter oun ti bout de terrain vague, du côté de Noisy-le-Grand, par là, où que c'est encore pas trop cer pourquoi le toubus il y va pas, et attention qu'après il en faut encore pour s'asséter la brique pour fare le pavillon, qué la brique, a' raugmente touzours, la brique, ma qué l'arzent, lui, a' discende. Ou pour s'asséter le carré de vigne qu'il est zouste derrière la maijon, là-bas, sur la montagne entre Bettola et Gropallo — ça, c'est ceux qui se racontent des histoires, ça, qui veulent se faire croire qu'ils retourneront un jour au pays crever tranquilles sous leur figuier à eux, en sirotant leur pinard à eux, mais des qui se racontent cette histoire-là il y en a de moins en moins...

Les Français qui l'ont, la T.S.F., faut que ça se sache, ou alors c'est pas la peine. Il y a dans la rue Sainte-Anne trois ou quatre bonnes femmes qui restent chez elles toute la journée — « des feignantes que leurs maris ont les moyens de les entretenir à rien foutre, tant mieux pour elles, elles ont bien de la chance, y a de la veine que pour la vermine », dit maman, « mais qu'elles viennent pas me demander un morceau de pain, je saurai bien quoi leur-z-y répondre, non mais des fois, on a trop de mal à le gagner! » — et qui font gueuler la T.S.F. à tout berzingue, du matin au soir, fenêtres grandes ouvertes, surtout l'été, mais même quand il gèle à crever il y en a toujours au moins une pour lancer aux échos sa foi dans le progrès technique et son amour de la chanson française. Chaque soir, et aussi à l'heure du déjeuner, la rue Sainte-Anne, c'est la fête du Trône! Au moins douze postes qui gueulent tant que ça peut, chacun son gueulement à soi, mais aussi des fois tous la même chose bien ensemble si c'est un machin vraiment très beau, une belle chanson triste qui fait pleurer, par exemple « Tristesse de Chopin » chantée par Tino Rossi qu'après ça y a plus qu'à tirer l'échelle vu que plus beau c'est pas possible.

Sur Tino Rossi, tout le monde est d'accord. Une voix pareille, c'est un miracle du Bon Dieu. Même les austères Italiennes viennent s'appuyer à la fenêtre, un sourire d'ange aux lèvres, une grosse larme sur la joue, c'est tellement beau, c'est tellement vrai, et au moins, lui, il chante des choses intelligentes qui veulent dire quelque chose, tout le monde comprend.

Paola, mon amante,
Ma canzone, ce soir,
Dans la nuit si troublante
Te dira mon espoir.

AU REFRAIN

Vieni, vieni, vieni,
Vieni, vieni, vieni,
Accanto a me!
Vieni, vieni, vieni,
Vieni, vieni, vieni,

Accanto a me!
Paola! Mia rondinella!
Sei la più bella
En il mio cuore!
Paola! Voglio cantare
Una canzone
D'amore!

Pourtant, c'est rien que des choses osées, pleines d'amour fatal, de désirs fous, de baisers enivrants, de caresses ardentes, de trahisons, d'étranges femmes, de Catarinetta bella qui n'a que seize ans tchi-tchi, tu m'as compris tu m'as, ma il est si zentil! Il a la voix tellement douce. Sur les affiches, il est mince et ardent, son œil de biche au bois est si câlin... Les Ritales en fichu noir, pas gâtées par leurs hommes qui leur plantent des mômes dans le ventre comme on fait caca derrière une haie, fondent de doux émoi sous la voix perpétuellement adolescente, se pâment d'inceste frôlé, mettent leur frisson, innocentes, sur le compte du mal du pays. Et il est bien vrai que ce Corse roucoulant est plus rital que n'importe qui, rital comme on se voudrait les Ritals, rital à donner des leçons d'italianisme à l'Italie. C'est que l'Italie ne fait pas exprès d'être italienne. Lui, si.

Tino, toutes les femmes l'adorent, pas que les Ritales. Les petites mômes de notre âge en sont dingues, les salopes. On a beau leur jurer que c'est une pédale, qu'il a un œil de verre, un poumon en moins, que ses tifs bien collés à la gomina c'est rien qu'une fausse perruque ou bien qu'ils sont peints directement sur son crâne chauve avec du vernis à vernir les mandolines, qu'il ne sait même pas jouer de la guitare, il fait semblant, et en réalité c'est un autre mec qui joue, un premier prix de Conservatoire, si c'est pas des malheurs, caché dans le trou du souffleur pour qu'on le voie pas mais si on écoute bien on se rend compte que la musique vient d'en bas et la voix d'en haut, or ceci est du vol, c'est drôlement dégueulasse, même, parce que les pauvres connes qui ont payé très cher leur ticket c'est pour entendre un mec chanter ET jouer de la guitare, normalement elles devraient aller chercher un flic, le flic dirait : « Jouez-moi un petit air, juste pour voir si vous savez jouer, un truc pas dur, *Au clair de la lune*, par exemple », et Tino Rassis, naturellement, il saurait pas, comme un con, bien coincé, vous êtes un escroc, clic clac, au nom de la loi, par ici la bonne soupe... On a beau, on a beau, elles haussent les épaules, elles nous traitent de jaloux, et puisqu'on est si malins on n'a qu'à chanter aussi bien que lui, pour voir. Nous, furax, on leur chante *L'artilleur de Metz* ou *La digue du cul*, mais elles nous disent pauvres cons et merdeux, et qu'est-ce que tu veux faire? Les filles, ça sait pas rigoler. Leur faut du drame et du roucoulement. D'accord, mais pas devant les potes, merde.

Nous, les mecs, c'est plutôt Charles Trenet qui nous botte. C'est un marrant, d'abord. Enfin, pas marrant marrant, comme par exemple Maurice Chevalier, ou Milton, ou Fernandel, mais justement, ceux-là, à force de vouloir être marrants ils nous font un peu chier. Ils se donnent trop de mal. Trop de grimaces, quoi. Ça fait trucs de vieux cons. Trenet, il le fait pas exprès, on dirait. Il est content d'être au monde et de voir clair, alors il chante, il rigole, on a envie de rigoler avec, voilà. On l'aimerait tout à fait beaucoup, Trenet, s'il avait pas cet air fils à papa et chouchou à sa maman. On voit qu'il a été au lycée. Il a toujours l'air de manger un gâteau à la crème avec une petite cuillère sur une petite assiette, ça nous fait chier, on est gênés pour lui. Quand on déconne que Tino Rossi se fait enculer, c'est rien que par jalousie, au fond on y croit pas. Mais Charles Trenet, on aurait presque envie que ça soit vrai.

Le Tour de France, ça tombe toujours l'été, pendant les grandes vacances, je sais pas s'ils l'ont fait exprès. La rue Sainte-Anne reste là, pendant les vacances. Personne d'ici n'a jamais vu la mer, même pas en colo. Quand j'étais petit, maman m'envoyait passer un mois chez grand-père, dans la Nièvre, parce qu'il me fallait du bon air pour la croissance. J'aime mieux rester à Nogent. Qu'est-ce qu'on se marre, avec les potes! Nogent, c'est plus campagne que la campagne, plus sauvage, mais naturellement faut connaître. Oui, bon, je vous ai déjà expliqué tout ça... Autrefois, avant qu'il y ait la T.S.F. partout, chaque soir pendant le Tour de France toute la rue Sainte-Anne cavalait jusque devant chez Ohresser, le marchand de vélos de la Grande-Rue, qui écoutait l'arrivée de l'étape dans son poste à galène et écrivait aussitôt le résultat sur la vitre de sa devanture avec une espèce de farine blanche délayée dans de l'eau. Mais maintenant, on se bouscule autour de la fenêtre de Mme Cendré, la concierge du 3, qui a la T.S.F.

Avant, c'était un phono, qu'elle avait, Mme Cendré, avant que la T.S.F. soit inventée. Le seul phono de toute la rue Sainte-Anne. Et même de plus loin. Et même le seul que j'aie jamais vu. Mme Cendré en était très fière, et aussi Pierrot, son fils, celui de ses sept gosses qui a à peu près mon âge. Des fois, pour nous faire plaisir, elle approchait le phono de la fenêtre et elle mettait un disque dessus. C'était un très beau phono, tout en chêne épais avec des moulures et des zinzins faits à la main, et par-dessus un grand liseron rouge qui ouvrait une gueule énorme, avec de la dorure, très beau, et c'est de là que sortait la musique, de ce liseron. Mme Cendré tournait la manivelle entre chaque disque, il n'y avait qu'elle qui avait le droit. Elle avait trois disques, il fallait faire très attention de pas les casser. Un, c'était : « Je t'aimerai toujours, toujours, Ville d'amour, Ville d'amour », un autre : « La bonne auberge du Cheval Blanc », et le troisième je me rappelle plus. A chaque fois qu'il y avait un anniversaire — c'était souvent — ou au 14 Juillet, ou à Noël, Mme Cendré faisait jouer son phono, et elle repassait ses trois disques, l'un derrière l'autre, sans arrêt, et toutes ses filles chantaient en même temps parce que, naturellement, à force, elles les connaissaient par cœur, et moi aussi je les connaissais par cœur, mais pas les paroles, à cause de tous les murs qu'elles étaient obligées de traverser pour arriver jusque chez nous dans le logement, et en plus il causait du nez, ce phono-là, ça fait qu'on comprenait pas bien tout. Des fois je me dis que j'aurais bien aimé vivre dans une famille comme ça, sauf qu'ils sont pas ritals et que l'odeur ritale m'aurait manqué, mais ils rigolent tout le temps. « C'est des bohèmes, dit maman. Une vraie tribu. » Ils s'engueulent, ils ont des drames, ils se coupent les veines, ça vit, quoi. Le père Cendré est livreur de bière pour la Brasserie du Fort. La bière, ça se livre sur des voitures à chevaux, à cause de l'odeur d'essence qui lui donnerait un goût d'essence, les gens qui s'y connaissent en bière n'aiment pas. Il est tout le temps bourré, le père Cendré, forcé, tous ces coups à boire qu'il peut pas refuser ou alors tu passes pour un malpoli. Là-haut, sur son siège, il fait claquer son fouet en engueulant de sa grosse voix où roulent des glaviots verts ses deux percherons énormes pleins de poils aux pattes, ça m'impressionnait beaucoup, autrefois.

Et, petit à petit, tout le monde l'a eue, la T.S.F., ou plutôt la radio, comme on dit maintenant. Sauf nous, parce que maman, rien à faire, pas un sou pour des bêtises. On aura un poste le jour où une patronne à maman lui fera cadeau d'un vieux poste dont elle ne voudra plus. Tout ce qu'on a, ça vient des patronnes à maman, tout, les meubles, la vaisselle, les rideaux, les robes et les godasses à maman. Même mes fringues, souvent, c'est des vieux trucs à ses patrons qu'elle a retaillés pour enlever les trous, et justement, rien que d'enlever les trous ça les mettait à ma taille, chouette! Une fois, un de ses patrons est mort, un très vieux avec une barbiche et un lorgnon au bout d'un cordon, et il avait plein d'affaires comme neuves, rien que de la très belle qualité de riche. Il y avait une espèce de veste d'intérieur en macramé noir, c'est comme ça que maman appelle ça, toute doublée bien chaude en dedans, elle m'allait juste au poil comme un manteau, y avait simplement à rapprocher les boutons et raccourcir les manches, mais les manches on les a finalement retroussées, ç'aurait été dommage de couper de la belle qualité comme ça, t'iras la trouver, tiens, au jour d'aujourd'hui, et à quel prix! Ça fait que je me suis traîné deux hivers dans ce bazar de croque-mort de la haute, avec un galon noir ou appelle ça comme tu voudras qui le bordait tout autour de mes manches cousues retroussées jusqu'à mi-coude... Si j'avais l'air d'un con, je m'en suis pas rendu compte. Si on me l'a dit, je l'ai pas entendu. C'est pas le principal?

Quand même, ça m'emmerde un peu de pas avoir la radio, je me sens de plus en plus plouc, surtout à l'école, les mecs parlent des émissions, le Club des Loufoques, la Chasse au Trésor, ça a l'air drôlement marrant, ces trucs-là.

Le cinéma, là, je suis moins arriéré.

Quand j'étais dans les âges de la première communion, le jeudi après-midi, j'allais au patro des curés, rue de Brillet. L'abbé qui s'occupe du patro, c'est l'abbé Martin. Un grand sec tout dur, en fil de fer, qui traverse Nogent comme un dingue sur sa grosse moto, avec sa soutane qui vole au vent. Il joue au foot avec nous dans la cour du patro, t'as intérêt à planquer tes tibias. Il se dégonfle pas de voler dans les plumes des têtes de lard qui cherchent à foutre la merde, et alors il leur met la peignée, faut voir.

Son patro, ça ronfle. Il y a des agrès, une balançoire, un pas-de-géant, des tas de trucs. Le pas-de-géant, c'est un mât, gros comme un petit tronc d'arbre, avec tout en haut un anneau qui tourne autour et des crochets après l'anneau. A chaque crochet pend une corde. Au bout de la corde, à un mètre du sol, à peu près, il y a un petit bout de bois en travers qui fait comme un guidon de patinette. T'attrapes le bout de bois à deux mains, tu cours autour du poteau, la corde se tend, quand t'as pris assez de vitesse tes pieds décollent, tu fais des pas de deux mètres, de quatre mètres, tu fais le tour complet sans toucher terre, tu fais le plus de tours que tu peux, c'est grisant. Naturellement, d'autres gars en font autant aux autres cordes, et quand ils s'accordent bien ensemble tu dirais qu'ils volent, ça monte ça descend, comme des libellules autour d'une lampe. Mais la plupart du temps c'est le foutoir, ça se cogne en l'air, ça s'engueule, ça finit toujours par des bagarres à coups de galoches que l'abbé disperse en tordant l'oreille aux plus enragés sans vouloir savoir la faute à qui. Un vrai jeu de brutes. Il n'y a que les costauds, les sans-cœur, qui arrivent à attraper une corde. Ils tabassent sournoisement les petits, les écartent à coups de coudes, leur écrasent les pieds, les écœurent. L'abbé Martin est pour une éducation pieuse mais virile.

C'était pas longtemps après le moment où le cinéma, plof, était devenu parlant. Du jour au lendemain, toutes les salles avaient dû s'équiper pour projeter des films parlants. Les gens, tu penses, ils ne voulaient plus payer pour aller voir des trucs qu'il fallait tout le temps que l'histoire s'arrête pour que tu lises en écrit ce qu'ils étaient en train de se dire en parlé dans le film. Ça cassait l'action, et puis si tu lisais pas les paroles assez vite t'arrivais jamais à savoir tout ce qui se disait, si bien que tu comprenais rien, et merde, un film que tu comprends pas ce qui se passe dans l'histoire tu te demandes ce que t'es venu foutre là, faut se mettre à la place des gens. Et bon, voilà donc que le cinoche était devenu parlant, et avec de la musique autour, même, de la vraie grosse musique avec des trompettes, comme à l'Opéra, pas le piano misérable de la vieille demoiselle devant l'écran du Central-Palace, non, de la vraie musique très triste quand la belle jeune fille reçoit la lettre que son fiancé a été tué, toute joyeuse avec de l'accordéon quand ils courent main dans la main sur l'herbe fleurie, terrible à te glacer le sang quand le monstre étrangleur s'avance dans l'ombre, toute doucereuse pas franche pleine de bémols quand le traître, avec un sourire de traître, va sur la pointe des pieds renseigner l'ennemi, le sale fumier, c'est drôlement bien foutu, on peut pas se tromper, on comprend bien tout, on sait si c'est du tragique ou si c'est du comique, le progrès, c'est beau, moi je trouve. Oui, mais, du coup, les films muets, fini. Plein de beaux films muets qui ont été tournés, et plus personne pour les regarder. Et les appareils de projection, au rancart. Faut en acheter des neufs, des qui parlent et qui chantent.

Et alors, l'abbé Martin, vous savez ce qu'il a fait? Il

s'est acheté à la casse un appareil de cinéma muet, il l'a eu pour une poignée de cerises, vu que même le père Jourde, le ferrailleur, n'en aurait pas voulu, il était un peu vieux mais encore tout bon, l'abbé a bricolé une cabine de projection au fond de la salle du catéchisme, à l'autre bout il a accroché un écran, un grand, un vrai, avec du noir autour, et tous les jeudis après-midi il nous faisait du cinéma, il faisait payer dix ronds, c'était vachement pas cher, pour tes dix ronds t'avais deux grands films et un comique, des vrais grands films avec de l'amour et des baisers sur la bouche et des bonnes femmes très belles que tu voyais leurs cuisses jusque tout en haut, des fois. Je me rappelle avoir vu *La Bataille, L'Occident, Les Mystères de New York, Les Misérables, Salammbô*, et plein de films de Tom Mix, le roi des cow-boys... Même les affiches, il avait, l'abbé. Il les affichait la semaine d'avant pour la semaine d'après.

Mais ce qu'on aimait par-dessus tout, c'était les comiques. Quand on avait trop fait les cons, l'abbé menaçait de nous sucrer le comique, du coup on se tenait peinards. Laurel et Hardy, Charlot, Harold Lloyd, Fatty, Buster Keaton, Doublepatte et Patachon, Beaucitron, Max Linder, Fil-de-Fer, Félix-le-Chat qu'est du dessin animé... Qu'est-ce que j'aime rigoler! L'aventure, j'aime bien aussi, mais c'est vraiment la rigolade qui me fait courir. Pour les illustrés, pareil.

A l'entr'acte, des louveteaux vendent des chocolats, des bonbons à la menthe, et s'il te manque un sou pour faire vingt ronds, compte pas sur l'abbé pour le crédit.

Il a ses chouchoux, c'est les scouts et les enfants de chœur. Mais tous les curés c'est bien pareil. Et puis aussi, l'abbé Martin, il aime bien les grosses brutes ritales de la montagne, ceux sur qui il est obligé de cogner, et qui le lui rendent. Les autres, les ordinaires, les gentils, on se sent un peu de trop, on fait la foule, quoi.

Ça, c'était autrefois. Maintenant, je vais au vrai ciné, avec les copains, le jeudi après-midi. Quand on a des ronds, bien sûr. Et même quand on n'en a pas, je vous expliquerai. Le jeudi, c'est la matinée spéciale jeunesse. On passe les mêmes films que le reste de la semaine, mais en faisant payer les moins de quatorze ans quarante sous au lieu de quatre francs, ce qui fait juste la moitié. Aucun adulte ne serait assez dingue pour se risquer dans un cinéma le jeudi après-midi. Autant aller pique-niquer dans la cage aux fauves.

A Nogent, on a deux cinés, le Central-Palace et le Royal-Palace. Tous les deux dans la Grande-Rue, mais le gros rupin Royal écrase de tous les zinzins de sa façade blanche le quartier chic, près de la Mairie, on le voit de très loin, d'au-delà de Champigny, la nuit ses ampoules de toutes les couleurs illuminent la vallée de la Marne comme un arbre de Noël. Le Central est un vieux petit cinoche cradingue, pas loin de la rue Sainte-Anne, il doit dater des frères Lumière, quand on entre ça sent le tabac froid et le lainage de pauvre, ça prend à la gorge, après on s'y fait. On a aussi le Palais du Parc, au Perreux, suffit de passer sous le pont de Mulhouse. Des fois, on va jusqu'au Casino, à la Maltournée (le Casingue de la Maltape), mais alors, là, on prend des risques, on n'est plus chez nous, les bandes de par là-bas nous voient arriver, c'est rare que ça se termine dans la bonne éducation et la fervente communion dans le huitième art.

Deux grands films à chaque séance, plus un dessin animé *Silly Symphonies* ou un petit comique, plus les actualités, plus des bouts des films de la semaine prochaine pour te donner envie *. On entre là-dedans à deux heures de l'après-midi, on en sort vers les six heures. A quatre heures, entr'acte. « Esquimaux! Bonbons acidulés! Pastilles de menthe! » Les ouvreuses en mettent un coup, les rapaces, pour nous pomper les derniers sous au fond de la poche

* Si tu me crois pas, demande à ceux qui ont connu les cinémas de quartier d'avant quarante. Vas-y, demande-leur, j'ai pas la trouille.

avec leurs friandises, parce que pour le pourboire, le jeudi en matinée, j'aime mieux vous dire qu'elles ont fait tintin. Les sous sont trop durs à voler dans les porte-monnaie des mères pour qu'on aille les filer à une feignasse qu'a juste eu la peine de te balader une loupiote sur les nougats.

Roger, Pierrot et moi, on aime mieux profiter du quart d'heure pour s'empiffrer des chaussons aux pommes chez le boulanger d'à-côté ou, si on est fauchés, grimper chez l'un de nous et rafler un pain, un camembert, un saucisson, n'importe quoi. Et on retourne plonger dans la peluche rouge dès que la sonnerie de fin d'entr'acte fait sursauter le quartier. Mais attention, faut pas arriver trop tôt! Il faut arriver juste au poil avant que ce soit trop tard, juste au poil. Je vais vous dire pourquoi. C'est parce que le vieux con, à la porte, qui ramasse les tickets d'entr'acte qu'on nous a distribués à la sortie, si on s'amène tous ensemble toute la foule d'un seul coup et qu'en plus on est bien affolés par la peur de louper le début du film, eh bien, le vieux con il peut pas ramasser tous les tickets un par un, il essaie bien, il gueule, il parle d'appeler les flics, mais on lui passe sur le ventre, on déboule en avalanche, et c'est ça la combine : dans le paquet, tous les potes qu'ont pas pu grouper quarante ronds pour se payer le cinoche ils sont revenus rôder à l'entr'acte dans les ruelles autour, et ils te disent fais pas la vache, merde, planque-moi, je rentre avec vous, merde, quoi, les mecs... Alors, bon, voilà, quoi, t'as tout compris, t'as. Ils ont loupé un film, mais le plus chouette des deux passe toujours en deuxième partie, ça vaut quand même drôlement le coup. Si bien que la salle est toujours beaucoup plus bourrée après l'entr'acte qu'avant, maintenant tu sais pourquoi, il y a même des tas de types qui restent debout, debout pas pour longtemps, remarque, parce que, à peine le noir revenu, les plus fumiers virent les tout petits de leurs sièges vite fait et te les allongent sanglotants sur la moquette, tandis que les plus beaux gosses, ou les plus gonflés, s'installent sur les genoux des filles non accompagnées, ou accompagnées, ça dépend si t'as dans l'idée de t'offrir une petite châtaigne, en plus.

Dans cette cage aux fauves, il y a une super-cage où rugissent des super-fauves : le balcon. Le balcon, c'est comme le fond de la classe, à l'école. Les cancres y courent d'instinct. Les mêmes cancres, à l'école et au cinoche. Marrant. Et là-haut, il y a deux rangs de fauteuils tout spécialement recherchés : le premier rang, tout contre la rambarde, au-dessus du vide, et le dernier rang, dos au mur. Les premiers arrivés font la course pour attraper une place au premier rang, d'où ils feront pleuvoir sur les cons d'en bas épluchures de cacahouètes, peaux de bananes, boulettes de sarbacanes et toutes ces joyeuses choses qui vous viennent à l'idée quand on a de l'imagination et la loi de la pesanteur avec soi. Pour le dernier rang, contre la cabine de projection, pas de bousculade, pas de compétition. Ce sont les places réservées, les trônes des caïds et de leurs fières esclaves. Là, ça rigole pas. Ça pelote, ça bécote, ça fait à la ronde circuler des petites culottes... Grognements et gémissements, élastiques qui claquent, zips qui zippent, eh, tu me fais mal, merde, fais gaffe avec tes ongles, plaf, une baffe, attrape, salope, c'est comme ça qu'on cause à son homme? Sanglots discrets.

Du ciné qui serait que du ciné, sans toute cette marrade et sans le vague espoir que tu vas peut-être aujourd'hui y trouver la paire de nichons de ta vie, ça serait pas du ciné. Ça serait, je sais pas, moi, comme regarder un film chez soi pour soi tout seul. Autant lire un bouquin, alors. Ça, oui, c'est le vrai plaisir du solitaire.

Faudrait pas croire qu'on s'intéresse pas à l'écran. Au contraire. Passionnés, on est. On marche à fond. Le public en or. Ce qu'on n'aime pas, c'est les traîtres. Déjà, pour accepter des rôles comme ça, faut être un beau dégueulasse. Et puis, pour faire le traître, faut avoir une gueule de traître. Et si t'as une gueule de traître, hein, bon, pas de fumée sans feu... Dans *La Grande Illusion,* tout ce qu'on a voulu savoir, nous autres, c'est qu'Eric Von Stroheim, saleté d'officier boche et archiboche, n'arrêtait pas d'essayer d'empêcher Jean Gabin et Pierre Fresnay, braves prisonniers français, de s'évader. Non, mais, quelle ordure! Si on nous l'avait refilé, ce fumier, seulement cinq minutes, tiens, on y aurait fait sa fête. Ça gueulait, au balcon! Et quel crâneur! Quand Von Stroheim, raide, tire son revolver, « Meuzieu te Boëltieu! », le rang du fond s'est dressé : « Viens un peu par ici, feignant! D'homme à homme! C'est trop facile, quand on est commandant et qu'on a un régiment! » Leurs paluches étrangleuses s'agitaient dans le faisceau de lumière, ça faisait de grandes ombres chinoises sur l'écran.

Le drapeau

Les Ritals et la politique, ça couche pas ensemble. D'abord, quand on est immigré, on a intérêt à se faire tout petit, surtout avec le chômage qui rôde. Pris dans une manif, ou à un meeting, c'est la carte de travailleur qui saute, la carte bleue. Tu te retrouves avec la carte verte, pas le droit de mettre les pieds sur un chantier, juste celui de faire du tourisme. Ou même carrément expulsé, reconduit à la frontière avec au cul un dossier de dangereux agitateur que la police française se fera un plaisir de communiquer aux sbires de Mussolini. Alors, les jours de grève, quand des types excités traînent en bandes dans les rues avec des manches de pioche, tu restes à la maison et tu jures des bordées de « Di-iou te strramaledissa! » contre ces feignants de Français que s'ils veulent davantaze des sous ils ont qu'à travailler davantaze, ecco, merda, quoi, à la fin! Par temps électoraux, fais un grand détour si tu vois des zigotos en train de coller des affiches ou d'en arracher. T'es pas chez toi, t'existes pas, si t'es pas content si tu veux l'ouvrir, ta gueule, t'as qu'à retourner dans ton putain de pays.

Oui, mais, justement. Dans ton pays, la gueule, on l'ouvre pas. Le fascisme est assis dessus, sur ta gueule, avec son gros cul, ses chemises noires, ses grands féodaux, ses petits épicemards, ses curetons, ses espions, ses carabiniers, ses chiées de mômes fouineurs, fanatisés, tordus dès le berceau.

Mouais... Faut pas dramatiser. La plupart des Ritals, par ici, s'en foutent. Comprennent que dalle, sauf ça : « La poulitique, il est pas bon. » Ou sont vaguement d'accord. Le fascisme, après tout, c'est l'ordre. Le fascisme, c'est les gens convenables. Le fascisme a donné du travail à l'ouvrier, chose qui ne s'était encore jamais vue en Italie.

Des Français, des messieurs bien, des messieurs pour qui on construit les belles villas en bordure du Bois, confient parfois au maçon italien, tout en trinquant avec lui à l'occasion de l'accrochage, à la plus haute cheminée, du bouquet de fleurs des champs qui proclame à la face du ciel que la maison est désormais « hors d'eau » : « Ah, mon ami, votre pays, quel exemple! C'est un Mussolini qu'il nous faudrait! » Le Rital est flatté, dis donc.

Les Ritals culs-bénits ont été très impressionnés par le pape signant les fameux accords de Latran avec le Duce. Se a firmato il papa, allora vuole dire che questo Mussolini sia un uomo per bene. Si le pape a signé, c'est que ce Mussolini est quelqu'un de comme il faut. Le pape n'irait pas serrer la main à un voyou.

Il y a bien la façon dont Mussolini se conduit avec le roi — il Re! — qui les gêne un peu. Il a mis l'oint du Seigneur au coin, comme un petit merdeux, il lui passe de loin en loin un papier à signer, il le montre une fois par an à la foule, au balcon, posé sur une caisse vide pour que son plumet dépasse la balustrade, c'est un roi tout petit... Mais enfin, bon, Mussolini fait des autostrades, Mussolini assèche les marécages à malaria et fait pousser du riz à la place, Mussolini construit des gares pharaoniques tout marbre et béton, Mussolini forge une formidable armada de cuirassés, de sous-marins, d'hydravions, on ne voit que lui aux actualités du cinéma, toujours en train d'inaugurer un machin colossal, mâchoire au vent et rentrant le bide... L'Italie est un immense chantier, l'Italie étonne le monde par sa vitalité...

En un même temps, explique-moi ça, on n'a jamais vu autant de Ritals débarquer à la gare de Lyon, avec leur valise de carton bouclée par une ficelle, leurs joues de montagnards creusées à la serpe, leurs yeux de loups dévorants sous la visière de la grosse casquette enfoncée jusqu'à la racine des oreilles bien rouges rabattues à l'horizontale comme les poignées d'une marmite... C'est que Mussolini fait la guerre en Abyssinie, parle de conquérir l'Albanie, la Grèce, la Turquie, la Yougoslavie, gueule pour que la France lui rende Nice, la Corse, la Savoie et la Tunisie et que si on lui donne pas de bon cœur il viendra les chercher, double et triple le temps du service militaire...

Papa dit que ça lui rappelle la grande époque de l'immigration, la grosse vague d'avant quatorze et celle d'immédiatement après, celle de papa, justement. La France alors embauchait en masse pour la reconstruction des régions dévastées, les Ritals se sont rués. Chez eux aussi, c'était dévasté, ma niente soldi.

Beaucoup sont obligés de reprendre le train dans l'autre sens : n'ont pu décrocher qu'un permis de séjour de quinze jours, un mois... Ceux qui trouvent du travail — mais l'embauche est rarissime, faut avoir ici un parent entrepreneur, lequel fera ensuite le certificat qui permettra d'obtenir une autorisation de travail provisoire, premier pas vers la carte bleue —, ceux-là font vite venir la famille. Ils racontent à voix basse des histoires de mal-pensants bastonnés à mort ou purgés à l'huile de ricin jusqu'à ce qu'ils crèvent noyés dans leur chiasse, des histoires qui font hocher la tête aux anciens, incapables de croire que des Italiens puissent être si méchants.

Comment ils se sont démerdés pour partir, j'en sais rien. Mussolini ne veut plus que ses Italiens, ses Fils de la Louve, s'en aillent mendier du travail chez les Français démocrates dégénérés pourris. Il fait toute une propagande pour que les pauvres malheureux qui gémissent dans l'émigration regagnent le sein généreux de la mère patrie. A défaut, il essaie de les convertir au fascisme militant, ça peut toujours servir. Il envoie aux familles méritantes (Qui établit les listes? Mystère...) des colis où il y a du jambon de Parme en boîte, des toroni (c'est des nougats avec de jolies images autour) et des uniformes de balillas pour les garçons. Les balillas sont des espèces de boy-scouts fascistes. Les mômes ne sont pas chauds pour enfiler le déguisement, mais les mères se disent que c'est toujours une chemise et une culotte d'économisées, et bon, t'as plus qu'à rentrer ton col de chemise bien bien sous ton tablier si tu veux pas te faire casser la gueule à l'école.

Un jour, on voit s'amener Nino de la rue des Clamarts en uniforme complet de balilla d'élite, chemise noire, culotte de scout plus bas que les genoux et si large que ses jambes avaient l'air de battants de cloches, foulard bleu, ceinture et baudrier de cuir, et sur la tête une espèce de calot de soldat à la con avec un pompon qui lui pendait devant le nez au bout d'une ficelle. Nino est un peu cinglé, il a été trépané étant petit. Il chantait « Giovinezza » et faisait le grand salut fasciste en gueulant « Eia! Eia! Alala! » qui est le terrible cri de guerre sauvage des fascistes que quand les Rouges l'entendent ils chient dans leur froc et tombent à genoux et pleurent pitié grâce pardon, c'est un cri magique, c'est le grand poète Gabriele d'Annunzio qui l'a inventé pendant une nuit de fièvre et de génie, il faut le crier à pleine gueule en pensant de toutes ses forces au Duce, au Roi, à la Patrie et à Dieu, à tout ça en même temps il faut penser, sans ça ça marche pas, c'est difficile, oui, mais si t'arrives pas à penser à tout le monde pense surtout au Duce, c'est le principal, il remplace les autres quand ils sont partis pisser. Lui, il est toujours là. Naturellement, ça a tourné qu'on a couru au cul de Nino en lui jetant tout ce qu'on a pu trouver de bien dégueulasse sur sa belle chemise noire et en gueulant « Eia! Eia! Alala! » Ça s'est terminé une fois de plus sur l'enclume, à coups de boucle de ceinture. Peut-être que son père était pas d'accord, question idées politiques, ou peut-être question belle chemise dégueulassée, va savoir.

J'ai entendu les Allemands gueuler « Heil Hitler! » au cinéma. Ça, oui, ça fout la trouille. Mais « Eia! Eia! Alala! » Ces Ritals, c'est vraiment des rigolos.

Quand j'étais petit, dans le coin derrière l'armoire il y avait un long étui en toile cirée noire toute râpée aux coutures, plus haut que moi, beaucoup plus. J'attendais d'être seul à la maison, je défaisais avec précaution — et avec un peu d'angoisse au ventre — le lacet qui fermait l'étui, tout au bout, je rabattais un peu de toile cirée, un cylindre rouge éclatant apparaissait. Ce rouge était le rouge du vert-blanc-rouge italien. Roulé comme ça, vu du bout, ça faisait une cocarde, le vert au milieu, le blanc entre les deux et le rouge tout autour. Un fer de lance en fer-blanc doré dépassait. C'était le drapeau italien qui était roulé là, chez nous, derrière l'armoire.

Qu'est-ce qu'il foutait là? Eh bien, en ce temps-là, papa était le porte-drapeau de la « Lyre garibaldienne nogentaise ». A ce titre, c'était à lui qu'était confiée la garde du drapeau. C'était un grand honneur, je le sentais bien. J'aimais ce vert-blanc-rouge. C'est presque le bleu-blanc-rouge sacré, mais brouillé par ce vert incongru, pimpant, pas sérieux, métèque, perroquet, caricature de tricolore pour peuples n'ayant pas le sens de l'implacable. Le bleu-blanc-rouge est sauvage et rigide, couleur de caserne, couleur d'adjudant, couleur de tuerie grandiose et disciplinée. Mets du vert au lieu du bleu, aussitôt ça sent le parmesan et l'huile d'olive. Faut vraiment pas grand-chose. Du vert, c'est presque du bleu, c'est du bleu avec un petit peu de jaune dedans, et paf, ça fout tout par terre. Les gens devraient y penser, quand ils inventent les drapeaux. Pas de vert, pas de jaune, pas de violet. Les Allemands sont les plus terribles : du noir, du rouge, du blanc. Un vrai bonheur de se faire tuer pour ça, au garde-à-vous, raide comme un piquet. Mais tu te vois courant au-devant des mitrailleuses en brandissant un drapeau brésilien, ce machin rond vert pomme sur fond jaune?

La « Lyre garibaldienne nogentaise » est, je pense, une société affiliée à la Légion garibaldienne, ou quelque chose comme ça, qui regroupe les Ritals d'esprit garibaldien, les Chemises Rouges, ça doit donc être plutôt à gauche, socialiste et tout ça, mais j'ai entendu dire que le propre fils de Garibaldi aurait serré la main à Mussolini, alors je comprends plus très bien. Je sais pas si les Garibaldiens d'ici y voient plus clair, en tout cas l'étui en toile cirée n'est plus derrière l'armoire, tiens, c'est vrai, il y a un bout de temps que je l'ai pas vu, j'y pense maintenant.

La « Lyre garibaldienne » défile au Quatorze Juillet et au Onze Novembre, soufflant dans des trompettes et tapant sur des tambours. Dans leurs complets du dimanche bien repassés, les fiers Ritals rongent leur frein derrière l' « Harmonie municipale nogentaise » qui marche triomphalement en tête du cortège, a beaucoup plus de trompettes, beaucoup plus de tambours et même des gros machins de cuivre jaune tout tordus tout bizarres, est beaucoup mieux astiquée, porte des casquettes à galons dorés toutes bien pareilles et des pantalons blancs. Avec une lyre brodée sur le devant, les casquettes. Pourquoi une lyre, je vous le demande, c'est dans des trombones, qu'ils soufflent, pas dans des lyres. Les symboles sont des cons. Et défile, l' « Harmonie municipale », derrière un vrai drapeau tricolore, elle, bleu-blanc-rouge, pas un drapeau de guignols.

Les Ritals de la « Lyre » ont des gros doigts raides avec du ciment incrusté dans les plis et des ongles limés à ras par la brique rouge, les ongles et la peau avec, et même la viande. C'est pas le rêve pour le doigté du tagada sur la trompette, et puis ces porca Madonna de touches sont si petites, ils en couvrent deux d'un seul doigt, d'où effets curieux. Mais pour le souffle, alors, là, quels coffres! Et le gars à la grosse caisse, tu le verrais cogner sur son malheureux machin! Tu verrais ses yeux! De la haine... M. Cendré, le mari de la concierge, qui joue de la grosse caisse dans l' « Harmonie municipale », même qu'elle est toujours debout dans le coin de l'entrée, chez eux, avec les cymbales dessus, si tentantes, M. Cendré, lui, tape juste ce qu'il faut, pas plus, juste quand il faut. Bo... boum. Tsin, tsin, tsglinng! C'est la délicatesse française, comme dit maman.

Papa, il sait jouer de rien, même pas de la grosse caisse. Il sait juste porter le drapeau. Il marchait devant les autres, fier comme un César, la hampe verticale, au fil-à-plomb. Il porte le drapeau comme on porte devant soi une échasse d'échafaudage faite d'un seul tronc de sapin de douze mètres de haut. « Baisse un' po', Vidgeon! » qu'ils lui criaient, les autres. Un drapeau bien élevé, ça se porte incliné vers l'avant. Surtout un drapeau étranger invité. Mais papa, rien à faire, contre vents et marées, au fil-à-plomb.

Une fois l'an, il y a le banquet des garibaldiens. Ça se fait chez Cavanna — le « grand Cavanna » —, le restaurant en face du commissariat *. Des cousins à nous, vaguement, je sais pas trop à quel degré, les parentés ritales, quel sac de nœuds! Tu comprends, des Cavanna, il y en a bien deux cents, si c'est pas trois mille, rien que dans la banlieue Est. Et il y en a un qui est célèbre, même chez les Français, même à Paris : le Cavanna, justement, du restaurant de Nogent. Dès que je fais la connaissance de quelqu'un, ça loupe pas : « Vous êtes parent avec le restaurant? » Moi, fier comme un pou.

Cette fois-là, maman a dit : « Tu devrais emmener le petit au banquet, ça le dégourdira, ça lui fera du bien. » Papa a dit : « Vi, madame », j'ai enfilé ma chemise blanche, mon costume de communion, je me suis fait la raie sur le côté bien collé les tifs à la gomina, j'étais impressionné, j'avais dix ans, j'allais dans le monde pour la première fois.

En arrangeant mon nœud de cravate, maman m'a dit : « Tu le surveilleras, qu'il boive pas trop et qu'il ne revienne pas soûl comme un cochon. » Mission sacrée. Je me jurai de veiller au grain, comme un poilu sur la ligne bleue des Vosges.

Et elle, maman? Pourquoi elle n'y allait pas? Parce que. C'est comme ça. Maman ne va jamais nulle part. Sauf au cinéma quand on joue un film très beau, très

* Cherchez pas, les gars. Après soixante ans de gloire, le « grand Cavanna » a passé la main. C'est maintenant du sicilien bidon passe-partout, autant aller se taper une pizza chez Pino, t'économises le métro.

instructif, par exemple le couronnement de la reine d'Angleterre.

J'ai mis ma main dans la main de papa, on est partis dans la nuit, il faisait froid, papa bourdonnait sa petite chanson en mordant sa chique. Il était tout fier de m'avoir avec lui et que ses copains voient son « piston », ce Françva maigre et jaune, trop grand pour son âge, toujours premier de sa classe et encore premier au catéchisme. Moi, j'étais fier de papa. C'était le plus fort, et le plus aimé.

Tout ce que je me rappelle du banquet, c'est des longues tables et des nappes blanches, des lumières, des gens, du bruit. Surtout du bruit. Enorme. Les graves voix ritales résonnant à pleines joues sur les larges voyelles, les rires, les blagues, ma tête qui tournait et me faisait mal — je n'ai jamais supporté la foule, le vacarme joyeux de la foule —, et Gasparini, le petit cordonnier, soûl d'une soûlographie pleine de dignité, et papa, soûl comme une vache mais pas digne du tout.

Va empêcher papa, tiens! Un groupe de jeunots avait décidé de lui faire battre des records, et lui, en vrai champion, pas question de se défiler. Ils avaient trouvé un bocal à poissons rouges, viré les poissons et rempli le bocal de chianti, il devait y en avoir trois ou quatre litres, et naturellement l'avaient mis au défi de boire ça d'un coup. Papa a sauvé l'honneur. Je me cramponnais à son bras, je gueulais, je traitais les autres de sales cons de fumiers, je leur foutais des coups de poing où je pouvais, dans le cul, dans les couilles, pauvre petit merdeux que j'étais, ils m'écartaient d'un revers distrait, et moi j'avais peur, j'avais peur de voir papa boire comme ça, la tête en arrière, riant à pleines dents, la vinasse lui dégoulinant le long du menton, et sa pomme d'Adam qui avalait, qui avalait... Et tous ces cons qui se marraient, fumiers d'enculés, qui voyaient ma terreur monter, et papa qui se cassait la gueule, tombait à plat-ventre dans les épluchures, et les femmes, crispées de dégoût, qui se blotissaient contre leurs raisonnables maris si forts si présentables, et les mômes, mes copains, qui donnaient des coups de pied à papa, lui crachaient dessus, lui barbouillaient le crâne de reste de zuppa inglese...

Comment j'ai tiré papa de là, je sais plus. Ces cons s'étaient mis à danser, bal des familles, leurs gros culs leurs grosses mémères. Moi, je tirais papa dans les caniveaux, je passais dessous pour essayer de le remettre debout, il s'était mis à pleuvoir, je chialais, je rageais, je lui foutais mon poing sur la gueule, sale con de soûlard de merde, il avait une tête épouvantable, sous les becs de gaz je le voyais boursouflé violacé comme un anthrax sur le point de crever, je suis enfin arrivé à me l'appuyer sur le dos et à le presque porter, voilà qu'il me dégueule dessus. Du coup, je dégueule aussi. Les cinq ou six cents mètres jusqu'à la maison, ça m'a pris la nuit. Et après, il a fallu s'appuyer les trois étages. L'aube est arrivée en même temps que nous. Maman ouvre la porte, elle a pas le temps de dire « Mon Dieu... », il s'affalait dessus, un mort. J'ai vraiment cru qu'il allait en crever. Je haïssais d'une haine ravageuse les sales cons qui jouaient à humilier un homme, à le ravaler, avec leur cordialité de merde et leur gaieté d'hypocrites, et se marraient comme des baleines en imaginant les suites.

Les suites, on y était. Papa dégueulait à énormes jets, éclaboussait tout, chiait sous lui, pissait, geignait, maman courait de lui à l'évier, tordant des serpillières, sanglotant, et lui, relevé et devenu méchant, gueulant et cassant tout, maman terrorisée m'enfermant dans la cuisine pour me protéger... La sinistre journée d'après...

Pourquoi je raconte ça si longuement? Papa n'est pas un ivrogne, c'est pas ça que je veux dire. Il est faible, il est bon, il croit à la bonté des autres, à l'amitié. Il se fait avoir. Papa est un ange. Les autres sont de pauvres cons. Pas méchants pour deux ronds, très braves, même. Mais cons.

En tout cas, moi, le long de cette nuit de cauchemar, j'ai ramassé une trouille, un dégoût de l'alcool, de la fête et des petits sadismes innocents qui sont pas près de me lâcher.

Le pêcher

Quand papa mange une pêche et qu'il la trouve bonne, il suce le noyau bien à fond bien propre et il le met dans sa poche, dans une des poches de sa veste qui pendent de chaque côté comme des musettes. Le noyau de pêche retrouve là d'autres noyaux de pêche, arrivés avant lui, qui se sont fait un nid parmi les boulons, les rondelles, les clous « à bateau » et toutes ces merveilles rouillées que je vous ai dit qu'il y a dans les poches de la veste à papa. Le noyau restera là, avec ses copains, cahoté dans les ferrailles jusqu'à ce que papa trouve un coin de terre pour le planter. Ce sera peut-être dans le jardin d'un pavillon qu'il construit ou qu'il ravale, pas au milieu de la pelouse, bien sûr, mais dans un endroit à l'écart que ne risquent pas de ravager la bêche ou la tondeuse. Par exemple, derrière le tas de fumier. Si le chantier dure assez longtemps, papa voit sortir la première pousse, et puis la tige monter, les premières feuilles s'ouvrir. Il ne dit rien à personne. Il est tout content au-dedans de lui. Il va de temps en temps pisser sur le tas de feuilles mortes et de crottes de lapin, fumier citadin qui mûrit tout doucement en beau compost noir. Le propriétaire félicite cet homme de la terre qui arrose son fumier de belle urine de travailleur propre à activer les fermentations mystérieuses d'où procède toute vie, c'est comme ça que ça se cause, dans le dedans de sa tête, un propriétaire. C'est parce que ça lit des livres. Papa, c'est son pêcher qu'il est venu visiter. Il surveille, approbateur, les tendres feuilles encore transparentes, laisse fuser un long jus de chique juste au pied — qué il tabaque, il est bon pour touer la vermine — et il s'en retourne à sa gâchée de mortier, trois brouettes-un sac, en chantonnant sa petite chanson.

Il y a des chantiers où l'on ne reste qu'un jour ou deux, de la bricole. Papa trouve toujours moyen d'y mettre en terre, juste à bonne profondeur — troppo parfonde, tou la touffes, troppo en l'air, i sèche, ma quouante qu'il est zouste bien coumme i faut, alors il est contente, i pousse, et i donne les pêces, ecco —, derrière un massif de buis taillé en sucette, dans le maigre intervalle entre un aucuba glaireux et un mur sinistre... Si le bourgeois méticuleux ne l'arrache pas comme mauvaise herbe, le pêcher, à peine la dernière neige fondue, pointe son nez, se pousse du col vers la lumière, tout là-haut, et, en trois ou quatre saisons, fleurit et donne des pêches, à la surprise charmée du bourgeois, de sa bourgeoise et de leurs petits bourgeoisons binoclards. Papa, chaque fois qu'il passe par là, il jette un coup d'œil par la grille ou même, carrément, entre sans façon, comme pour vérifier si le ravalement ne cloque pas, et il fait un bout de causette à son pêcher. Il y a, dans les jardins de la banlieue Est, une ribambelle de pêchers de tout âge qui sont les enfants de papa. Lui seul le sait — et moi, mais il ne sait pas que je le sais. Ça lui tient chaud au cœur d'avoir comme ça des copains partout. Si quelqu'un lui voulait du mal, une armée de pêchers se lèverait d'un seul jet et accourrait lui faire un rempart de leurs troncs.

Rue des Clamarts, il y a le chantier. Quand on dit « le » chantier, c'est pas la même chose que si on dit « un » chantier. Un chantier, c'est là où l'on travaille provisoirement, le machin qu'on est en train de construire. Ou de démolir. « Le » chantier, c'est le lieu sacré où est rangé le gros matériel. Un entrepôt, si tu veux. Il y a les « échasses » pour échafaudages, perches de sapin de cinq à douze mètres groupées en faisceau qui signalent de loin qu'un maçon a son chantier là, il y a les « boulins » d'acacia qui se scellent au mur par un bout et se fixent, par l'autre, à l'échasse au moyen d'un nœud spécial, dit « cravate », tortillé dans un cordage réglementaire, il y a les planches dites « de quatre mètres » parce qu'elles ont, eh oui, quatre mètres de long, longueur réglementaire, il y a, sous les hangars, les piles de sacs de plâtre, de ciment, de chaux « hydraulique », il y a le camion et les voitures à bras qui dorment là, brancards en l'air, il y a les rabiots de briques, de parpaings, de carreaux de faïence, les bottelées de ferrailles à béton, queues de chantiers entassées là parce qu'il ne faut rien laisser perdre, ça finit toujours par servir, et qui se couvrent d'une toison de mousse verte en attendant cet heureux jour. La brique creuse, les mésanges adorent s'y faire des nids. Les souris aussi, à l'étage au-dessous.

Rue des Clamarts, il y a le chantier. Quand ils ont acheté le terrain, les deux Dominique, c'était pour y bâtir un immeuble « de rapport », comme on dit. L'immeuble construit, tout en belle brique rouge apparente, il leur restait plein de place derrière. Ils ont mis une porte de chantier sur le côté, ça leur a fait un chantier. Le chantier, donc. Et il restait encore plein de place derrière. Papa a dit : « Dominique, tu me laisses faire, je fais pousser la légume, moitié pour vous autres, moitié pour moi. » D'accordo. C'est comme ça que papa a eu un jardin.

Le dimanche, quand il faisait beau, qu'il ne travaillait pas pour les bonnes sœurs et qu'il n'avait pas envie de réparer des mètres, papa allait soigner le jardin, son jardin. Les soirs d'été, il faisait un détour en rentrant de quelque lointain chantier pour vite arroser avant la nuit.

Naturellement, la première chose qu'il y a plantée, c'est un noyau de pêche. D'une pêche extraordinaire que lui avait donnée sa sœur, ma tante Marie, et lui après me l'avait donnée. Il m'avait regardé la manger, et puis il m'avait demandé : « Coumme qu'alle est? Sara bonne? » « Vachement bonne! » j'avais dit. Et c'était vrai. Sucrée, parfumée, un arrière-goût d'amertume léger sur la langue... La peau était grisâtre, la chair très blanche avec un noyau rouge vif qui avait comme déteint dans le blanc de la chair, c'était une espèce de pêche comme ça. Papa a pris le noyau, il l'a enveloppé dans un bout de journal, lentement, gravement, et il l'a mis dans sa poche.

Celui-là, il ne l'a pas caché dans un coin comme un bâtard qui suce en fraude un sol auquel il n'a pas droit. Il l'a planté au milieu du jardin, juste au beau milieu, et il a mis un boisseau de cheminée autour pour que les Di-iou te strramaledissa de milliers de chats du quartier ne lui fassent pas de mal dans leurs sarabandes de chats. Et le noyau a germé, et le pêcher est sorti — tout ce que plante papa, ça pousse —, et il lui a attaché un paquet d'épines autour, toujours à cause de ces porca la Madonna de chats qui se font les griffes sur la tendre écorce, la poterie de cheminée ça va un temps, ma après, quando qu'a grandisce, l'arbre, fout qu'a respire la bonne air, no?

En trois printemps, le pêcher eut deux mètres de haut. Et un joli bouquet de fleurs blanches au bout de son tronc gros comme un manche à balai. Et l'une de ces fleurs devint promesse de pêche, et puis, mais oui, pêche. Grosse comme une olive, couverte de poils blancs comme un vieux pas rasé, elle se cramponnait à sa brindille, elle se balançait, elle vivait, merveille!

C'était un printemps dans le genre coup de poignard dans le dos. Du soleil à flots et, rran, sans prévenir, des grêlons comme des pavés. La petite pêche n'avait aucune chance. Oui, mais elle avait papa. Qui, un soir, après le boulot, à la nuit tombée, fit ce qu'il fallait faire.

Le lendemain, un grand parapluie noir s'éployait au-dessus du petit pêcher, qu'il couvrait tout entier. Où papa l'avait dégotté, va savoir. Papa trouvait toujours la chose qu'il fallait au moment où il fallait. Il avait ficelé le manche du parapluie au tronc du pêcher, la poignée en forme de canne se recourbait vers le haut, c'était un parapluie d'homme, d'homme comme il faut.

Tous les copains de travail de papa sont venus voir le pêcher au parapluie. « Eh, Vidgeon, fout i mette oussi oun cace-nez, qué sans ça i va prendre le rhoume! » La rigolade de l'année. Ils ont fait venir leurs dames. Toute la rue Sainte-Anne a défilé. Les locataires de l'immeuble en brique rouge, qui plongeaient sur le chantier et donc sur le jardin derrière, se gondolaient chaque matin en dépliant leurs volets.

Rigolez bien, en attendant elle a tenu le coup, la pêche. Elle est même devenue énorme. La mince branche qui la portait n'en pouvait plus, papa a dû l'étayer avec un bout de liteau. Un jour, papa a dit : « Demain, sara bene matoure zouste à pvoint. » Le lendemain était un dimanche. On mangerait la pêche solennellement, la pêche de papa. Le lendemain, plus de pêche. Roger Pavarini, ou peut-être bien Nino Simonetto, qui habite lui aussi juste à côté, enfin, bon, l'un des deux, était passé par là dans la nuit. Si seulement ce cochon-là avait laissé le noyau...

Ce qu'il aime bien faire pousser, aussi, papa, c'est les citrouilles. Tu mets un pépin dans la terre, un petit pépin de rien du tout, en moins de deux il te sort une espèce de machin tropical, une grosse tige juteuse hérissée de poils qui rampe sur la terre, tu la vois avancer, un mètre par jour, et qui couvre tout de ses grosses feuilles râpeuses, et qui fleurit sa grosse fleur jaune bêtasse, et qui moule son énorme calebasse rouge couverte de verrues qu'a vraiment pas l'air d'un légume de pays civilisé. Papa adore ces gros machins. Les citrouilles, ça le fait rigoler. Chaque fois qu'il en voit une, il rigole. Il leur cause, leur tapote le dos comme à un chien. Il les fait grimper aux arbres. C'est facile : tu diriges la tige vers un tronc d'arbre, elle s'enroule autour, elle grimpe. L'arbre se couvre de grosses fleurs jaunes, ma qu'est-cé qu'il est beau, c't'arbre-là, monsieur Louvi, oun arbre coumme ça, ze l'ai zamais vu. Coumment que ça s'appelle, de son nom? Papa se marre et dit à la dame du collègue, venue visiter son jardin pour respirer le bon air, de repasser dans deux mois, qouante qué la froutta, alle sara moure, allora si che ci sarà qualcosa da vedere!

En effet, quand, aux branches du cerisier, pendent les citrouilles mûres, ça vaut le coup d'œil. Papa m'affirme que dans son village ça se fait couramment, ça empêche les citrouilles d'être boulottées par les limaces, ma c'est des citrouilles qui z'ont la queue forte, tou comprende? C'est parce que l'air, là-bas, elle est plous forte. Les citrouilles de par ici, il est obligé de les aider d'un fil de fer discret.

Arrivé là, il me demande si je connais l'histoire des deux voleurs qui étaient partis voler des figues. Moi, je dis non, quels voleurs? Ça fait deux mille fois que je l'entends, mais je me lasse pas de voir papa la raconter. Alors, voilà, c'étaient deux voleurs qui étaient partis voler des figues, par une nuit noire. Ils avaient escaladé la palissade, ils étaient grimpés dans le figuier croulant de figues mûres comme savent être mûres les figues : du miel, et ils dévoraient, chacun sur sa branche, et au bout d'un certain temps l'un des deux dit : « Oïmé, z'arrête! Qué z'en ai manzé plous que trois mille! Et toi, combien que t'en as manzé? » Et l'autre dit : « Trois mille! La Madonna! Moi z'en souis touzours à la première, qué z'en ai même pas manzé la mvatié! » « Euh! dit le premier. Sara tanto grossa? » « Capisco che è grossa! Ouna figue coumme ça, ze l'ai encore zamais vue! » A ce moment-là, un coin de lune sort des nuages et le voleur s'aperçoit qu'il est, jusqu'aux oreilles, en train de dévorer une énorme citrouille. Papa pleure de rire dans son mouchoir. Je vais pas vous refaire la description, revoyez le chapitre où je raconte le rire de papa.

Les os et les bouts de gras que je laisse dans mon assiette, papa les ramasse. Les bouts de gras, il s'en régale tout en bougonnant contre ces gâcheurs qui méprisent le meilleur des dons du Bon Dieu. Les os, il les rassemble bien proprement dans un coin de journal et il les fourre dans sa poche. Il y a toujours au moins un chien sur son trajet entre la maison et le travail. Un chien des rues fouilleur de poubelles ou un chien de pavillon gueuleur frénétique dès qu'un passant longe la grille, peu importe, un chien, quoi. Papa s'arrête, dit bonjour au chien, poliment, lui demande des nouvelles de sa santé, alors Pataud, ça va, vi? Peut-être bien que z'arais oun cadeau pour toi, peut-être bien. Parce que t'es bien zentil. T'es oun bon garçon, mon Pataud. Le chien s'assoit sur son cul, écoute en penchant la tête, remue la queue. Papa tire son paquet de sa poche, déplie posément le bout de journal, le pose, ouvert, par terre, devant le chien. Qui dévore les os. Ça, c'est un bon Pataud! Ça te plaise, les osses, no? Peut-être bien que z'en aurai encore oun autre fvas, peut-être bien. Allez, a revard, mon Pataud! Et il s'en va, pour ne pas être en retard sur le chantier. Si je suis là, il me confie, sentencieux : « Les osses, ils aiment ça mieux que la viande. » Quelques pas, et il ajoute : « Parce que les osses, ça leur fait du bien pour leurs osses à eux. » Un peu plus loin : « Ils savent ce qu'est bon pour eux. » Encore dix pas : « On dit qu'ils sont des bêtes, ma ils sont pas si bêtes que ça. » D'un coup de dent, il se coupe une chique neuve afin de contempler dans le confort et l'agrément l'admirable sagesse de la nature. Tout à coup, il s'arrête, se tourne vers moi, se carre sur ses deux jambes et me dit, sévère : « Ma fout pas leur donner les osses de lapin! » Je demande : « Pourquoi? » « Pourquoi ces osses-là ils se cassent tout pvointus comme des aiguilles, et alors ça leur fait des trous dans les boyaux, et alors le çien i meurt, ecco. » On s'instruit toujours, avec papa.

Pas que les os, il ramasse. Aussi les feuilles fanées de salade, les queues des carottes, les épluchures de patates, les trognons de chou. C'est pour les lapins. Il y a toujours des lapins quelque part. Il les appelle Pataud. Tout ce qui a quatre pattes, du poil et deux yeux qui vous regardent pleins d'espoir s'appelle Pataud. Prononcer Pato. Et même plutôt Patou. Les trognons de chou, c'est pas pour Pataud, c'est pour lui, papa, crus, naturellement. Il croque là-dedans comme moi dans une pomme. Ma il est milior qué la pomme, i fa dou bien al ventre, i dégaze. La pomme aussi, ça dégage, je dis. No! La pomme, i fa mal al ventre, pourquoi ils les vendent qu'alles sont pas moures. Papa croque les gros oignons dorés, et aussi les petits oignons blancs, mais ceux-là il croque la queue avec. I zougnons, i fa dou bien al sangue. I toue les microbes.

Maman, elle, c'est les carottes. Que je peux pas piffer. Quand elle m'en remplit l'assiette, elle ne manque jamais de dire : « Mange, ça te fera les cuisses fraîches! » Me voilà plongé dans un labyrinthe de causes et d'effets, à un bout il y a les carottes, à l'autre les cuisses fraîches, entre les deux j'arrive pas à accrocher ce qu'il manque pour que tout ça tienne bien ensemble. En attendant, j'ai bouffé les carottes, cette saloperie de rondelles sucrées-salées qui me gâtent le goût du bœuf mode, maman n'en demande pas plus. Des fois, variante : « Les carottes, ça rend aimable. » L'utilité est déjà plus évidente. Il y a aussi le pain dur, qui donne de beaux yeux, la soupe qui fait grandir et quelques autres trucs du même genre.

Le pavillon

Mon oncle Jean, le frère de papa, habite Fontenay. Il ressemble à papa, mais en plus lourd, plus épais, moins fignolé. Il a un gros beau lourd nez. Il est bien brave, un peu lent. Je le voyais de loin en loin, autrefois, quand papa, au hasard d'une de nos promenades d'hiver, m'emmenait jusque par là. Maintenant, je le vois pour ainsi dire jamais. Je crois que maman l'aime pas tellement, et quand on plaît pas à maman elle s'arrange pour vous le faire sentir. Avec tact. Qu'elle croit. On est une drôle de famille, finalement.

Dans les années tout de suite après la guerre, mon oncle Jean a gagné beaucoup d'argent. En tout cas, c'est ce que maman dit. Il nous regardait de son haut, ajoute-t-elle. « Va, que je me disais en moi-même, t'as beau faire le fier avec tes sous, n'empêche que t'es comme les copains : ton cul embrasse ta chemise. » Maman, elle est comme un de ces prophètes noirs et jaunes, décharnés, soufflant la fièvre, qu'il y a dans les pages d' « Histoire Sainte » de mon catéchisme et qui allaient parcourant les campagnes sur leurs jambes de sauterelles, engueulant les gens et les montrant du doigt pour leur prédire les pires vacheries, tout contents que ça soit au nom de la justice et de la colère de Dieu.

Comment il avait ramassé ce fric, mon oncle Jean? Oh, c'est simple : ils n'ont pas d'enfant. Je veux dire lui et sa femme, ma tante Dominique. Pas d'enfant, c'est la belle vie, du poulet à tous les repas et des fraises à Noël, tout le monde est bien d'accord. « Les jenfants, qu'est-ce qué ça coûte çer, Madame Louvi! » disent les matrones qu'escaladent des grappes de morveux. « Vous en avez, de la çance, vous, qué vous en avez qu'un solement! Pourquoi en plus qué un sol, dé la minestra, il en manze moins coumme cinq, en plous vous sêtes pas oublizée rester la maijon, vous pouvez aller travailler dal matin zousqu'uou svar. » La voisine ajoute, mutine avec un rien d'excès pour bien montrer qu'elle plaisante et qu'il faut surtout pas la prendre au sérieux : « Qu'est-ce qué vous devez en avar, des sous, dans l'armvare, Madame Louvi! » En général, à partir de là, la conversation tourne mal.

Mon oncle Jean, donc, n'ayant pas d'enfant, l'égoïste, fumait des cigares. Cette source négative de revenus me paraissait quand même un peu insuffisante, jusqu'au jour où j'appris qu'il avait longtemps travaillé dans l'Est, dans ces immensités grises et boueuses où les Boches, pendant quatre ans, avaient coupé les mains des petits enfants et cassé toutes les maisons. Un plâtrier payé à la tâche se faisait là-bas des semaines fabuleuses, à condition d'en mettre un furieux coup. Logés dans des cabanes de chantier, nourris à des cantines, ils ne dépensaient pour ainsi dire rien, restaient un an sans voir leur femme — qué le train, i coûte çer, le train — faisaient un saut dans le lit conjugal pour la Noël, plantaient vite fait leur graine de Rital dans le ventre de l'épouse pendant qu'elle ravaudait leur grande blouse blanche en toile de bâche et couraient en se reboutonnant rejoindre leur augée de plâtre dans les brouillards et les betteraves, « au diable ouvert », avant qu'elle ne fige.

« Ça travaille des douze et quinze heures par jour, explique maman. Ça respecte même pas le dimanche. Pas étonnant que ça devienne riche comme Rotchile! Y'en a, ils en ont jamais assez! » Elle est comme ça, maman : la goinfrerie de travail devient, dans sa bouche, la plus haute des vertus ou un vice crapuleux, ça dépend du contexte.

Un plâtrier, mais alors un qui ne fait que le plâtre, un tâcheron payé au mètre carré, ça ne vit pas très vieux.

C'est un boulot où il faut se remuer, une course contre la montre entre le bonhomme aux yeux plus grands que le ventre qui remplit toujours trop son auge afin de couvrir une plus grande surface d'un seul coup, comme ces couturières qui se préparent des « aiguillées de feignantes », et le plâtre qui « prend » toujours plus vite que tu croyais. Tu te baisses, tu te charges la taloche avec la grande truelle de cuivre, tu te relèves, tchac tchac tu vides à la truelle la taloche sur le mur en giflant sec, tu traînes la taloche pour écraser étaler le plâtre, là tu comprends ta douleur, vite vite un coup de règle, un coup de berteley pour racler, l'apprenti (le « garçon ») apporte déjà le sac et les seaux d'eau de la gâchée suivante, tu replonges dans l'auge, c'est reparti, t'arrêtes pas, tu ruisselles, tu respires la gueule grande ouverte comme un poisson parce que t'as les narines collées au plâtre qui te bourre les poumons et te fait crever avant la cinquantaine. Il y a même une chanson :

C'est le bon plâtre de Paris
Qu'a fait crever mon mari...

Un plâtrier, ça se reconnaît de loin, comme un boulanger : biscoteaux de lutteur et joues de papier mâché. Sans compter le jaja qu'ils descendent pour se désemplâtrer la bouche : toujours du blanc, qui donne du nerf. Et qui présente l'avantage de pouvoir se siffler dès le petit matin. Six-huit litres dans la journée s'il ne fait pas trop chaud. Au-delà, ça devient de la gourmandise, l'homme est sur la mauvaise pente.

Les plâtriers spécialisés dans les plafonds — c'est payé plus cher du mètre carré — présentent en outre une courbure permanente de la colonne vertébrale vers l'arrière, très marrante. Ça leur donne l'air crâneur. On dirait des bananes qui marchent, ou des garde-boue de vélo. C'est de traîner la taloche en l'air, d'avant en arrière, sur l'échafaudage à ras de plafond, qui les arrange comme ça.

Mon oncle Jean, comme papa, comme la plupart des maçons ritals, fait de tout. La brique, la meulière, le béton armé, les enduits, le terrassement — on dit « la terrasse » — le plâtre, la charpente sauf si c'est trop de la dentelle, la couverture, la grosse plomberie, le carreau de faïence si tu regardes pas à la loupe... Il n'y a qu'une spécialité à laquelle les maçons ne touchent pas, qui leur inspire une terreur sacrée : l'électricité. « La lettrichité, il est bestiale! Tou touçes un petit fil dé rien dou tou, plâf, t'es mort! Et si que tou vois ça et que tou veux aider ton copain, plâf, t'es mort oussi! Il est un trouc dou diable, c't'affaire-là. » A douze ans, j'étais le seul être vivant dans toute la rue Sainte-Anne à savoir et surtout à oser changer un plomb sauté. On venait me chercher, comme le docteur ou le curé, on me regardait officier, à bonne distance. Les mères retenaient leur marmaille curieuse. « Bouze pas! Qué si Françva i se prende la lettrichité dans le corps, ça fara une flamme tanta grande qu'alle te broulera tout vivant tva oussi! »

Oui. Mon oncle Jean... Mon oncle Jean, avec ses sous, il s'était acheté le terrain pour se faire le pavillon. C'était un terrain tout en longueur, un ruban de glaise à choux de Bruxelles et à ressorts de sommier, très étroit, juste la largeur d'une maison, pour passer de l'autre côté il faut traverser la maison. A cause de la façade. Dans les terrains, c'est le côté en façade sur la rue qui coûte cher. Enfin, bon, mon oncle Jean avait son terrain, il était le premier de la famille à posséder quelque chose, papa était tout fier, il faisait attention de pas trop le laisser voir devant maman.

En attendant que le pavillon pousse, mon oncle Jean avait loué un petit garni dans un hôtel meublé qui se trouvait juste en face de son terrain, de l'autre côté de la rue. Quand il avait travaillé tout le dimanche comme un sauvage à son pavillon, le soir il se mettait à la fenêtre et il regardait les murs sortir de terre, et en même temps il les sentait dans ses bras et dans ses reins. En ce temps-là, il n'y avait pas de semaine anglaise, il n'y avait que le dimanche. Il aurait voulu dans son dimanche en abattre autant qu'il en abattait pour les autres en une semaine. Si papa, par inadvertance, disait devant maman : « Il est courazeux, mon frère, de faire ça tout seul! » elle lui rétorquait aussi sec qu'il avait son neveu Albert qui l'aidait bien. C'était d'ailleurs vrai. Albert avait dans les quinze ans et s'échinait comme une bête, avec l'oncle, sous l'œil de la tante qui tricotait sur un pliant. Ils l'avaient recueilli tout petit et élevé, sa mère, sœur de ma tante, étant morte et son père aussi, je me rappelle plus les détails, simplement que tout le monde est mort. Si bien que mon oncle Jean n'avait pas d'enfant quand il s'agissait de fustiger son égoïsme, mais en avait un, et un costaud, et un pas feignant, quand c'était son exploit de bâtisseur solitaire qu'il fallait rabaisser. Papa aussi, je pense, allait donner un coup de main à son frère, de temps en temps, en cachette, naturellement.

Il avait vu grand, mon oncle. Son pavillon devait être une grosse maison à deux étages et grenier, avec un sous-sol sous tout le bâtiment et un grand beau perron devant. Aussitôt que la dalle de béton au-dessus du sous-sol fut coulée, mon oncle, ma tante et Albert vinrent camper dans le sous-sol, ça économisait le loyer.

Il n'y avait pas l'eau, juste un robinet dehors, et pour vider les baquets d'eau sale on devait monter, puisque c'était en sous-sol. Ce qui explique qu'il fallait qu'il gèle vraiment très fort pour que ma tante ne fasse pas sa lessive en plein air. Il n'y avait même pas la « lettrichité », mais une grosse lampe à pétrole pendue au plafond, un plafond où je me cognais la tête si j'oubliais de rester courbé. L'eau coulait le long des murs de ciment brut, un poêle tortillait son tuyau par un trou découpé dans une tôle mise à la place d'une vitre. Ils s'installèrent joyeusement dans ce provisoire, rêvant sans impatience au jour triomphal où ils quitteraient leur trou à rats pour les opulentes délices des étages nobles. Ma tante choisissait des papiers peints, cousait des rideaux.

Brique sur brique, dimanche sur dimanche, année sur année, le pavillon s'arrachait à la glaise. Un jour, il fut « hors d'eau ». La dernière tuile couvrit le dernier rectangle de vide, la maison était à l'abri des caprices du temps, ce qui était fait ne se déferait plus. Il restait à crépir les murs, dehors et dedans, à poser planchers et huisseries, et les canalisations, et l'escalier... Tout ce qui n'est pas le « gros œuvre ». Tout ce qui coûte le plus cher. S'agissait pas de se laisser refroidir.

Et alors, ce fut la crise. La Crise. 1929 et la suite. Chômage. Quand le bâtiment va, tout va. Corollaire : quand tout va mal, le bâtiment est depuis longtemps au fond du trou.

Mon oncle Jean eut du temps libre à consacrer à son pavillon, des flopées de temps libre. Mais pas un rond pour acheter un sac de ciment ou une bottelée de frises à parquet. Le pavillon se figea là où l'avait saisi la crise. Se figea. Se figea. Commença à se dégrader. La brique creuse, non protégée, s'émietta en lamelles. Les crosses des ferrailles « en attente » rouillèrent, bavèrent en longs dégueulis brunâtres... La crise finit par passer, plus ou moins, mais l'élan était cassé. Mon oncle Jean se faisait vieux. Ma tante avait toujours mal ici ou là. Ils s'étaient moulés à leur sous-sol, y avaient leurs habitudes de cloportes. Ce monstre inachevé, au-dessus de leur tête, les écrasait. L'énormité de ce qui restait à faire les accablait. Mon oncle parlait toujours du temps où le pavillon serait terminé, mais ne faisait plus un geste. Ce qu'il gagnait permettait de vivre, rien de plus. Jusqu'au jour où il ne put plus travailler. Il vendit la maison en viager, dans l'état où elle était, et se fit, naturellement, magnifiquement truander : l'emplacement, en plein Fontenay, avait pris de la valeur. La croix qu'il gribouilla au bas de l'acte de vente disait : « Halte. C'est la fin de la route. » Ça leur laissa juste de quoi ne pas crever. Il est vrai qu'ils avaient les légumes du jardin, c'est quand même appréciable *.

* Si ça vous intéresse, mon oncle et ma tante sont morts dans leur sous-sol, à peu de temps l'un de l'autre, après avoir vécu près de quarante ans sous leur rêve avorté.

Au bout d'une fourche

« La vie, c'est un grand plat de merde qu'il faut manger à la petite cuillère. »

Prononcer « marde », et même plutôt « marrd' », bien molle bien noire, en roulant férocement l'r sur le bout de la langue.

Ça, c'est un proverbe à maman. Elle parle beaucoup par proverbes, maman. Des proverbes noirs, méchants, désespérés. Des proverbes de Morvandiaux ronge-raves, croquants fourbus, battus, cocus au long des siècles, bêtes à chagrin, sacs à misère, tannés recuits comme charbon de bois, tout en os et en tendons, moustaches tombantes, sourcils froncés, croquants de la Nièvre où la terre est plus basse que partout ailleurs.

Ces proverbes-là, je les ai tétés avec son lait. Aussi ses prédictions. Entre deux proverbes, elle place une prédiction. Si, par exemple, j'ai un peu traîné en faisant les commissions , « Tu finiras sur l'échafaud! » Si, chose énorme, je lui ai « répondu » alors qu'elle me grondait : « Quand je serai vieille, tu me donneras du pain au bout d'une fourche! » J'étais petit, ça m'impressionnait jusqu'à l'épouvante. Je me voyais vraiment gravissant l'escalier de l'échafaud, les mains liées dans le dos, la tête courbée par la honte, comme le roi Louis XVI sur les images des livres d'histoire de France, et la guillotine, là-haut, qui m'attendait, toute noire avec un trou rond pour la tête. Je vivais violemment l'angoisse de l'instant, j'y étais. Une agonie... Je me voyais vraiment, par la fenêtre de notre logement du 3 rue Sainte-Anne dont je l'avais préalablement chassée, tendre à ma pauvre vieille mère en loques une croûte de pain rassis au bout d'une fourche, une fourche munie d'un manche très long, et elle ne pouvait pas l'attraper malgré le long manche parce que, même très long, un manche de fourche c'est un peu juste pour trois étages, et maman sautant en l'air à pieds joints en tendant vers le quignon ses pauvres vieilles mains tordues, et moi ricanant, et elle de grosses larmes silencieuses gelant sur ses joues pâles — ça se passe par une terrible journée d'un terrible hiver, c'est de préférence pendant l'hiver, de terribles hivers, qu'on nourrit les vieilles mères au bout des fourches, il y a de la neige partout, le ciel est mort... — je voyais tout ça, je me voyais de l'extérieur, comme au cinéma, et j'étais bouleversé de me voir aussi mauvais, si maman le dit c'est que c'est vrai, ça va se passer comme ça, juste comme elle le dit, c'est qu'elle voit clair, maman, drôlement clair, elle se trompe jamais. Et alors, moi, j'ai peur. J'ai peur de ce futur moi que j'ai en moi, ce François de demain donneur de pain au bout d'une fourche, quel salaud, et finissant sur l'échafaud, ça c'est triste, ce François qui me ressemble si peu, qui me fait horreur, et qui va pourtant être moi un jour... Chaque fois qu'elle lâchait une de ses prédictions ou un de ses proverbes, je revoyais tout le cinéma me défiler devant les yeux — le grand plat de merde à la petite cuillère, vous imaginez l'effet sur un enfant imaginatif, émotif et plutôt porté sur la déprime... —, chaque fois, et ça me fascinait et me démolissait, ce monde noir, cet avenir d'apocalypse, cette fatalité cannibale, c'était beau, sauvagement beau, et horrible, écrasant. Je me disais y'a pas d'espoir, la vie c'est l'épouvante, et en plus des salopards comme moi on devrait les tuer quand ils sont encore tout petits. Heureusement, je pensais bientôt à autre chose. J'avais l'imagination ardente mais versatile, tant mieux.

Maman ne se rendait sûrement pas compte de l'effet qu'avaient sur moi ces prophéties sinistres assenées à voix convaincue. Pour elle, c'est des phrases qui se disent, du bruit qu'on fait pour montrer qu'on n'est pas mort, des coups de gueule qui rythment la journée. Si elle me houspille, c'est pour mon bien. Si elle y met tant de conviction, c'est parce qu'elle a du pur sang français dans les veines, elle, du vrai sang de Charvin, bien rouge, bouillonnant de décision et de cœur à l'ouvrage. Elle s'engueule d'ailleurs elle-même, à haute voix, tout en travaillant : « Marche donc, vieille bête! » (prononcer : « Marrch'don, viél'béte! » ou bien : « C'que t'es béte, ma pauv' Margrite! T'es béte à manger d'la pâille! » Elle s'engueule toute seule, mais c'est pas de la vraie engueulade, c'est de la plainte sur elle-même déguisée en engueulade, si elle se plaint pas personne la plaindra, et c'est aussi de l'admiration, et aussi pour s'encourager.

Chez grand-père Charvin, à Forges, ils parlent tous comme ça. Geignards-bourrus et pleins de catastrophes. Pleurent d'un œil, se régalent de pleurer de l'autre. Tout va toujours mal et ira encore bien pis dans quéqu'temps, espère seulement un peu, ôh vâ, l'gârs, vâ! (ton prophétique, lourd de menaces).

Elle a juste la voix qu'il faut pour ces choses, maman. Elle ne parle plus le patois de là-bas, comme sa sœur et ses frères restés au pays. Elle s'est affiné le gosier et les manières à Paris, quand elle était placée « en maison bourgeoise » chez une comtesse dans le seizième, mais elle a gardé ce lourd accent un peu pleurard, à la fois grondeur et navré, qui donne facilement au discours une emphase calamiteuse.

La voix de maman. La voix de maman parlant seule dans la nuit. Quand maman est contrariée, elle ne dort pas. Elle raconte ses malheurs à la nuit. Tout haut. Elle croit que personne ne l'entend. Elle espère tout au fond que quelqu'un l'entend quand même. Elle se joue à elle-même la tragédie de ses malheurs, se la déclame. Sa voix gronde, lamentable. Se brise. Elle pleure. Elle sanglote. Dans mon lit, je l'entends. Je fais du bruit en changeant de position.

Elle sait que je l'entends. Elle continue. J'ai la chair de poule. Sépulcrale. Ça serait un roman, je dirais « sépulcrale ». Elle parle, elle parle, toute la nuit, peut-être. Je finis par m'endormir.

Ce qu'elle raconte? Des conneries. Son gros souci du jour. Moi qui ai eu zéro de conduite sur mon livret scolaire : « Si c'est pas des malheurs, l'élever comme je l'ai élevé, avec l'intelligence qu'il a, il pourrait entrer dans les Postes, mais avec sa mauvaise conduite personne voudra jamais de lui nulle part... » Papa qui aura donné à son frère un peu d'argent prélevé sur ses boulots secrets du dimanche, une patronne qui lui aura fait une réflexion, une voisine qui lui aura manqué de respect, par calcul, bien sûr... Et puis le fil se dévide, ça devient plus sérieux, plus obscur, aussi. Toute sa vie y passe. Je tends l'oreille. J'arrive jamais à bien entendre. Elle est dure à comprendre, ça monte ça descend, comme à l'église quand ils marmonnent les litanies.

Je la soupçonne très malheureuse. Elle croit qu'elle vaut mieux que sa condition, beaucoup mieux. Elle a épousé papa je sais pas pourquoi, elle a l'air de le mépriser, mais ça veut rien dire, elle a le mépris facile. Moi aussi, je sens souvent son mépris sur moi. Elle me dénigre, compare bruyamment mes bras maigres et mes joues citron pas mûr aux terribles biscoteaux de mon pote Roger, à ses joues de coquelicots. Notez bien qu'elle m'adore. Elle est pas simple, maman... Mais, entre elle et papa, il y a autre chose. Que je devine, que je sens, mais que j'arrive pas à savoir. Faut dire qu'au fond je m'en fous. C'est marrant de se poser la question, quoi, ça fait roman policier, mais ça me tracasse vraiment pas le tempérament. De temps en temps, quand j'y pense, quand, par exemple, j'entends maman parler dans la nuit, alors j'entrevois un énorme gâchis, des vies paumées, du malheur gris sale, sans un trou d'espoir, et ça me serre le cœur. Je me sens impuissant à aider. Exclu. J'ai surtout pitié de maman, qui n'a vraiment pas l'air de s'y faire, s'abrutit de tâches et de devoirs sans trop croire à rien, alors que papa, c'est plus souple, ça s'adapte.

J'ai été très longtemps avant de trouver anormal que ce soit moi qui couche dans le grand lit de fer avec papa, tandis que maman dormait dans le lit-cage. J'aimais bien, surtout l'hiver, les draps étaient glacés, je me blottissais en boule dans le dos de papa, je faufilais mes pieds gelés entre ses gros mollets tièdes, il grognait « Valala! Gvarde-mva ça! », c'était formidable. Je devais avoir douze-treize ans quand on a déménagé, sans changer d'immeuble, pour un logement pas plus grand mais disposé autrement. Là, j'ai eu droit à une chambre pour moi tout seul, une espèce de couloir éclairé par un « jour de souffrance » garni de barreaux, et maman est allée coucher dans le grand lit avec papa. Mais je suis sûr qu'il se passe rien.

De temps en temps, je me demande quel peut bien être le crime mystérieux, à coup sûr énorme, que maman fait expier à papa. L'aurait-il trompée? C'est ce qui vient tout de suite à l'idée, mais je vois pas papa en bourreau des cœurs. Hm, va savoir... L'aurait-il déçue? Je croirais plutôt. Déçue par sa rusticité, sa capacité de résistance au dressage, aux « belles manières »? Son inhabileté à lui donner du plaisir? Sa brutalité, peut-être? Je brûle. C'est forcément quelque chose de sexuel. Maman est tellement dégoûtée quand elle parle de ces pûûtains qui n'ont que « ça » en tête... Révulsée. Crachant la haine. Maman a pas des yeux à jouir facile... Papa a pas dû y avoir droit longtemps. Le temps de me fabriquer, et basta. Le lit-cage. Si c'est pas des malheurs! De vraies vies de cons.

Ils s'aiment bien, faudrait pas croire. Ils ne sont pas heureux l'un par l'autre, voilà. Peut-être qu'on s'aime pas POUR être heureux? Peut-être même que ça gêne plus que ça n'aide? On s'aime pour s'aimer, parce qu'on est poussé vers l'autre, pas POUR être heureux ou POUR faire des gosses ou POUR je ne sais quoi... Je crois pas qu'ils s'aiment d'amour, mes vieux, ou alors ils le cachent bien. Mais les autres vieux, les parents des copains, c'est pareil. Seulement, eux, ils couchent ensemble, au moins.

Ils s'aiment surtout à travers moi, mes vieux. Ils ont au moins ça en commun : moi. Maman ne sait pas aimer, mais elle aime violemment. Quelle démolisseuse! Papa, c'est chaud, c'est direct, c'est complice.

La mère de maman est morte quand maman avait sept ans. Ils étaient cinq gosses, elle la cadette. Le père Charvin travaillait aux aciéries d'Imphy, huit kilomètres à pied chaque matin, autant le soir pour revenir. Les deux aînées torchaient les plus jeunes, dont deux garçons encore bébés, tenaient la maison, préparaient la gamelle du père. Il partait à cinq heures du matin, sa musette lui battant le flanc, un gourdin à la main, le ventre brûlé par une énorme écuelle de soupe au pain, les moustaches, qu'il portait à la Clemenceau, gelées d'un bloc, l'hiver. Les gamines faisaient la lessive au lavoir, entretenaient le jardin, allaient aux fagots, gavaient le cochon, aidaient les voisins à traire pour un pichet de lait... D'école, plus question. La petite Marguerite y était allée à peine plus d'un an, le temps d'apprendre ses lettres. Le temps de découvrir qu'elle aimait ça. Lire. Apprendre. Elle avait un livre, cadeau de la maîtresse, *Le Tour de la France par deux Enfants*, qu'elle déchiffrait en cachette, pendant des moments volés au travail. Il ne fallait pas espérer lire le soir. Le pétrole, ça coûte.

Elle avait neuf ans quand le père Charvin, en sanglotant, plaça sa petite Margrite chez les Trésorier, la grande ferme tout au bout de l'allée Noire en allant sur Saint-Eloi. Elle y garda les cochons. Par là-bas, les cochons, tant qu'ils sont jeunes, se mènent paître comme des moutons, mais au bois, pas au pré. Ils fouillent l'humus de leur groin et dévorent les glands, les sorbes, qu'on appelle là-bas des cormes, les gratte-cul, les champignons, la mousse, les petites bêtes qu'il y a dedans, des tas de bonnes choses qui donnent du goût au jambon, et ils courent comme des fous, s'amusent, se bousculent, c'est très gai, un cochon, très farceur. Ça leur fait de la belle viande rouge et ferme. Plus tard, on les enfermera dans leurs « toits », on les gavera sur place à la pâtée de son, de betteraves et de patates, qu'on appelle là-bas des truffes, jusqu'à ce qu'ils ne soient plus que des tas de saindoux prêts pour le couteau.

Garder les cochons, c'est plus dur que garder les moutons. Les cochons cavalent partout, il faut sans cesse courir après, les recompter, et s'il y en a un qui s'en va déterrer les « truffes » du voisin, gare tes fesses! Maman m'a expliqué que si elle fait des fautes en écrivant c'est parce qu'elle a « appris à lire au cul des cochons ». Et alors, moi, je la voyais, pauvre petite fille hâve et studieuse, tenant d'une main son *Tour de France* ouvert, de l'autre une trique de noisetier, courant après ces sales bêtes et lisant en même temps. « Oh, vâ, je l'ai eu souvent, le vent' creux! J'étais trop contente d' manger les pommes que les cochons voulaient pas. » Ça m'émouvait aux larmes. Je pense aujourd'hui qu'elle embellissait peut-être un peu. Elle se voyait en petite Cosette des *Misérables*. Maman a toujours eu la fibre littéraire. Je vois pas pourquoi elle aurait attendu que les cochons l'aient recrachée avant d'oser ramasser une pomme. Ou même de la cueillir sur l'arbre. S'en foutaient bien, les cochons! Je crois qu'elle veut symboliquement me donner à entendre que, pour le fermier, une petite pauvresse valait moins qu'un cochon. Ça, je veux bien le croire.

Quand j'étais bébé, maman me chantait, pour me bercer, cette chanson guillerette que j'ai, depuis, entendue bien des fois à Forges, chez grand-père, et qui m'a toujours, je sais pas pourquoi, donné un peu la chair de poule. Peut-être à cause de la voix, comme je vous disais, prophétique-sépulcrale de maman, qui donnait à tout ce qu'elle disait, à ce qu'elle chantait surtout, des résonances lugubres. Voilà la chanson :

Charlot Vignaut prend son flûtiau
Pour faire danser la poule et le jô.
La poule et le jô veulent point danser,
Charlot Vignaut est ben fâché.

Le jô, c'est le coq. Etre « fâché », c'est d'avoir du chagrin, ex. : « Oh, que j'cheux-t-y donc fâché de la mort de c't'homme-là! » Très gros accent circonflexe sur le â de « fâché ».

Quand quelque indésirable a enfin pris congé, maman dit, la porte refermée :

— Bon voyage et bon vent! La paille au cul et le feu dedans!

Si c'est moi qui causais comme ça, la baffe qu'elle me mettrait!

Je me souviens, mais alors, là, il y a vraiment très très longtemps, j'étais tout petit, les femmes de la rue Sainte-Anne faisaient la plume.

Les femmes, je veux dire, les Françaises, parce que les Ritales, pas de problème, c'était les ménages et les lessives. Avec leurs mollets durs et secs qui saillaient sous les bas de coton noir proprement reprisés de fil vert ou rose — qué les bas pour aller le travail il est pas bisoin qu'il est aussi beaux comme les bas pour aller la glise, allora tou les raccoummodes vec les pitites bouts de fil qui restent, ecco. Sans ça, les pitites bouts de fil, qu'est-ce qué t'en fais? Tou les foutes pas en l'air no? (scandalisée) — avec leurs mollets noirs comme des socs et leurs mains de tenailles, on ne voulait qu'elles pour raboter les parquets de chêne à la paille de fer, pour tordre à les craquer les boudins de draps de lit au-dessus du baquet de tôle (ou du bac de ciment à deux compartiments dans les sous-sols des villas vraiment à la pointe du progrès).

La Française, c'est trop tendre, sauf si ça arrive du fond d'un trou sauvage rembourré de cailloux et de glands à cochons, comme voilà maman. Et puis, ça aime bien être patronne. Travailler chez soi. Avec la cafetière sur le coin du feu. Même en se faisant exploiter jusqu'au trognon par des petits sous-traitants voraces. Alors, bon, elles faisaient la plume.

La plume, j'étais tellement petit, je comprenais pas bien,

après c'est passé de mode. Je revois la salle à manger de Mme Cendré, la grande table au milieu et toute la famille assise autour, même des fois des dames qui n'étaient pas de la famille, et sur la table des grands peignes en fer, ou peut-être des espèces de râteaux, mais alors très longs, avec leurs dents de fer pointues dressées en l'air. Il y avait un grand sac de coton noir rempli de plume, le tissu avait beau être serré, la plume passait au travers, ça le faisait tout duveteux, le sac, de temps en temps Mme Cendré vidait un peu de plume sur la table, aussitôt ça gonflait, ça faisait un gros tas, toutes les mains, de partout autour de la table, plongeaient dans le tas, prenaient une pincée de plumes et faisaient je ne sais quoi avec sur les dents de fer, les frottaient, peut-être bien, ou les mettaient toutes dans le même sens, ou les triaient par grandeur, va savoir, ou les attachaient ensemble en petits bouquets, enfin, bon, faisaient ce qu'il faut faire à la plume pour qu'au bout de tout ça elle devienne des boas très beaux pour les dames se mettre autour du cou, des fleurs qui ne fanent jamais, des petits singes en plumes de toutes les couleurs qu'on gagne à la fête, toutes ces choses en plume, quoi.

Je me rappelle surtout le duvet. Un sacré duvet très fin qui sortait de la plume et qui volait partout, ça faisait un brouillard épais, un brouillard de duvet, on ne voyait presque plus l'ampoule au bout de son fil, on se serait cru dans le ventre d'un édredon. A peine entré, t'en avais plein le nez plein la bouche, tu toussais, tu éternuais, tu mâchais le duvet. Quand tu ressortais, t'étais tout en duvet comme un gros poussin, vachement dur à faire partir, ça s'accroche, cette saleté, maman savait tout de suite que j'étais allé jouer avec Pierrot Cendré. Elle me défendait d'y aller à cause de tous les microbes qu'il y a dans le duvet, parce que la plume ça vient du pays des nègres, des gens pas trop propres, déjà, pas tellement soigneux de leurs affaires, et vous savez, là-bas, les microbes sont très gros, bien plus gros que par chez nous, c'est à cause de la chaleur, et très forts, aussi, très gourmands, des vrais gloutons, ils te dévorent les poumons, ils n'en font qu'une bouchée. Les nègres attrapent au piège des millions de petits oiseaux excessivement jolis pour leur arracher leurs plumes et nous les envoyer. Eux ne savent pas faire toutes ces belles choses avec la plume, alors tous ces oiseaux ne servaient à rien. Heureusement que les Blancs sont venus.

Le claque

Le jour où on a découvert le bordel!

C'était Jean-Jean Burgani, je crois bien, ou peut-être Raymond Pellicia, qui nous avait donné l'idée. Un dimanche. Il avait des ronds dans sa poche, envie d'aller au claque, pas envie d'y aller tout seul. Ou pas le courage. Il en connaissait un, très chouette, où qu'on t'emmerdait pas pour l'âge réglementaire. Du moment que tu portais pas des culottes courtes. Et que t'avais le prix de la passe dans ta poche, naturellement. « La patronne me connaît, je dirai que vous êtes des copains. » Et bon.

Ça se trouvait à Paris, rue de l'Echiquier. On y est allés à vélo, moi me trimbalant Roger Pavarini sur le porte-bagages, c'est qu'il est lourd, la grosse vache, Jean-Jean avec son petit frère Piérine sur le cadre, Raymond Pellicia sur la bécane à son vieux que si le vieux s'apercevait qu'il l'avait prise ça chierait au retour. Raymond est tout petit, son père est grand, il pédalait debout, la barre du cadre lui écrasait sauvagement les couilles à chaque coup de pédale. Mais au bout il y avait les putes, merde!

Le Bois de Vincennes, la Nation, le Voltaire, la Répupu, les Boulevards. La rue de l'Echiquier donne dans la rue d'Enghien. La porte d'entrée, discrète. Hôtel de je ne sais plus quoi. J'y vais les yeux fermés, j'ai jamais fait gaffe au nom du truc, c'est marrant. Tu pousses la porte, tout de suite un escalier, raide, droit devant. On grimpe à la queue leu leu, moi le cœur cognant comme à ma première communion. On avait mis Piérine, qui avait treize ans et en faisait onze, entre Roger et moi, les seuls pouvant à la rigueur prétendre avoir atteint les dix-huit. A condition qu'on ne nous demande pas les papiers. D'abord, des papiers, on n'en avait pas. Pas un de nous.

Jean-Jean m'avait expliqué : « Tu comprends, y a une marche, tu sais pas laquelle, quand tu poses le pied dessus ça appuie sur un bouton, alors là-haut y a une lampe qui s'allume, la patronne sait que du monde s'amène, elle se démerde pour qu'il y ait personne dans l'entrée. C'est pour pas risquer que des clients qui se connaissent dans la vie se rencontrent au bordel, tu comprends, ça pourrait faire des salades, suppose que tu te trouves nez à nez avec ton beauf!... » « Le fumier! Comment que je cavalerais affranchir ma frangine, tiens! » « Ben, voilà. T'as tout compris, t'as. »

Là-haut, une espèce de petit palier, avec un petit comptoir comme la caisse de la caissière de chez Félix Potin. Des grosses plantes vertes dans des gros pots verts, très chic. Sur le comptoir, un vase avec des fleurs. Je sais que les plantes sont vertes parce que les plantes, on sait que c'est vert. En vrai, elles sont violet-vinasse, à cause de la lumière rose. Il y a une lampe avec un abat-jour rose et des perles en bois, ça donne pas beaucoup de lumière, une lumière rose. Tout est rose, sauf les plantes vertes, tellement vertes que ça fait comme je disais un mélange dégueulasse, mais je regarde pas spécialement les plantes vertes. Je regarde la dame qui nous accueille, une dame très bien, un peu plâtreuse, mince, robe noire tout à fait comme il faut, collier de perles, chignon, talons hauts, quarante-quarante-cinq, on dirait une patronne à maman, très distinguée, c'est avec elle que j'ai envie. Elle nous dit bonjour mes chéris, vue de près c'est plutôt cinquante-soixante, le plâtre et la lumière rose ça aide bien, elle nous embrasse l'un après l'autre, sur la bouche, c'est gentil comme tout, très en famille, je voyais pas ça comme ça, je sens que je me rassure.

— Alors, mes chéris, on vient prendre un peu de bon temps? Vous avez bien raison, c'est de votre âge, mais restez pas là dans le passage.

Elle tend la main, paume en dessus. Jean-Jean raque pour tout le monde. Elle demande :

— T'as une idée de ce que tu veux, mon grand?

Jean-Jean dit :

— Fais-nous venir un choix. On choisira ensemble. Très archiduc.

— Comme vous voulez. Le client est roi.

Elle ouvre une porte, on entre, c'est un petit salon avec juste un canapé contre le mur face à la porte. Elle sort, referme la porte. Je suis ému. Les autres aussi, bien qu'ils jouent les caïds. On se carre dans le canapé, bien à fond, le dos appuyé au rembourrage, une jambe passée sur l'autre, des sultans qui attendent l'arrivage d'esclaves fraîches. On se regarde en se marrant. Instant puissant.

Aux murs, il y a des cadres dorés avec des dessins en couleurs comme on en voit dans *La Vie parisienne* et les journaux cochons.

Et voilà. La porte s'ouvre. Une, deux, trois, six bonnes femmes s'amènent. Se plantent en face de nous, debout, en rang d'oignon. Habillées maquillées comme pour sortir, tailleur, ou robe, ou jupe-pull-over, chapeau, chaussures, sac. Sauf une, en liquette. Transparente, avec de la dentelle et les nichons qui passent à travers, c'est calculé pour.

Elles sont là, rien que pour nous, on a le droit de choisir, si je dis « Celle-là! » j'aurai celle-là, j'en ferai ce que je voudrai, je farfouillerai partout, je regarderai, je reniflerai, je goûterai bien à mon aise, merde, c'est incroyable, c'est Noël, je suis excité comme un fou.

On est là qu'on se tâte, elles nous regardent, gentilles, des yeux de gros chiens perdus qui veulent se faire adopter. Nous clignent de l'œil. Se passent un bout de langue sur les lèvres. Si l'une voit que je la regarde un peu plus longtemps, elle me fait un signe de tête plein d'espoir. Merde, les mecs, c'est là que tu te sens quelqu'un!

Je choisis celle en tailleur noir, très stricte, très dame. Ça me fait plaisir dans ma tête d'imaginer que cette personne si convenable, si boutonnée, au maintien modeste, au visage sérieux et même un peu sévère, qui pourrait être ma mère, mais en plus chic, possède là-dessous un gros cul blanc, un paquet de poils noirs frisés et une motte marron avec une fente rose qui pue monts et merveilles quand on l'ouvre tout doucement. Le contraste, quoi. Le sacrilège.

Enfin, bon, c'est dans la tête que ça se passe, je dois être un petit compliqué, faut faire avec.

La salope à moitié à poil, avec sa chemise transparente qui lui colle aux miches et ses gestes salaces, me laisserait plutôt froid. Pas Roger, qui se l'embarque d'autor et sort le premier. Je me lève et vais droit à ma grande femme honnête, de peur qu'un autre me la fauche. Elle me sourit.

— Je te plais, chéri? Je suis heureuse.

Je bafouille je ne sais quoi, elle me prend par la main, m'emmène par un couloir, s'enfile dans un escalier étroit avec un tapis dessus, moi derrière elle. Ses jambes bien roulées, un peu grosses, bougent au ras de mon nez, la couture de ses bas de soie monte se perdre dans le pays mystérieux, là-haut sous la jupe moulante. Son cul oscille, immense et grave, d'un mur à l'autre. Une tendresse m'empoigne, énorme. Je n'y tiens plus, je lance ma main sous la jupe, j'atterris à cheval sur la frontière entre soie et peau, peau douce invraisemblablement, peau où reposer sa joue, peau à vous guérir de toute peine.

Elle tourne la tête, me sourit. Je remonte jusqu'à l'entrecuisse, plaque ma main contre le paquet, paume en conque, toute la motte dans le creux de ma main, dodue, chaude, vivante. Je trique à en avoir mal.

La chambre, je l'ai même pas regardée. Il y avait un lit, ça je me rappelle, très large, fait bien au carré. Et un lavabo. Je la prends aussitôt dans mes bras, je vais pour l'embrasser sur la bouche. L'amour, ça commence toujours comme ça, non? Elle détourne la tête.

— Non, mon chéri, ça, je le donne qu'à mon homme.

Câline :

— Dis donc, mon petit cadeau, tu préfères pas me le donner maintenant?

Son petit cadeau? Merde, faut encore raquer? Il m'avait pas dit ça, Jean-Jean.

Je dis :

— Combien?

— Oh, ce que tu veux. Si t'as dix balles, ça ira.

Oui, ben, dix balles, je les avais pas. J'ai retourné mes poches, ça faisait trois francs et des centimes. Elle a tout ramassé. J'étais gêné. Pas tellement pour mes sous, mais parce que je me sentais tout con de ne pas être au courant des usages.

Elle m'a vu emmerdé, m'a caressé le menton.

— T'es jeune et t'es beau gosse, ça compensera.

Beau gosse! Personne m'avait jamais dit ça! Même venant d'une pute qui devait débiter le même vanne à chaque client, ça m'a fait tout chose.

La voilà qui se déshabille, moi qui la regarde. C'est-à-dire, elle a juste ôté la veste de son tailleur et sa jupe, elle a posé ça bien proprement plié sur la chaise, elle a dégringolé vite fait sa petite culotte, lilas avec des dentelles champagne, et comme j'attendais de voir s'envoler le reste, surtout ses nichons j'aurais voulu voir jaillir, ils tendaient la veste du tailleur à faire péter la boutonnière, je me les rêvais gros chauds et doux, bien serrés l'un contre l'autre, très blancs avec de larges longues pointes granuleuses couleur de peau de couilles, oui, ben, nib, son corsage et la liquette, elle les a gardés, et elle m'a dit :

— Eh bien, mon chéri, qu'est-ce que t'attends? Tu sais, un quart d'heure, c'est vite passé, et Madame a vachement l'œil.

J'ai commencé à me déloquer. Veste, cravate...

— T'as pas l'intention de te mettre à poil? Parce qu'alors je te préviens, t'es parti pour la demi-heure, elle te fera banquer le supplément à la sortie. Allons, ôte-moi ton froc, vite.

L'intimité foutait le camp. J'ai ôté mon froc, mon slip. Pendant ce temps, accroupie sur une espèce de chiotte, elle se lavait le cul, à l'eau chaude et au savon. J'avais jamais vu de femme sur un bidet, j'avais même jamais vu de bidet, même pas une chiotte où qu'on s'assoit dessus, rue Sainte-Anne il y a que des chiottes à la turque, sans chasse d'eau vu qu'il y a pas l'égout, ça pue la merde sèche et la vieille pisse, avec toujours plein de mouches bourdonnantes. J'étais soufflé devant tout ce progrès, cette faïence blanche, ces chromes astiqués, cette hygiène, mais en même temps je trouvais qu'elle avait l'air con, la dame pute, posée sur son bénitier à pied, les cuisses grandes ouvertes, en train de se frotter le machin, de lui faire baver de la mousse de savon, dans un bruit de robinet qui me filait l'envie de pisser. Ma grosse gourmandise fondait, fondait...

Elle s'est relevée, s'est essuyée, m'a dit « Viens », m'a pris par la queue et m'a amené devant le lavabo.

— Mais, je suis propre! je lui dis. J'ai pris ma douche ce matin aux municipales, c'est dimanche.

— Je veux bien te croire, mon chéri, mais c'est le règlement.

Elle m'a lavé la queue à l'eau chaude et au savon, ça m'a refait bander, j'en avais besoin. Mais c'était purement mécanique. Fini le beau rêve de tendresse dans la moiteur des muqueuses amies.

Elle s'est allongée sur le lit, sans le défaire, sur la couverture, au bord, cuisses écartelées, genoux pointant au plafond. Elle avait gardé ses chaussures à talons pointus, ses bas de soie et toute la mécanique pour les accrocher, là-haut, de chaque côté des cuisses.

Je me suis agenouillé sur la carpette.

— Ouh là là! Qu'est-ce que tu prétends? Une descente à la cave? On n'a plus le temps, chéri! Grimpe-moi à la papa que je t'arrache ça vite fait!

Mais moi, j'ai plongé dans le gouffre, rien à faire, je me l'étais trop promis... Oui, ben, autant lécher une escalope qu'on aurait d'abord lavée au savon et rincée vingt fois de suite, dont une fois à l'eau de Javel. Froid, fade, triste, incolore. Et inodore. Pire : légère odeur de savonnette. Au muguet. Et elle, là-haut :

— T'espères quand même pas me faire jouir? Allez, viens, mon grand, on n'a plus de temps à perdre.

Alors, bon, mon grand y alla, autant s'en servir avant d'avoir complètement débandé. Je m'allonge sur elle, pointant mon truc, je croyais qu'un mec à la redresse devait trouver son chemin tout seul, du bout du gland. C'est elle qui me prit dans sa main et m'introduisit au bon endroit. Je m'enfonçai, aspiré. Un beurre. Et puis je suis resté là. Elle me dit :

— Eh bien, remue! Qu'est-ce que t'attends?

Elle eut une illumination :

— Mais, dis donc... T'as encore jamais baisé, toi?

Je dis :

— Ben, non.

— Un pucelage! Mais fallait le dire! Tu te rends compte? Un pucelage! Attends, mon petit puceau, je vais bien te régaler!

Elle s'est mise à remuer, doucement, puis plus fort, puis à furieux coups de cul, en bafouillant :

— Oh, c'est bon! Oh, c'est trop bon! Oh, oui, oui, comme ça! T'arrête pas!

Moi, je m'y croyais. Faire jouir une pute, dis donc! Tu parles... Comme je commençais à me sentir décoller, dans l'enthousiasme du moment je prends sa tête entre mes mains. Aussitôt :

— Ça va pas, non? Lâche mon indéfrisable, merde! Tu crois pas que je vais me repeigner entre chaque passe?

J'avais atteint le, comme on dit, point de non-retour. J'achevai le parcours, sans bouder mon plaisir. C'était pas la femme et son mystère, ses pudeurs ses odeurs sa tendresse sa sauvagerie, mais c'était quand même mieux qu'une branlette. Et puis, j'étais un homme, maintenant.

En moins de deux elle était relevée, à cheval sur son lave-cul, et moi au-dessus du lavabo. Comme on sortait, elle m'a dit :

— Tiens, je te rends ton petit cadeau. Un puceau, ça porte bonheur.

Elle m'a mis l'argent dans la main. Plus tard, quand j'ai regardé, j'ai vu qu'il n'y avait que quarante sous. C'était gentil quand même.

On s'est retrouvés, avec les copains, sur le trottoir, vachement farauds. On s'est raconté les trucs extraordinaires qu'elles nous avaient faits, qu'on leur avait faits.

Je suis pas devenu un frénétique du bordel, comme il y en a. Les premiers temps, oui, tous les dimanches. Ça a duré quelques semaines. On voulait se les essayer toutes. Quand on se pointait, elles se marraient. On était moins chiants que leurs clients habituels, faut croire. Moins furtifs. Moins constipés de la glande à jouir. Moins tâtillons sur le rapport prix-pied. Moins moches, aussi, sûr. On avait la joue ronde et l'haleine fraîche, nous autres. On aimait ça, la bonne femme, on se jetait dessus comme on se jetait sur les millefeuilles en sortant du cinoche. Nos cœurs avaient faim de tendresse, nos couilles balançaient sec, dures comme des billes, nos queues nous tiraient en avant vers les grosses miches accueillantes de la rue de l'Echiquier... J'avais passé l'âge de la branlette solitaire, j'avais pas franchi celui de la drague conquérante. Trop timide. Non, pas seulement. Timide, oui, c'est vrai, mais pas paralysé. Sens du ridicule, voilà. Aborder une fille pour lui parler du beau temps ou lui lâcher le vanne marrant qui force le sourire en même temps que le haussement d'épaules et accroche vaille que vaille la converse, ça me paraît archicon, j'ai honte, c'est tellement s'amener la bite à la main gros comme une maison tout en parlant d'autre chose que, je vous jure, j'aurais moins de répugnance à aborder la fille carrément la bite à la main. Ça me coûterait moins. Bon dieu, on le sait, ce qu'on veut, ce qu'on propose! Elle aussi. C'est pas forcément la bite, d'ailleurs. Bien plutôt la palpitation, la découverte, l'aventure, le je sais pas quoi qui se fera ou se fera pas. Plaire. Etre plu. Voir dans les yeux d'en face s'allumer le même lampion qu'il y a dans les tiens. Sentir que tu comptes. Exister. Ben, oui quoi. Alors, pourquoi pas y aller franco? Annoncer la couleur? T'as vu mes yeux, t'as vu ce qu'ils te disent, t'es d'accord tu l'es pas, si tu l'es mets ta main dans la mienne, et merde pour le baratin. Oui, bon...

Et les petites copines? Tu parles... Il y a les filles ritales, tu peux déjà les rayer, en bloc. C'est gardé surveillé, dès que ça met un pied dans la rue l'œil de la mère derrière le rideau, l'œil de la nonna carrément à la fenêtre, dès que c'est en retard de cinq minutes le père qui déboucle la ceinture, dès que les nichons leur pointent on les voit plus, séquestrées, juste le dimanche au bras de la mère à la messe basse, tout en noir, les yeux baissés, les filles ritales tu les verras fiancées, pas avant, avec un si possible de la famille, une génération c'est une Cavanna qui se marie un Taravella, la génération d'après une Taravella qui se marie un Cavanna, ils sont tous cousins archi-germains, souvent même une Cavanna épouse un Cavanna, c'est à cause du bien, là-bas le long de la Nure, l'arpent de cailloux qu'il faut touzours qu'a grandisce, zamais qu'a diminouisce, ecco. Fallait que mon père soit vraiment le dernier des pouilleux pour s'être rabattu sur sa tigresse française. Et en effet.

Restent les Françaises. Suzanne, par exemple. Pas chienne, Suzanne. La vedette de la cave à Jean-Jean. Tortillait jamais longtemps avant de nous laisser regarder sous sa culotte, de nous laisser faire glisser sa culotte, sans ça, avec toutes nos mains, on aurait cassé l'élastique, et merde, qu'est-ce que j'y dirais, moi, à m'man, merde? Pas salope pour deux sous, Suzanne. Gentille. Et aimant ça. Toutes nos pattes sur elle. Tous ces mecs à elle. On la regardait, à la lueur d'un bout de bougie, on n'y voyait pas grand-chose, une courte fente dodue comme un petit pain au lait, trois poils blonds, on y mettait un bisou, c'était doux, de la crème. Avec une odeur légère, comme de pipi pas bien essuyé, excitante comme tout, l'odeur, c'est parce qu'on se disait très fort dans nos têtes que c'était de la pisse de gonzesse. Suzanne était la fille à tout le monde, peut-être que quelqu'un l'a sautée, depuis, sûrement, même.

Le ventre blanc des putes, c'est le ventre sans la drague, sans la converse, sans le diabolo-menthe, sans le petit frère qu'elles ont à garder et qui te fera chier gâchera tout t'as beau lui payer des bonbons des glaces des illustrés le cinéma il racontera aux vieux, sale merdeux, le petit frère de la grande sœur, quel boulet!

Le fric. On le fauche aux vieux. Les miens, c'est dur. Maman sait toujours combien de pièces elle a dans son morlingue, elle les voit, les connaît personnellement, une par une. Les biftons, n'en parlons pas. Papa, sa monnaie se balade dans les ferrailles qu'il entasse dans ses poches, ça sonne quand tu farfouilles. Les vieux de Roger, ça, c'est du gâteau. Et comme tout ce qui est à Roger est à moi... Il y a aussi les illustrés. On les fauche chez Sentis, le libraire de la Grande-Rue, on en paie un, on en cache six dessous, on les vend moitié prix à l'école, c'est pas beau, je sais, j'ai des remords, je suis donc puni, je suis quitte. Il y a surtout les dessins animés.

C'est moi qui les fais. C'est pas dur. Tu prends une feuille de papier, tu coupes une bande longue, vingt centimètres de long, six ou sept de haut, tu la plies en deux, ça te fait un cahier de deux pages et de dix centimètres de long. Bon. Tu dessines quelque chose sur la première page, quelque chose de marrant, par exemple un mec qui encule une bonne femme, ça marche à tous les coups, ou deux boxeurs qui se tabassent la gueule. Tu te mets sur la vitre de la fenêtre, par transparence tu calques ton dessin sur l'autre page. Tu fais gaffe à calquer juste au poil, sans ça ça va trembler. Après, tu repasses à l'encre, mais le deuxième dessin tu le modifies en partie, c'est-à-dire le geste principal. Par exemple tes boxeurs, les deux dessins sont juste pareils bien superposés, sauf les bras. Sur un dessin, les bras sont reculés pour donner le coup, sur l'autre, les coups arrivent sur les gueules, tu vois? Le départ et l'arrivée du geste, voilà, c'est ça. Après, tu roules la feuille du dessus autour d'un crayon, bien serré pour qu'elle fasse ressort. Tu frottes doucement avec ton crayon, quinze fois à la seconde si tu veux de la précision, la feuille s'enroule et se déroule en même temps que t'avances ou que tu recules, miracle, ça bouge!

Ça bougeait même vachement impec, parce que je dessine drôlement bien, sans charre, tout le monde vous le dira, en compo de dessin je suis à tous les coups dispensé de compo, on tourne le chevalet du tableau à l'envers et moi je dessine dessus, des bonshommes, des bandes dessinées marrantes, avec des bulles, j'y mets dedans les profs, je me fous de leur gueule, quand l'heure est terminée on retourne le tableau, toute la classe se marre, ça les console du vase au fusain avec le drapé du chiffon et les putains d'ombres à la con, et moi j'ai un dix-huit d'office, il y a des profs de dessin pas cons, à Nogent.

Bon. Mes dessins animés, ça se vendait pas mal. Surtout

les dégueulasses *. Surtout les en couleurs. Naturellement, ça ne pouvait représenter que des mouvements à deux temps, type alternatif. Ça tombe bien, c'est juste ce qu'il faut pour les trucs du cul. Ça, j'en ai fait pistonner, des pafs, des gros, des rouges, des bleus, des monstres, des variqueux, dans des moules, dans des bouches, dans des culs, dans des oreilles et ressortir par l'autre (gag!), avec formidable giclée de foutre, fouaff! Parfois aussi ils crachaient des fleurs... Amour, humour et poésie. Je les vendais cinq sous. Dix ronds les en couleurs. Tout ça pour les putes. Un peu pour des Camels, qu'on se mettait à quatre sur un paquet, ou des Salammbô, à cause du bout doré qui fait chic, mais c'est du foin.

Il y a le bordel genre hôtel discret, et il y a le bordel genre estaminet pour matafs en bordée. On s'en est découvert un comme ça rue de Lappe, près de la Bastille, là où il y a le Balajo, Bouscat, tout ça. Roger commence à mordre au bal voyou, moi pas tellement, ni les autres. L'accordéon, la drague au tango, l'ambiance initié et dur de dur, je me sens pas dans le coup. Et puis, je sais pas danser. C'est en dansant qu'on apprend, paraît. Ben, oui, mais je suis trop crâneur. Je ne fais que ce que je fais bien. En public, je veux dire. Cette putain de trouille d'avoir l'air con, toujours... A Nogent, pourtant, pour la guinche, c'est pas ce qui manque. Les bals, les petits les gros, à foison. Bon, on en causera. Là, c'est le claque.

Rue de Lappe, ça s'appelle « Le panier fleuri », ou « Le bouquet », peut-être bien, je dois confondre avec celui du boulevard Voltaire. On va y passer un moment, des fois, le soir, après bouffer. Vingt minutes de vélo, les doigts dans le nez.

C'est une salle de bistrot, assez grande, tu t'assois, tu bois un coup, il y a une pute, ou deux, ou trois, qui s'amènent à ta table, ça va mon chéri, je peux? Elle pose son cul, le gar-

* On dirait aujourd'hui : « les pornos ».

çon rapplique, il l'avait dans l'œil, d'autor il lui sert un cognac, dans un ballon, la vache, ou la bouteille de champe si le client est assez con pour se laisser faire. Nous, elles nous font pas chier, on est les petits jeunots qu'ont pas le rond, si l'heure est calme elles sont toutes contentes de s'asseoir sur nos genoux en se tapant des limonades, le champe et le cognac leur sortent par les yeux, les pauvres grandes.

Il y en a d'habillées ville, il y en a en déshabillé peignoir à poil dessous, il y en a en robe tsoin-tsoin qui traîne par terre décolletée derrière jusqu'à la raie, perlouzes et tout, il en a en liquette dentelles support-jarretelles talons aiguilles, il y en a de carrément à poil, comme la grosse Denise.

La grosse Denise, un petit cochon rose. Un bide comme en cloque, pareil. Tendu à péter, tu cognes dessus, ça résonne, du carton, avec le nombril qui pointe en avant comme une olive. Des cuisses de cochon, des bras de cochon, une gueule de cochon. De petit cochon rose. Rose vif. Répugnant. Faut croire qu'il y en a qui aiment. Elle a une espèce de bec-de-lièvre opéré et pas de dents du haut, ça la fait zozoter postillonner. Con comme un balai, mais pas plus que les autres, pas plus que les gens. Elle raconte ses petites histoires de pute, ni plus ni moins chiantes que toutes les histoires de boulot. Nous, ça nous fait marrer parce que les histoires de boulot des putes c'est des histoires de cul. Des histoires de petits vieux qui y arrivent pas, de vicelards à spécialités, de connards qui puent de la gueule, j'ai cru que j'allais y gerber dessus, ma petite, ah, la vache, il avait les pieds dégueulasses, eh bien, j'y aurais plutôt sucé les doigts de pied un par un que de supporter sa gueule en face de mon pif. Y a des fois, son bœuf, on le vole pas, merde.

Il y a la négresse. Il y a toujours une négresse. Quand le trêpe commence à rappliquer, les putes nous disent bon, faut y aller, merde, encore se ravager la tuyauterie avec leur saloperie de mousseux, déjà que j'aime pas, ça me fait roter, et mon ulcère, qu'est-ce qu'il dérouille, mon ulcère, si seulement ces cons-là montaient aussi sec, ça me fait moins chier, les escaliers à grimper, l'écrémage du micheton, ça me fait moins chier que d'être là à se démolir la tripe en écoutant leurs salades, mais non, ces cons-là, faut que ça se raconte, leur vie, leur mémère, ça vient pas pour tirer un coup, ça vient te chialer dans le décolleté, merde, et le taulier je crois bien qu'il gagne encore plus sur le bar que sur les passes. Toi, tu veux pas grimper? J'aimerais mieux, je te ferais des trucs. Tu veux?

Des fois, l'un de nous monte. Soit il a des ronds, soit on se cotise. Tu t'amènes avec la môme au bout du zinc, là il y a la sous-maque avec une pile de serviettes. L'escalier s'ouvre juste à côté. Tu raques ta passe, la sous-maque te file une serviette, une à la môme, et elle t'indique un numéro de chambre. Tu grimpes, et bon, vas-y, papa. Aux heures de presse, ça grimpe ça descend ça fait la chaîne, ça arrive à faire une queue qui attend en bas de l'escalier, les couples l'un derrière l'autre, serviette sur le bras, on dirait une noce, une noce de garçons de café.

Au « Fourcy », rue de Fourcy, métro Saint-Paul, il y a la queue sur le trottoir, toute la journée, tous les jours. C'est le célèbre claque à une thune la passe. Rien que des employés de la Samaritaine et du Bazar de l'Hôtel de Ville. Le dimanche, les bicots et les polacks. Les chefs de rayon voudraient pas tringler derrière un bicot, alors comme ça ils le savent pas. Tous ces cons sur le trottoir, leur serviette à la main, qui se donnent l'air d'être là pour le gaz, ça vaut le jus.

A la maternelle, j'ai eu une maîtresse, Mme Grenier, quand on n'était pas sage elle nous punissait en nous mettant sous son bureau. Ça me faisait très peur. J'étais un enfant turbulent et bavard. Un jour, Mme Grenier m'a condamné à passer sous le bureau. J'ai crié « Non! », j'ai pleuré, mais Mme Grenier est venue me chercher, m'a pris par le bras et m'a traîné. L'infamie m'écrasait, les autres mômes ricanaient, enfin me voilà sous le bureau, autant dire en prison, sanglotant ma honte et ma peur du noir.

Pas tellement noir, au fait. Juste une pénombre, plutôt douce, une fois la situation acceptée. Je m'étais couché par terre, en rond, pour pleurer à mon aise. Je lève les yeux. Droit au-dessus de moi, je vois les jambes de Mme Grenier, les cuisses blanches de Mme Grenier, la culotte de Mme Grenier, plus sombre dans cette blancheur vaguement lumineuse. Je ne pleurais plus. Reniflant ma morve, je m'emplissais de ce régal inouï. Je me rappelle encore. Je sens tout le plaisir de cet instant. Je devais avoir quatre ans, cinq à tout casser. On ne bande pas, à cet âge. Alors, d'où, cet intérêt? Quel instinct me faisait trouver délectable la vue de l'intimité d'une dame qui m'en imposait? Mme Grenier bougeait sur sa chaise, ses cuisses roulaient, s'écrasaient aux bords de la chaise, les choses, là-haut, dans l'ombre, palpitaient. Elle avait dû m'oublier. Je me faisais tout petit, prenant bien garde à ce que son pied ne m'effleure pas, ça lui aurait rappelé ma présence, elle m'aurait renvoyé à mon banc. Je luttais contre la terrible envie d'allonger la main et de toucher cette douceur que je pressentais plus douce que n'importe quoi au monde. La terrible envie d'y poser ma bouche.

Par la suite, quand maman, n'ayant personne pour me garder le jeudi, m'emmenait avec elle chez ses patronnes où elle faisait le ménage — les patronnes me toléraient, j'étais si réfléchi si calme, j'avais de grands yeux pensifs —, je jouais sur le tapis à des jeux qu'elles ne comprenaient pas, cher petit, il est plongé dans le royaume merveilleux de l'enfance, ah, les enfants, quelle imagination, ah, retrouver notre innocence d'enfant, moi j'avais qu'une idée : m'arranger pour leur regarder sous les jupes. Ce qui n'avait d'ailleurs rien d'affolant : des dessous raides comme carton et transparents pareil. Elles avaient toutes au moins soixante ans.

Je me rappelle maman se lavant dans la cuisine, chaque soir, de la tête aux pieds, par petits bouts, avec un gant savonné, ne découvrant que le strict carré de peau nécessaire. Se peignant devant l'armoire à glace, moi dans le lit, la regardant. Elle ôtait les épingles de son chignon, vlouff, un lourd paquet de cheveux châtain foncé lui coulait jusqu'aux reins. Elle les peignait à grands coups coléreux, en râlant qu'elle les ferait couper si c'était que d'elle, mais elle se respectait trop, elle voulait pas ressembler à ces pûûtains à la mode avec leurs frisettes, leur rouge à lèvres et leurs talons Louis XV que si elles se cassaient la gueule dans l'escalier c'est pas moi qui irais les ramasser, comptez pas là-dessus, pûûtains, vâ! Une somptueuse et chaude odeur de cheveux et de dessous de bras emplissait la chambre, dans le creux de ses aisselles c'était tout frisé tout noir, un peu rouquin du bout.

La première fois que j'ai touché la chose pour de vrai, je veux dire sans les putes, qui comptent pour du beurre, c'est avec Yolanda.

Elles étaient deux copines, toujours ensemble, Vittoria et Yolanda. Vittoria était très grande, très brune, très très belle. Sa mère lui ressemblait, peut-être plus belle encore. Elle avait quitté Naples ou un pays du même genre en laissant tomber son mari pour suivre un coquin en France. Elle avait emmené sa fille. Ils vivaient vers Plaisance, aux confins de Nogent et de Fontenay, près de ce vieux château que je vous ai dit, oui, très à l'écart du vieux Nogent et de ses rues à Ritals. Yolanda habitait chez eux, en vacances, je crois bien.

Comment on les a connues, je me rappelle plus bien. On s'est rencontrés sur le Fort, probable, elles traînaient souvent par là, c'est à deux pas de chez Vittoria. Au début, c'était pas net, on se tâtait qui à qui, Vittoria me plaisait davantage, mais elle était trop belle, elle et moi ç'aurait été confiture aux cochons. Roger s'est enfin branché dessus. Comme ça, ça allait, avec sa tête d'Apollon bouclé et ses terribles épaules, ils faisaient une paire magnifique, tous les deux. Yolanda était pas mal, d'ailleurs, blonde comme une Ritale quand elles se mettent à être blondes, yeux ciel, potelée, se marrant tout le temps.

Et bon, on sortait nous quatre ensemble, on faisait des virées, on avait nos vélos. Godiches et cœur battant on était, moi, en tout cas. Les filles nous ont un peu aidés. Le Fort de Nogent, c'est le paradis, pour s'isoler à deux.

C'est là que j'ai compris l'importance, pour moi, des odeurs. La formidable fascinante puanteur de la femme, de la vraie femme, faite, opulente. Pas la fillette négligée ni la pute trop lavée. La terrible surprise du premier face-à-face avec la bête velue, crépue, paille de fer, béance rose, replis bruns. L'odeur, sa violence sauvage, inattendue, inimaginable quelles qu'aient pu être les allusions salaces des conversations d'adolescents. Tellement différente. Tellement familière : le sacrilège est là. La première fois, suffocation, surprise trop forte, déconcerté. Puis rumination dans la solitude. Souvenir qu'on fait, avec ardeur, avec rage, ressurgir. Souvenir perdu qui s'inverse en souvenir de plaisir. Qu'on veut retrouver. Vite, vite, la prochaine fois! La deuxième fois, on sait ce qu'on vient chercher. On s'y prépare. Se pourlèche d'avance. On attend l'horreur délectable. La puanteur bien-aimée. Et c'est encore plus terrible, plus violent, plus repoussant, plus attirant. C'est ta mère, c'est ta sœur, c'est l'institutrice, c'est ta propre tripe, c'est toute la puissante chaude tendresse du nid... Là, seulement là, tu es chez toi.

Ce que j'appelle le complexe de l'institutrice : une femme sérieuse, instruite, grave, austère, même, avec des lunettes, imaginer qu'elle a des cuisses, des nichons, un ventre, du poil, une fente humide et qui sent le diable, vous trouvez pas ça merveilleux? Je suis peut-être un compliqué? Je me rends pas bien compte.

La bibliothèque

Je ne sais pas si je l'ai dit, j'ai su lire très tôt. Vers quatre-cinq ans. Pas que moi, d'ailleurs. Les autres mômes aussi, ceux qui avaient la chance d'être des enfants de purotins et de se voir cloquer chaque matin sur le coup de huit heures devant la maternelle du boulevard Galliéni par leur mère cavalante qui les posait là comme un lapin pose sa crotte, sans s'arrêter de foncer vers les ménages nutritifs en essuyant une larme. Maman venait me reprendre à midi, toujours en courant, me coupait mon bifteck — je savais faire, mais j'étais lent « comme un jour sans pain », ça l'énervait —, avalait ses nouilles debout, coincée entre la table, le réchaud à gaz et la « pierre à l'évier », elle avait juste à tourner un peu les hanches, elle débarrassait d'une main, lavait la vaisselle de l'autre pendant que je mangeais mon dessert, c'était commode, juste à se pencher un peu, un coup à droite un coup à gauche, cuire-bouffer-vaisselle, tout ça debout sans changer de place, un tourbillon immobile, maman, un moulin à vent, me torchait le bec d'un revers de lavette, finis ton verre, tu crois quand même pas que je vais le jeter, au prix que ça coûte, on voit que c'est pas toi qu'as le mal de le gagner, je finissais mon verre, un tiers de vin - deux tiers d'eau chaude, j'aimais pas beaucoup ça, surtout l'eau chaude, maman buvait toujours son vin coupé d'eau chaude, donc moi aussi, pourquoi chaude va savoir, ça doit être bon pour la digestion ou en tout cas c'est ce qui doit se dire à Forges, paroisse de Sauvigny-les-Bois (Nièvre). Un coup de peigne. En route!

Me revoilà à la maternuche. Il y en avait, ils restaient

le midi à la cantine, quel prestige, ils se sentaient dans l'école plus chez eux que nous autres. Je les enviais. En même temps, ça me faisait très peur. Une fois, j'y suis resté, à la cantine, maman était allée voir sa sœur malade à Paris, quelque chose comme ça. C'était de la purée avec du haché. J'ai rien pu avaler. Le haché, je connaissais, maman me faisait manger du cheval haché pour me fortifier, mais pas comme ça. Elle, c'était dans du bouillon qu'elle versait dessus, mange vite sans ça ça va cuire le haché et tout le fortifiant sera parti, c'est le bon sang rouge qui donne des forces, si c'est cuit tout blanc ça vaut plus rien. Et par là-dessus, le coup du docteur : un fond de verre de vin rouge pur, hop, je sentais les forces me cavaler partout du haut en bas. A la cantine, on buvait du coco, j'aimais bien ça, mais juste un verre pour tout le repas, fallait le faire durer. Bon. Rien pu avaler. Mme Casse m'a gueulé dessus, elle me terrorisait, elle était grosse, très brave mais ça se voyait pas, elle avait de la moustache et la baffe rapide. Elle a dit que j'étais un délicat, que maman me gâtait, que je serais jamais un homme. J'ai pleuré. Mme Casse a dit je le dirai à ta mère que t'as rien mangé et que t'as pleuré. Elle l'a fait, la vache.

Maman a dit plus jamais je le laisserai manger loin de moi, plus jamais, il va me tomber en faiblesse, viens vite, tu te sens-t-y la tête qui te tourne, mais regardez-le donc, il est tout blanc, elle m'a acheté une banane sur le chemin, ah, j'avais bien besoin de le laisser à leur saleté de cantine, aussi, ça t'apprendra, Margrite, tu recommenceras, hein, viéle béte? Elle s'est engueulée traînée dans la boue toute la nuit, j'entendais le bruit des gifles qu'elle se donnait, papa a fini par lui balancer une godasse à travers la chambre, dans le noir, il l'a loupée, et il a loupé aussi la glace de l'armoire, ça valait peut-être mieux comme ça.

Mme Casse n'a plus été gentille avec moi comme avant. C'est elle qui nous surveillait, le soir, après quatre heures, quand les maîtresses étaient parties et qu'on attendait que nos mères viennent nous chercher, l'une après l'autre, suivant l'heure où elles finissaient leurs lessives chez leurs patronnes, au diable dans la nuit d'hiver. Elles sentaient la sueur, le savon noir et l'eau de Javel, elles avaient les mains toutes ramollies décolorées avec de la peau en trop qui faisait des grimaces, c'était d'être restées toute la journée dans l'eau. On les attendait, bien sages, assis sur des bancs dans le préau, en regardant des livres d'images très vieux, tout déchirés, avec des ogres et des crapauds et des ours et des diables et des gendarmes et des mauvais sujets qui devenaient des assassins féroces, du sang partout, épouvantable, en couleurs mais des couleurs qui bavaient débordaient, surtout le sang, qu'est-ce qu'il y avait comme sang, tout rose il était, le sang. Je sais aujourd'hui que c'étaient des albums d'images d'Epinal coloriées au pochoir, ils dataient au moins de Napoléon III, on les regardait en mangeant notre quatre-heures qu'on avait apporté dans notre petit panier à rabattants, moi c'était toujours un petit pain au lait avec une barre de chocolat à la crème, toujours. La crème qu'ils mettent dans le chocolat, c'est rien que du malsain rien que du chimique, maman me disait ça à chaque fois, plus c'est des belles couleurs plus c'est chimique, ça empêche de grandir, mais moi, du chocolat qu'est rien que du chocolat, sans dedans en plein milieu une belle crème rose, ou verte, ou jaune, tu sais pas d'avance de quelle couleur elle sera, la crème, tu fermes les yeux, tu mords une bouchée, tu regardes : paf, jaune, t'avais parié verte, du chocolat sans crème c'est triste c'est pas rigolo, là j'ai été inflexible, maman a cédé sur la crème. En me ronchonnant la chimie qui fait des trous dans l'estomac, à chaque fois. J'avais quand même un peu peur.

A Nogent, on a beaucoup de chance. Je l'ai déjà dit, mais on en a encore plus que ça. On a un maire. On n'est pas les seuls, d'accord, mais attendez. Notre maire, c'est le plus riche de la commune. Comme partout, d'accord, d'accord, seulement, lui, il s'appelle Champion. Pierre Champion. C'est un écrivain. Célèbre, même. De l'académie

Goncourt. Un historien. Il a écrit des livres sur Louis XI, sur Charles VII, sur Jeanne d'Arc, la guerre de Cent Ans, toute cette époque. C'est sa spécialité. Une vraie passion. Et justement, à Nogent, ça tombe bien, puisque c'était là, à mi-côte, au lieu-dit Beauté, très exactement, que, comme je vous disais, le roi Charles VII avait fait construire un château pour sa poule, Agnès Sorel, surnommée pour cela très finement « la Dame de Beauté », calembour, faut rire, mais aussi madrigal exquis, faut juste sourire en connaisseur, le roi regarde. Ce château, ou ce qu'il est devenu par la suite, appartient justement à M. le maire Pierre Champion. Je l'ai jamais vu, parce qu'il se trouve au beau milieu d'un parc énorme, entouré de murs tout autour, qui commence à la rue Charles VII, c'est-à-dire presque à la Grande-Rue, au centre même de Nogent, et dégringole la côte jusqu'à la Marne, ce qui représente un bon morceau de la superficie de la commune. Une espèce de campagne en pleine ville, bien close. Il paraît que c'est très beau, dedans. Tout autour, les rues ont des noms assortis : rue Charles-VII, rue Agnès-Sorel, avenue de la Dame-de-Beauté, rue du Jeu-de-l'Arc, rue du Jeu-de-Paume... Je saurais pas dire si Pierre Champion les a trouvées déjà là ou si c'est pour lui faire plaisir qu'on les a baptisées comme ça.

M. Pierre Champion est le maire de Nogent depuis toujours, j'en ai jamais connu d'autre, je le vois chaque Quatorjuillet, au vin d'honneur, quand je vais, avec les autres z'enfants-des-écoles, lui chanter *La Marseillaise* sur les marches du grand escalier devant la « mairerie » — « ... Contre nous de la tirelire... » —, même qu'on a droit à un petit coup de vin blanc * avec beaucoup de limonade

* Non, rien à voir avec l'hélas trop fameux « p'tit vin blanc » de l'hélas trop fameuse chanson. Des vignes, à Nogent, j'en ai jamais vu la queue d'une. Des mecs bourrés au vin blanc du matin au soir, ça, oui, j'en ai vu. Gasparini, le petit cordonnier si gentil que papa aimait tant, il n'avait que la Grande-Rue à traverser, tous les quarts d'heure, recta, avec son tablier de cuir, pour aller dans sa vigne, c'était le bistrot au coin de la rue du

autour et un biscuit pour tremper dedans. Si tu sais te démerder, tu te ramènes des pleines poches de biscuits, tu vannes.

M. Pierre Champion fait du bien à la commune. Il y a à Nogent deux compagnies de tir à l'arc et une de tir à l'arbalète. Il n'y a pas de batterie de tir à la bombarde, pourtant c'est aussi une arme pittoresque du temps de Charles VII. L'arbalète, elle est rue des Jardins, juste en haut de la rue Sainte-Anne, le long du terrain tout long tout maigre qu'il y a derrière le bistrot à madame Pellicia. Le terrain de l'arbalète est encore plus maigre. C'est parce que l'arbalète, ça tire loin, mais c'est pas large. Plus large qu'un fusil, d'accord, à cause de cette espèce d'arc en fer qu'il y a au bout, mais pas bien large quand même. La cible à un bout, le bonhomme avec son arbalète à l'autre bout, les autres derrière qui attendent leur tour, c'est des pépères un peu vieux, avec du bide et des gilets de laine tricotés à la maison, comme ceux qui jouent aux boules au bois de Vincennes, mais ceux-là se croient pour de vrai à la guerre de Cent Ans, ça rigole pas, tradition et tout, s'ils osaient ils s'habilleraient tout en fer. On se fait la courte échelle pour les regarder par-dessus le mur aux Pellicia. Ils nous engueulent : « Qu'est-ce que vous espionnez, sales

---

Jeu-de-l'Arc, siffler son ballon de blanc sec sur le zinc puis retraverser dans l'autre sens en se torchant la moustache d'un revers de coude, comment il s'est pas fait mettre en l'air cinquante fois par l'autobus j'en sais rien, et qui à la fin secouait la moitié du pinard par-dessus bord à cause de la tremblote, et qui à la fin des fins en est crevé, le marteau à la main, tout ratatiné tout jaune sur son pied-de-fer, qué le vin blanc, il est oun pvason, il est oune vraie misère, le vin blanc, i te manze les nerves en dedans, ecco, et quouante qu'un i coummence trembler les mains, allora si qu'il est mal parti! Le vin rouze, i dounne des forches. Bvas dou vin rouze, tou saras zamais malade, pourquoi le vin rouge i fa le sangoué rouze, ecco valà. La crapuleuse fête du Petit Vin Blanc est née en 1954 dans l'imagination géniale des commerçants locaux qu'avait stimulée le succès d'une valse-musette assez con-con des années 45-50, « Ah, le petit vin blanc! », laquelle avait fait un malheur au hit-parade de ces temps naïfs.

mômes? » Ils parlent d'aller chercher les flics. Le tir à l'arbalète, ça rend pas gracieux, merde! Qu'est-ce qu'ils ont dû se laisser aller sur la figure, les gougnafiers de la guerre de Cent Ans!

En plus du tir historique aux armes de musée, M. Champion fait beaucoup pour l'instruction publique et les belles-lettres. Par exemple, la bibliothèque municipale.

La bibliothèque municipale de Nogent, pour un dévorant d'imprimé comme moi, c'est la caverne d'Ali-Baba, c'est le grenier de la grand-mère que j'ai jamais eue, c'est les yeux plus grands que le ventre, c'est l'extase et le paradis.

Tout le premier étage d'une espèce de château, dans la Grande-Rue, juste en face du restaurant Cavanna. Au rez-de-chaussée, il y a le commissariat. Il faut passer devant tous ces flics pour aller chercher des livres, j'aime pas tellement, je serre les fesses, mais enfin, bon.

J'ai découvert la bibliothèque avant le bordel, longtemps avant. Je devais avoir douze ans. Un peu plus tôt, j'avais connu la bibliothèque de la classe. Le père Bouillet nous avait sacrifié une armoire, vitrée et fermant à clef. « Faites cadeau à la classe des livres que vous avez en double », il avait dit. En double! Il y avait des types qui avaient des livres en double? Eh, oui... La bibliothèque compta bientôt une centaine de livres, soigneusement couverts par nous de papier bleu foncé, avec au dos une étiquette et un numéro. Le numéro correspondait à un titre porté en belle écriture ronde dans le Catalogue. J'eus dévoré l'armoire entière en trois mois, vitres et serrure comprises. C'était surtout des « Bibliothèque Verte », des Jules Verne, Molière-Corneille-Racine en petits fascicules Vaubourdolle avec notes explicatives au bas de la page, *Le Livre de la Jungle, Le Petit Prince, Croc Blanc, La Mare au Diable, Les Lettres de mon Moulin, L'Iliade, l'Odyssée,* La Fontaine, Shakespeare, hélas en anglais, *Alice au pays des Merveilles,* en anglais aussi. J'ai même essayé « Alice », je connaissais pas un mot d'anglais mais je pensais que la bonne volonté devait y arriver, y avait pas de raison, je parvenais bien à déchiffrer — que je croyais! — « La Buona Parola, bolletino mensile della missione cattolica italiana » envoyé d'office à papa, qui ne savait pas lire mais était très flatté qu'on fît comme si ça ne se voyait pas.

Dès que dans mon tendre cerveau se furent accrochés solidement les petits circuits réflexes entre le parlé et l'écrit, je fus enfin moi-même : une machine à décoder de l'imprimé. Conditionné comme le chien de Pavlov qui salive quand sonne la clochette annonçant la pâtée, j'ai vu ça dans mon livre d'hist' nat'.

C'est peu de dire que je savais lire. Je ne pouvais pas ne pas lire. N'importe quoi, partout, toujours. Le couvercle de la boîte à camembert, sur la table, pendant le déjeuner. « Camembert A. Lepetit et fils. Fabriqué en Normandie. » Ça, c'était écrit en doré, tout autour. En petit, dans un rectangle : « Syndicat des producteurs du véritable camembert de Normandie. » Et encore plus petit, dans des médailles : « Grand Prix Exposition Internationale de Chicago 1920 », « Médaille d'Or Exposition Internationale de Paris, 1880 », « Hors Concours Exposition Coloniale, Paris 1934 »... Je lisais tout, à chaque fois que ça me tombait sous l'œil, c'est-à-dire trois cent cinquante mille fois par repas, du début à la fin je lisais tout, jusqu'au nom de l'imprimeur écrit tout petit dans le coin en bas, c'était chiant à hurler, j'essayais de regarder ailleurs, ailleurs il y avait la boîte de sel Cérébos avec le poids net, l'adresse de la fabrique, pur sel de mer tant pour cent de magnésium tant pour cent d'iode — l'iode, y a rien de tel pour les bronches, disait maman, y a du fer, dans l'iode, et y a de la teinture, aussi, dedans, c'est pour ça que ça donne des bonnes couleurs —, des médailles et des expositions internationales, ça doit être marrant, les expositions internationales, tous ces camemberts, ces boîtes de sel, ces petits-beurre, ces rouleaux de papier hygiénique bien rangés à côté les uns des autres, sur de longues tables, j'imagine, et ces messieurs instruits, ces Présidents de la République, qui passent devant, graves, et goûtent, du bout du doigt du bout de la langue, et hochent la tête, goûtent l'autre, hésitent, celui-là, hm, pas mal du tout, mais celui l'autre, hé hé..., et tout à coup sourient, extase, et n'hésitent plus, celui-ci, ah, celui-ci, voilà de bon camembert, d'excellent sel, d'exquise cire à parquets! Et épinglent, solennels et émus, la Médaille d'Or à la poitrine du Fabricant valeureux qui, bien élevé, dit : « Non, vraiment, c'est trop, fallait pas », défaillant de fierté et d'envie de pisser, cinq heures debout à attendre le Président sans oser bouger, c'est long.

Impossible, donc, de ne pas lire. Les affiches sur les murs. Le « Défense d'afficher » sur les murs où c'est défendu d'afficher, loi du je sais plus combien de juillet 1881. Dans un paysage, s'il y a de l'écrit dans un coin, je vois plus le paysage, je lis l'écrit. Et je rêvasse à tout ce qui vient s'accrocher derrière ce que raconte l'écrit.

Les choses, pour moi, c'est d'abord des mots. Des mots écrits. Si on me dit « cheval », si, tout seul dans ma tête, je pense « cheval », je vois le mot « cheval », imprimé, attention, pas écrit à la main, imprimé en minuscules d'imprimerie, je le vois, là, devant moi, noir sur blanc, avec le hargneux crochet de son « c » au bout à gauche, son « h » pas trop aimable non plus qui dépasse en l'air ainsi que le « l », son « v » prétentieux au milieu, son « e » très gonzesse, son « a » pansu assis sur son gros cul. « Cheval ». Après, seulement après, je vois la bête. Tout ça se fait beaucoup plus vite que je l'explique. A une vitesse fantastique. Mais j'ai quand même le temps de bien le voir, le mot, avec tous ses détails, sa physionomie, son mauvais caractère ou son clin d'œil complice. Les mots sont vraiment des copains.

Prends n'importe quel mot. Tiens, prends « café ». Sans réfléchir sans analyser, quelle impression tu as? Je veux dire, si tu vois un visage pour la première fois, tu ressens une impression, comme ça, au premier choc. Là, pareil. Un mot, ça a une gueule. « Café », moi, ça me fait comme je vais dire. Arrogant. Maigre. Grand seigneur. Don Quichotte? Il y a de ça. Non. Pas assez escogriffe. Sec, précis, mais ample. Sobre munificence. Un très beau mot.

Il y a des mots avec des « h » en trop, des consonnes

doublées, des « eau », des « ault », des « ain », des « xc »... C'est ceux que je préfère. Ça leur donne une physionomie spéciale, un air précieux, un peu maladif, comme « thé », ou au contraire pétant de gros muscles, comme « apporter », « recommander », ou qui fait grincer des dents, comme « exception »... Il y a des mots à chapeaux à plumes, des mots à falbalas, des mots à béquilles et à dentiers, des mots ruisselants de bijoux, des mots pleins de rocailles et de trucs piquants, des mots à parapluie... Quand on me parle, mais surtout quand je parle, je les vois passer un à un à toute vibure, s'accorder se conjuguer s'essayer un « s » au pluriel, le rejeter en pouffant parce que ça va pas du tout, grotesque et laid, vite s'accrocher l' « x » qui va comme un gant, ah, c'est bon, salut, ça défile.

Ça explique que, très vite, j'ai su mettre l'orthographe. La grammaire m'a toujours été jeu proposé, aux règles passionnantes, jeu de logique et d'architecture *. Jamais été foutu d'apprendre la belote, ni le plus facile des jeux de cartes. Mais la grammaire, quel régal!

Si je pense à tel épisode d'une aventure que j'ai lue, je vois le texte imprimé, je vois la page, celle de gauche

---

* Je sais, c'est très mal porté de dire ça, au jour d'aujourd'hui. L'orthographe est un instrument de torture forgé par la classe dominante pour snober les croquants, la grammaire un galimatias insultant toute logique et toute cohérence, la langue française dans son ensemble un tas de boue juste bon à entraver l'essor de la pensée. Voilà comme on doit causer, qu'on se veuille jeune loup dans le vent ou contestataire bon teint. Allez vous faire foutre! Le français est la plus amusante, la plus scintillante, la plus stimulante pour l'esprit et l'imagination de toutes les langues qu'il m'a été donné de connaître avec quelque intimité. Seul, le russe est plus somptueux, plus architecturé, mais beaucoup moins imprévu. Tas d'imaginations débiles que vous êtes, bande de feignasses à qui il faut tout mâcher, saletés de sociétaires de la Comédie Française qui supprimez les « e » muets dans les alexandrins, si vous saviez, petits cons, ce qu'on peut se marrer avec des virgules et des passés simples (que vous appelez « imparfaits du subjonctif », en vous croyant malins!), si vous saviez! Plus qu'avec une guitare, merdeux, bien plus! Et sans faire chier les voisins.

ou celle de droite, et si ça se trouve en haut, en bas ou au milieu.

Tous les jeudis matin, jour sans classe, j'allais avec un cabas à la bibliothèque municipale. Les livres étaient vénérables pour la plupart, tous uniformément vêtus d'une grosse reliure de toile noire faite pour résister pendant des siècles aux poignes calleuses des ouvriers avides de culture, suivant l'idyllique vision julesferrique de l'instruction publique. On avait droit à deux livres à emporter par personne inscrite, alors j'avais inscrit papa et maman, ça me faisait, comptez avec moi, six bouquins à dévorer par semaine. Avec les illustrés que me passaient les copains et les journaux que maman rapportait de chez ses patronnes pour allumer le feu et garnir la poubelle, ça me faisait de quoi tenir, d'un jeudi à l'autre, mais bien juste.

On choisissait sur catalogue, mais les titres qui vous faisaient envie étaient toujours en main, il fallait faire une liste par ordre de préférence, la barbe, j'aimais mieux fouiner dans les rayons et me laisser séduire par la bizarrerie d'un titre ou les effilochures d'une très vieille reliure. J'aimais les livres énormes.

Je remontais la rue Sainte-Anne, le cabas bourré de gros bouquins me tirait de côté vers le bas. Les mères ritales me regardaient passer, les yeux écarquillés par l'admiration et un vague effroi. « Ma touté quoueste lives, tou vas les lire, Françva? O pétêt' tou régardes solement i gimazes? » Y a pas d'images, je disais. » « Tou vas pas me dire qué tou vas lire touté quoueste mots d'écrit touté sol, no? Ton père, ze le sais que t'aider, i po pas, pourquoi lire, i sa pas. Ma sara tou mare, pourquoi elle, a sa lire, ma l'est tante fatiguée, paur' femme, surtout la svar! »

Où je trouvais le temps? J'avais des journées bien remplies : l'école, les devoirs, les potes, la rue, les commissions... Je lisais la nuit, dans mon lit, dès que j'ai eu un lit à moi, d'abord à la lueur de l'ampoule du plafond, qui devait faire dans les vingt-cinq watts — l'électricité, on voit bien que c'est pas toi qu'as la peine de la gagner — et donnait un chiche halo jaune dont le peu qui arrivait à se traîner, à bout de souffle, jusqu'à mon livre se cognait par-derrière à la couverture et ne servait guère qu'à me faire de l'ombre sur la page. Je devais me lever et traverser la chambre pour éteindre, l'hiver c'était glacial, rien n'était prévu pour chauffer ce réduit, je courais me replonger sous l'édredon, je me fracassais au passage l'orteil contre le pied du lit-cage, une saloperie de ferraille anguleuse... Un jour, j'ai trouvé une vieille douille dans le fourbi de papa, je l'ai emmanchée dans le goulot d'une bouteille de chianti, ça m'a fait une lampe de chevet, une fois ou l'autre j'y mettrai un abat-jour. Des prises de courant, dans les logements ouvriers, y en a pas. Le strict nécessaire : l'ampoule du plafond et l'interrupteur près de la porte. J'ai bricolé une douille voleuse avec le culot d'une ampoule brûlée, un gros bouchon de liège et des bouts de fil de fer, j'ai branché les deux bouts des fils de ma lampe de chevet dans les trous, et voilà, merveille, ma lampe s'est allumée! Elle avait même, luxe, un interrupteur incorporé fait d'un bout de couvercle de camembert sur lequel j'avais vissé des petits boulons avec une broche mobile découpée aux ciseaux dans un tube d'aspirine. Fallait avoir envie de lire.

Bien calé sur l'oreiller, la couverture au ras des narines, le bouquin pesant de tout son poids ami sur mon estomac, je lisais jusqu'à ce que les yeux me brûlent, et encore, je luttais, je me cramponnais, une ligne de plus, une autre, plof, je basculais dans le grand trou, sans même éteindre, bien souvent.

La lecture emplissait tous les interstices de ma vie. A peine éveillé, je tâtonnais de la main vers le livre comme un fumeur vers ses clopes. Je me traînais à table, mon bouquin sous le bras, l'installais devant moi, un peu à gauche, calé par un bout de pain ou par n'importe quoi à l'inclinaison exacte pour le confort de l'œil. Naturellement, maman râlait. C'est tout ce qu'il y a de plus malsain, tous les docteurs te le diront. Tu t'esquintes la vue. Tu vas devenir bossu. Ce que tu manges te profite pas. Toutes ces bêtises te monteront à la tête, tu vas me faire une congexion célébrale, qu'il y a rien de plus mauvais, ou une méningite, c'est encore pire, et tu sais : ou on en meurt, ou on reste fou. Et quelle charmante compagnie! C'est poli pour les autres, vraiment... Eh, oui, mais rien à faire. Avant de passer à table, je me cherchais de la lecture. Le bouquin en cours, un livre de classe, n'importe quoi. Pour les cabinets, pareil. Le bout de journal que j'emportais pour me torcher, il fallait que je ne l'aie pas encore lu, il allait être le compagnon de mon accroupissement.

A part ça, j'étais un enfant joyeux, bavard, turbulent, plutôt teigne et châtaigneux, rien du sombre renfermé qu'on pourrait croire. Je voulais tous les plaisirs, tous, et celui-là était le plus fort de tous.

Le camion

Un jeudi, avec Roger, on revenait de traîner je sais pas où, il était vers les midi et demie, on se magnait le train, on crevait de faim, on allait se faire engueuler mais on connaissait la parade : ne pas se séparer. Ou il venait bouffer chez moi, ou j'allais chez lui, en tout cas tous les deux ensemble. Si Roger venait rue Sainte-Anne, maman se retiendrait de râler, parce qu'elle l'aime bien. Cet air de santé insolente qu'il a, ça la fait fondre, maman, ça lui arrondit le caractère, la rend tout admirative. Elle le regarde dévorer, ravie. Je bouffe autant que lui, mais moi je ne suis que moi. Lui, c'est l'autre, celui qu'elle aurait préféré avoir. Tout ce qui n'est pas moi est le fils qu'elle aurait préféré avoir. Pas très réchauffant, pour un môme déjà trop porté à s'examiner critique et à ne pas être tellement content du résultat de l'examen...

Elle y va pleins gaz : « Ah, ça fait plaisir à voir, un bel appétit comme ça! Regardez-moi comme il mange! Et ça lui profite, au moins! Quelles bonnes joues! Quels bons bras! » Et merde! Elle m'aime comme une louve aime son petit, se ferait passer dessus par le tramway pour moi, mais moi j'en ai rien à foutre du tramway la sciant en trois. Je la préférerais un peu moins con. Elle me démolit du haut en bas avec sa saloperie de langue de vipère. C'est qu'elle sait s'en servir, ouh là là! Elle sait où ça fait mal. Je me demande si c'est seulement de la connerie, cette rage d'aduler les mômes en sucre d'orge de ses patronnes bien-aimées, de sans cesse me comparer à eux pour mieux me plonger le nez dans mon caca. Je me demande s'il n'y aurait pas en plus une espèce de truc malsain qui la pousse a me rabaisser pour voir jusqu'où je peux supporter sans me foutre par la fenêtre ou lui balancer la main sur la gueule. Ce qui finira bien par arriver. Ce jour-là, elle le tiendra, son drame historique. On n'a pas fini de l'entendre!

Quand un pote vient me chercher, je me grouille de descendre pour pas laisser le temps à maman de commencer ses simagrées : « Qu'il est bien élevé! Ah, c'est pas lui qui répondrait grossièrement à sa mère! N'est-ce pas que vous ne répondez pas grossièrement à votre mère? » Le pote, tout emmerdé.

Si c'est moi qui vais chez Roger, sa mère met un couvert de plus, et c'est marre. Elle me bourre de risotto ou de spaghettis, elle engueule Roger parce qu'il est en retard, elle m'engueule aussi, Roger l'envoie se faire foutre, elle y va.

Elle y va sans se lever de sa chaise, qu'elle fait marcher avec elle, à cause des ulcères.

La mère de Roger Pavarini est grande, mastoc, blonde, les joues vermeilles avec dessus plein de petites veines rouges qui font des dessins, taillée comme un bonhomme. Comme un bonhomme costaud. Elle est de l'extrême Nord, vers le lac Majeur, par là. Les Ritals de là-haut, c'est carrément des Allemands, « dei Tedeschi ». Je l'ai toujours connue avec des kilomètres de bande Velpeau autour des jambes. C'est parce qu'elle a le sang trop fort. Quouante qué le sangue il est plous forte qué le corpe, allora tout ça qué tou manzes i se tourne en sangue, et allora dou sangue y en a de trop, et allora y a plous la place assez pour toute sta sangue, et allora çui-là qu'il est en bas il a plous la place pour monter en haut, i pousse, i pousse, ma i po pas, et allora i reste en bas, va bene, ma quoualqué parte fout qu'i va, no? Allora, tellement qu'il est forte, i fa péter les veines, i fa les trous per sourtir dihors, et valà : e proprio l'ulcero... L'ulcère variqueux, c'est comme le « coup de sang », ça vous attire l'admiration respectueuse des voisins, c'est une maladie de trop de forces, une maladie de bonne santé. D'un qui meurt d'apoplexie on dit : « Il avait tellement de santé qu'il en est mort. »

Un jeune homme ou une jeune fille dont le père ou la mère est tombé, un jour, foudroyé, le visage violet, trouve facilement à se marier, parce que ça veut dire que dans la famille le sang est fort. Dieu bénit les gros bras et les trognes rubicondes. Ce sont là les marques de Sa grâce. Les pâlots, les maigrichons, les mauviettes, non seulement ils ne sont pas capables de porter quatre-vingts kilos de plâtre de Paris (deux sacs) sur leur dos jusqu'au sixième étage par l'échelle — et alors, comment voulez-vous qu'ils nourrissent une famille? — mais en plus on les méprise et on les brime, ça commence à la communale.

La mère à Roger, quand l'ulcère la mord bien fort aux jarrets, elle ne peut plus tenir debout. Elle fait tout sans quitter sa chaise. C'est une chaise ordinaire, de cuisine, solide. La mère à Roger est du genre méticuleux. Faut que sa maison rutile. Alors elle cavale partout sans lever le cul de sa chaise, elle se cramponne des deux mains au siège et elles sautillent ensemble, la chaise et elle, poc poc poc. Elle balaie un coin, fait trois petits sauts assis, poc poc poc, du bout du balai cueille le tas de poussière et le pousse de la longueur de son bras prolongée par celle du manche, passe le chiffon sur les moulures et les plinthes aussi loin qu'elle peut, vérifie qu'elle n'oublie pas le moindre mouton, sautille plus loin, poc poc poc. Elle y met le temps, mais pas un centimètre carré n'échappe. Elle lave, repasse et fait la cuisine assise. Roger lui fauche une poignée de biftons dans le morlingue pendant qu'elle est à l'autre bout de la cuisine, elle le voit, hurle, balance un fer à repasser à la tête de Roger, le rate, ou plutôt il esquive. Le temps qu'elles s'amènent, elle et la chaise, poc poc poc, Roger s'est trissé en se foutant de sa gueule, tralalaire. C'est comme ça, chez les Pavarini.

Heureusement, le père s'est mis à son compte, peintre en bâtiment, il gagne des sous « gros comme lui » (ça, c'est de maman, ça), sa femme peut se permettre de rester à la maison à se dorloter.

Oui. J'étais parti pour vous raconter le camion. Ce jeudi-là, on remonte la rue de Plaisance, Roger et moi. Roger me dit : « C'est pas le camion, qu'est arrêté là? » Oui, c'était le camion. « Le » camion, c'est le camion de « la » maison, la seule : l'entreprise D. Cavanna et D. Taravella, pour laquelle nos pères travaillent ou ont travaillé, une fois ou l'autre, comme tout ce qui tient une pioche, une truelle ou une brosse à plafond dans le canton de Nogent-Champigny-Le Perreux-Bry, et dans les immeubles de qui nous habitons, mes parents rue Sainte-Anne, ceux de Roger rue des Clamarts. « Le » patron, « la » maison, « le » chantier, « le » camion... C'était donc « le » camion, vénérable et vénéré, arrêté au bord du trottoir, et deux pieds qui dépassaient de dessous. Les pieds, nus dans des grolles croûteuses de ciment sec, sortaient d'un vieux pantalon de bleus de travail dont les jambes allaient se perdre sous le camion.

— Ça sera le Nine, je dis.

Le Nine, c'est Nino, petit nom gentil pour Gerolamo : Jérôme. Jérôme Cavanna (non, il est pas de « la famille) qui s'est marié la Marie Taravella (celle-là, oui, elle est de « la » famille, si bien que, tout compte fait, il « en » est aussi), la fille à Dominique, dit « Tric-Trac ». « Le » Dominique, « le » patron. Le Nine est « le » chauffeur. « Le » chauffeur « du » camion, poste prestigieux.

— Eh, je dis à Roger, à voix prudente. Ecoute! Ça cause, là-dessous.

On s'est arrêtés, on a tendu l'oreille. Ça causait. Une voix de dame. Distinguée comme tout. Qui disait ceci :

— Ma qu'est-ce qu'i fa, vout'mari, coumme métier, cère Madame, si z'oje demander?

Et la voix d'une autre dame, très tasse de thé, qui répondait :

— Cère Madame, mon mari, i fa le çouffor.

Alors la première dame, après un long sifflement d'admiration :

— Çouffor? Hmm... Belle chitouachion!

Et d'un seul coup la voix du Nine, d'abord crachée

entre les dents, effroyable de colère rentrée, et qui monte, et s'excite, et éclate :

— Di-ou te strramaledissa la situazione! Orrca Madonna! Bella situazione, si! Che possa tornare tutta in merda!

Là, divers bruits violents, clef anglaise contre de la tôle, coups de talon dans le pavé de la rue de Plaisance, cris inarticulés, sanglots de rage.

Ça se calme quelque temps. Ça farfouille clef sur écrou. Trois ou quatre gémissements d'impuissance. Puis :

— Bonzour, cère Madame *(ironie amère)*:

— Bonzour, cère Madame *(idem)*.

— Ça va comme vous s'voulez, vi?

— Ma, fout pas se plainde, cère Madame. Quouante qui y a dou travail et la santé, coumme on dit!

— Et vout'mari, qu'est-ce qu'i fa, vout'mari, cère Madame? Si ça sera pas indichcret.

— *(Faussement modeste)* Mon mari, i fa le çouffor, cère Madame.

— Çouffor? *(sifflement admiratif)* Belle chitouachion!

Un silence. Le Nine prend son élan.

— Di-ou te strramaledissa situazione!

Et la suite.

Roger et moi, pliés en deux. On s'étouffait. On est restés là à écouter le monologue du Nine jusqu'à ce qu'il en ait eu marre. Il a recommencé comme ça cinq ou six fois depuis le début. Toute la misère de la condition humaine était là-dedans! La gueule dans la boue, avec ce putain de cambouis qui lui coulait dans les yeux, cette putain de ferraille de merde qui lui retournait les ongles et qu'il y comprenait que dalle, il touchait le fond du malheur. Et il avait trouvé ça pour cracher sa colère ravageuse, sa haine totale du monde, de ses camions, de ses beaux-pères et de la peau de vache de bon dieu de merde qui l'avait créé pour le coller sous un camion en panne au milieu de la rue de Plaisance, un jour de pluie, à midi : il singeait sa femme minaudant avec une commère qui la félicitait, l'horrible conne, pour la belle situation de son chauffeur de mari, et à chaque fois la scène trop bien évoquée le projetait dans une explosion de rage dévastatrice. Et vengeresse. Donc libératrice. Il faut être Rital pour comprendre.

Quand enfin il a surgi de sous le monstre, noir, hagard, les mains en sang, on a fait ceux qui arrivaient tout juste, on lui a dit : « Bonjour, Nine. Ça va? » Il nous a dit : « Ça va ». Et puis il a secoué la tête, il a eu un geste vers le camion, il a dit : « C'est le camion ». Et il est allé déjeuner, et on l'a vu s'éloigner, s'essuyant les mains à un chiffon sale et faisant des petites mines tout en marchant, et c'était comme si on l'avait entendu : « Et allora, cère Madame, qu'est-ce qu'i fa, vout'mari? », se plantant soudain, jambes écartées, poings serrés, au milieu du trottoir pour cracher vers le ciel le blasphème suprême, le grand « Di-ou te strramaledissa! » du désespoir total.

Avec Roger, cul et chemise. Quand on voit l'un, on voit l'autre. Il a deux ans de moins que moi, mais il fait plus homme. A quinze ans, j'en parais dix-huit, facile. Roger, à treize ans, en paraît vingt. Et quels vingt! Bâti comme une espèce de Monsieur Muscle, sans avoir jamais rien fait pour ça. Côté sport, Roger, ça serait même plutôt la feignasse. Y a pas de justice. On bave tous d'envie, moi le premier, devant ses formidables épaules, ses triples biscoteaux, les carrés de chocolat qu'il a sur le bide. Je tiens pourtant ma place au soleil, du haut de mon mètre quatre-vingts et des, mais c'est pas la même chose. Je suis un mec pas trop mal bâti, genre longiligne. Roger, ça te souffle.

Une fois, au Champs-aux-Vaches, on se baignait, un de ces mecs couverts d'huile à friture qu'on voit sur les couvertures des journaux culturistes était là, ça le rendait malade. « Ça fait huit ans que je me tape quatre heures de salle tous les jours, huit ans, merde, et j'ai l'air de quoi, à côté de ce môme? » Effectivement, il faisait pas le poids. Et Roger, c'est pas de la gonflette. Quand il balance son poing dans le bide du gros négro en bois qu'il y a chez Gégène, à

Champigny, l'aiguille fait le tour du cadran et se bloque au maxi. Dans les fêtes, le clou à chevron de quinze centimètres qu'il faut enfoncer en trois coups de masse, pas un de plus, pour gagner la bouteille, Roger te le fait disparaître au plus profond du chêne d'un seul coup. Mais quel coup! La baraque décolle de dix centimètres avec tout ce qu'il y a dedans. La patronne, pas fraîche, nous tend la bouteille, puis une deuxième en douce, et elle dit à Roger, à l'oreille : « Ecoute, mon grand, tu veux pas ma mort? Alors, sois chouette, laisse tomber. Viens juste faire un tour par ici de temps en temps, si j'ai besoin je te fais signe et toi tu fais ton numéro pour décider les timides. Je te filerai autre chose que cette pisse d'âne. D'ac? » D'ac. Y a pas plus serviable que Roger. Le voilà donc qui fait le baron et ramasse un peu de fric, ça nous fait de quoi se payer plein de gâteaux ou aller tirer un coup au claque. La pisse d'âne, on crache pas dessus non plus. On se la fait péter derrière une baraque, on se la dégouline dans le gosier dans le col de chemise, moitié-moitié. Du mousseux dégueulasse et chaud, c'est bien la plus fabuleuse boisson, quand on se l'est gagnée à la fête.

J'ai connu Roger, je devais avoir six-sept ans, lui donc quatre ou cinq. Il habitait rue des Clamarts, dans l'immeuble au-dessus « du » chantier dont je vous ai parlé. Ma tante Marie, la sœur de papa, était concierge de l'immeuble. C'est un coin moins miteux que la rue Sainte-Anne, beaucoup moins. Une rue calme. Calme s'il n'y avait pas Roger, Guy Brascio, mes vagues cousins les mômes Giovanale, Nino Simonetto... Surtout Nino.

J'avais un petit vélo. Papa l'avait trouvé dans une poubelle, au petit matin, en deux morceaux. Les deux tubes principaux qui forment le cadre cassés net près de la fourche avant. Le reste était bon. Papa l'avait fait réparer par un pote à lui, serrurier, qui, pour un coup de rouge, avait mis deux épaisses plaques de tôle de part et d'autre du cadre, en sandwich, avait percé et boulonné le tout avec une demi-douzaine d'écrous, et voilà, ça me faisait un vélo. J'étais le seul môme de la rue Sainte-Anne et même de bien plus loin à en avoir un, je bichais. Avec ses plaques de tôle et ses boulons, il faisait un peu automitrailleuse. Les copains ricanaient et me demandaient si c'était un vélo de cow-boy avec étui pour le revolver, mais c'est parce qu'ils étaient jalminces.

Alors, bon, j'ai appris à monter dessus et je me suis baladé partout sur mon petit vélo. Au début, je le grimpais chez nous par les escaliers, je voulais pas qu'on me le fauche. Mais maman en a vite eu marre, ça salissait, elle se cognait dedans, c'est pas grand, chez nous. Quand papa en a eu sa claque de l'entendre gueuler, il a dit : « Mette-le dans le çantier ».

D'accord. Je rangeais mon vélo dans le chantier, je fermais le chantier à clef, j'accrochais la clef au clou exprès qu'il y avait à la porte de ma tante Marie, et je rentrais rue Sainte-Anne, qu'est pas la porte à côté, il y a tout le marché à traverser et encore un bon bout après.

Pendant ce temps-là, les mômes de la rue des Clamarts décrochaient la clef, entraient dans le chantier et me fauchaient le vélo. Montaient à deux dessus, faisaient les acrobates, coursaient les merdeuses, s'envoyaient dans les murs la tête en avant. Les vaches. Se donnaient pas la peine de le remettre en place, tu rigoles.

Je retrouvais mon vélo, mon cher vélo, après des heures de recherches, au diable vauvert, dans un caniveau, les roues en huit, les pédales tordues, le frein — il n'en avait qu'un — traînant par terre au bout de sa gaine. J'avais le cœur gros, j'étais encore un bon petit con, c'est plus tard que je suis devenu teigneux, vers les dix-onze ans, d'un seul coup ça m'a pris, en même temps que, de « gosse trop grand pour son âge », j'ai tourné « grand » tout court, et même grande brute. Aujourd'hui, je verrais rouge, je cognerais. N'importe qui, dans le tas. A sept ans, je ravalais mes larmes, je m'installais sur le trottoir, je réparais mon vélo.

Ça m'a pas fait de mal, en un sens. Mon cousin Antoine, le rouquin, le marrant, le fils à ma tante Marie, me montrait comment faire, me prêtait ses outils. T'en connais beaucoup des mômes de sept ans qui savent dévoiler une roue impec, à la clef à rayons et à l'oreille, rien qu'en écoutant chanter les rayons sous la clef? Roger m'aidait, c'est comme ça qu'on est devenus frangins. Quand j'avais fini, je reportais les outils à ma tante, qui me donnait à boire du vin rouge coupé d'eau avec des lithinés dedans. J'avais jamais bu de lithinés, je trouvais ça féerique, cette eau qui t'explosait des bulles plein la langue! J'ai demandé à maman d'acheter des lithinés, mais elle avait trop de mal à gagner l'argent pour le foutre dans des conneries pareilles, et bon, quoi.

Ma tante Marie rigole toujours. Elle ressemble à papa. Toute ronde, comme lui. Ils s'aiment beaucoup. Elle est mariée à un maçon (pardi!) qui porte un nom presque formidable : Gariboldi. Moi, ce « o » à la place du « a », ça me paraît encore plus formidable que si c'était juste pareil. Antoine, le rouquin, l'écureuil malin, une nuit qu'il rentrait de bosser du côté de Montreuil, il s'était arrêté au bord du trottoir, sur l'avenue de Paris, en plein bois de Vincennes, pour donner un coup de pompe à sa roue avant. Une voiture l'a fauché, on l'a retrouvé au diable, la poignée de la portière enfoncée dans le crâne, mort comme un hareng saur. Son vélo était resté debout, bien proprement calé au trottoir par la pédale. Ma tante Marie a encore quatre enfants, plus âgés que moi, beaucoup plus. On s'est jamais beaucoup fréquentés, à cause de maman, comme je vous disais, qu'est pas très portée sur la famille ritale. Ça doit être ça qui fait que j'ai pas du tout le sens de la famille, et que même tout ce qui est famille me fout le cafard. Si c'est ça qu'elle voulait, elle a gagné.

Le jeudi matin, la mère de Roger allait à Paris se faire soigner les jambes. Roger, du coup, était de corvée pour garder son petit frère, Néné, un merdeux chiant comme une puce dans ton caleçon. Ça nous arrangeait pas. On essayait de se trisser. Mais le môme : « Je le dirai à maman, que tu m'as pas gardé! Et pis je vais faire plein de conneries, na! » Et il le faisait, le sale petit con. Jusqu'au jour où Roger a trouvé la bouteille d'éther.

Sa mère s'en servait pour ses pansements. Une bouteille

mahousse. Ce jeudi matin-là, de bonne heure, pendant que Néné, dans son petit lit, sans se presser, faisait surface, Roger a versé de l'éther sur un gros tampon d'ouate, hardi petit que je te verse, il a collé le tampon sous le nez du môme et il lui a dit : « Respire, Néné. Respire fort! » Néné, aux trois quarts pas encore là, a fait « Hon? », et il a reniflé, à pleins naseaux.

— Ça pue! il a bafouillé, avec une grimace.

Il a un peu gigoté, et puis il a replongé, comme une brique.

— Eh! Tu vas le tuer! j'ai dit.

— Penses-tu!

Il lui en a fait respirer encore quelques grosses goulées, pour qu'on soit tranquilles un bon moment, et on s'est cavalés vers nos occupations, bien soulagés.

A midi, avant que sa mère n'arrive, on est venu voir ce qu'il en était. Néné, comme un cadavre. Sauf qu'il ronflait. Sur le dos, bouche grande ouverte, mâchoire pendante. Mais blanc pareil. J'avais la trouille. Roger aussi, ça commençait.

On a pris le môme, on lui a tenu la tête sous le robinet, il s'est mis à gueuler : « Vous êtes pas un peu cons, merde? C'est des blagues de con, ça, je le dirai à maman!

— Qu'est-ce tu fous que tu roupilles encore? on lui a dit. Tu te rends compte de l'heure?

— Et alors, il a dit, ça peut vous foutre? Sommeil, moi, c'est jeudi, merde, mon café au lait, Roger! »

On lui a fait chauffer son café, bien tassé, et le jeudi d'après on a remis ça, et tous les jeudis. Et le Néné, qui était un gosse plutôt chétif et miniature, s'est mis à grandir et à forcir, à l'heure qu'il est vous verriez ce morceau! J'irai pas jusqu'à affirmer que l'éther est meilleur pour la croissance des enfants que la Quintonine, l'huile de foie de morue et l'air de la mer réunis, mais quand j'entends dire que c'est pas très sain, je suis sceptique.

La vie est coupée en deux. Plutôt, il y a deux vies, qui ne se mélangent pas : la vie à l'école, la vie dans la rue Sainte-Anne. Du coup, il y a deux moi, qui ne se mélangent pas non plus.

L'école, c'est l'endroit où la vie est comme dans les livres, comme au cinéma, comme sur les affiches. Les profs ont des cravates et des complets-veston, tous les jours, pas seulement pour se marier ou pour aller à l'enterrement. Ça leur va comme une peau. Ils ont des poches aux genoux et de la cendre de cigarette sur la cravate, et même, des fois, des taches de jaune d'œuf, mais on dirait vraiment qu'ils sont nés avec ça, que ça a grandi en même temps qu'eux. Ils emploient le passé simple et disent « Je ne crois pas » au lieu du « Ch'crois pas » des Français en bleus de chauffe ou du « Z'crvad' pas » des Ritals en blouse de plâtrier. Ils fument des cigarettes toutes cousues dans des fume-cigarette, ils ont un parapluie au bras pour quand il pleut et un pardessus pour quand il gèle, avec un petit ruban rouge, ou violet, ou bleu, à la boutonnière. Les élèves portent des culottes de golf — des culottes à chier dedans, ricane la rue Sainte-Anne —, des pull-overs faits à la machine avec dessus des grands dessins compliqués pour bien montrer que c'est acheté avec des sous, pas tricoté à la maison par une mère pauvresse en berçant le petit dernier. Ils ont de la gomina sur les tifs, des serviettes en peau fine avec des fermoirs dorés, ou même ils balancent à bout de bras leurs livres ficelés par une courroie. Ils écrivent au stylo à plume en or bien que ce soit défendu. Ils ont du fric dans la poche. Beaucoup portent des lunettes et n'en ont même pas honte. Les lunettes, ça fait dégénéré, moi je trouve. C'est bien des enfants de bureaucrates.

A l'école, on s'occupe de choses dont le nom n'a jamais résonné entre les murs noirs de la rue Sainte-Anne : géométrie, algèbre, physique, chimie, lettres, éducation civique...

En tournant le coin de chez Sentis, le libraire, pour enfiler la rue Sainte-Anne, on plonge brusquement dans un monde qui n'a rien à voir, un monde régi par des mots qui n'existaient pas l'instant d'avant, de l'autre côté de la ligne : minestra, poulainte, nonna, chantier... Un monde d'odeurs puissantes et chaleureuses, de cris, de galopades, de caniveaux croupissants, de murmures paisibles dans les longs crépuscules bleus, de frénétiques chasses aux rats, de grand-mères aux fenêtres entre deux géraniums...

Les mômes de l'école travaillent pour devenir quelque chose. Ils ont un avenir. Un avenir, ça dépend des examens, des concours, du travail, de la chance, du piston, de papa-maman...

Les mômes de la rue Sainte-Anne ne se cassent pas la tête. Ils se laissent vivre jusqu'à leurs quatorze ans, puisque la Di-ou te strramaledissa de République oblige leurs parents à les nourrir jusque-là en s'arrachant le pain de la bouche, et puis ils passent leur certif', pure formalité, à tous les coups le ratent — ça vaut mieux : si, par hasard, un le décroche, il ira se faire embaucher à la Cartoucherie et il méprisera ses parents —, et se retrouvent, dès le lendemain de l'écrit, sans même attendre les résultats, entre les brancards d'un « camion » à bras, ces épaisses carrioles de maçon lourdes comme des tombereaux, la « bricole » en travers de la poitrine, en train de coltiner deux ou trois tonnes d'échafaudage, de sacs de ciment, de sable et de ferraille vers quelque lointain chantier. L'avenir, c'est pas un problème. Ils seront maçons. S'ils ont les doigts agiles et la tête bonne, ils seront peut-être menuisiers, ou couvreurs-plombiers-zingueurs, ou peintres. Ou peut-être mécaniciens dans un garage, c'est un métier d'avenir, mais difficile : l'aristocratie du travail manuel.

Il y en a qui choisissent garçon boucher, c'est plaisant. Mais ça mène à quoi? Si t'as pas les parents qui t'avancent les sous pour t'acheter la boutique, tu resteras deuxième couteau toute ta vie.

Quand je suis à l'école — l'Ecole Primaire Supérieure de Nogent-sur-Marne, section « générale » — j'oublie tout ce qui n'est pas l'école. Même Roger. J'ai des copains d'école, avec qui je me marre bien, avec qui je me tabasse à l'occasion, mais qui disparaissent de ma vie dès que je suis sorti de là. On dirait que ces mecs de l'école n'existent pas en dehors de l'école. Jamais j'en rencontre un quand je fais le con avec les autres traîne-patin dans les rues de

Nogent. Ou alors c'est moi qui suis vraiment cloisonné étanche.

La Marne des bals musette, je connais pas beaucoup. Convert, Gégène, Max, la Boule Blanche, tout ça est colonisé, le dimanche, par le Parisien dragueur de dactylos. Ça pue la friture et ça pom-pom-pomme le flonflon à trois temps. Je suis sauvage, j'aime pas la foule, j'aime pas la rigolade en commun, je suis trop coincé dans mes timidités pour me risquer à danser. Si la guinche est le seul vrai moyen pour se faire une fille, ça va être coton, la vie! Parce que les filles, j'aime bien. Qu'est-ce que je voudrais tomber amoureux! D'une qui tomberait amoureuse de moi, autant que possible. Oui, bon, on verra. En attendant, j'aime pas le dimanche.

En semaine, le jeudi ou pendant les vacances, la Marne est à nous, les nez sales. On plonge dès qu'on voit une péniche qui se pointe au tournant, on nage à fond de train pour agripper le petit canot de sauvetage qui est accroché derrière. C'est pas commode, à cause des remous de l'hélice. Le pépère marinier essaie de nous virer à coups de gaffe, il a peur qu'on se fasse hacher, il veut pas d'histoires, mais nous, on la connaît, on se cramponne au bord, on fait le tour, on grimpe par-derrière, on s'installe dans le canot, peinards, au soleil, on lui fait tiens fume, à ce grand con, on se laisse remorquer jusqu'à l'île d'Amour, jusqu'au pont de Bry, et là, on plonge, on redescend le courant jusqu'au Champ-aux-Vaches, ou des fois on se faufile à l'U.S.M., le club sportif où les mecs barbotent sur leurs trente-trois mètres sous surveillance, pas le droit de s'éloigner, sifflet. On se glisse parmi ces bons branques, c'est le tremplin qui nous intéresse, on se paie des périlleux avant, des sauts de l'ange, pas spécialement impec mais on se marre. Arthur, le responsable, qui est un pote, ferme les yeux.

Sur la Marne, il y a aussi les pêcheurs. Des vieilles merdes qui louent un emplacement avec un piquet pour amarrer une barque plate, peinte en vert, aussi déprimante à voir qu'une pantoufle charentaise. Ils restent là, des plombes et des plombes, à guetter le bouchon, faut avoir de la purée de marrons à la place du cerveau. Et quand ils en sortent un, ces enfoirés, un gardon comme mon petit doigt, je me barre, je les fracasserais à coups de parpaing, je les balancerais à la baille, je sens la colère rouge qui monte. Pourriture de braves gens! Ils te décrochent la bestiole, la gueule arrachée, la jettent dans le panier de zinc, et là, elle se tortillera bâillera étouffera pendant des heures, tout ça pour que ces connards à bidoche grise, à bajoues et à mégot aient un peu de saine distraction au bon air! J'ai essayé d'expliquer, une fois, à un jeune, donc moins con, que je croyais. Il m'a pris d'abord pour un dingue, puis pour une gonzesse, puis pour les deux à la fois... C'est quand même quelque chose, non? Ils voient une rivière, belle, large, calme, pas trop de courant, des arbres autour, des fleurs, du soleil, un paradis. Ça devrait leur filer aussitôt l'envie de virer leurs loques et de plonger, quéquette au vent, dans cette extase, non? Moi, en tout cas, c'est ça que ça me fait. Ces cons-là, non. Pensent seulement aux petites bêtes qui vivent là-dedans, peinardes, leur vie de petites bêtes, et ne peuvent rien imaginer de plus excitant que de leur baiser la gueule avec leurs ruses et leur matériel, de les arracher de l'eau pour les laisser crever pendant des heures et les ramener, triomphants, à leur femelle, aussi grise, aussi moche qu'eux. Merde, crevez, affreux! Vous salissez tout, vous chiez sur tout, vous changez tout en souffrance et en laideur, rien que pour vos petits plaisirs merdeux de petits vieux qui se font chier. Ce monde n'est pas le vôtre, vous êtes des ratés, des brutes, des monstres, vous êtes pires que les vrais méchants : vous êtes les bons cons.

Je devrais pas m'énerver comme ça.

J'ai vu un mec, une fois, il était du Perreux, je crois, plonger dans un coin où qu'on voulait pas, nous autres, parce qu'on connaissait mal, et s'empaler, la pauvre vermine, sur un pieu d'amarrage de barque de pêche qui, pourri, s'était cassé plus bas que la surface de l'eau, si bien qu'on le voyait pas. Les cris de goret du type, pendant qu'on l'arrachait! D'ailleurs, le pieu est venu avec. La flotte, toute rouge. Un nuage de fumée rouge qui s'étalait comme sorti d'une cheminée d'usine. On a couru chercher les gars de la Compagnie des Eaux, juste à côté — on était sur l'île de Beauté — et ils s'en sont démerdés.

Un jeune gars, un grand rouquin des beaux quartiers qui descendent vers la Marne, pêchait au carbure. Vous connaissez? On prend une bouteille à bière, une avec le bouchon à bascule, on met dedans du carbure pour lampe à acétylène, on met une bonne couche de sable sec pardessus, on remplit d'eau, très vite, on ferme bien étanche, on renverse cul par-dessus tête et on jette à l'eau. Faut pas s'emmêler les pattes. A peine dans l'eau, boum, une explosion formidable, l'eau saute partout, les bouts de verre aussi. Naturellement, tu t'es planqué derrière un arbre. Sur deux ou trois cents mètres carrés, tous les poissons font surface, le ventre à l'air, les petits les gros, archicrevés, t'as plus qu'à les ramasser à l'épuisette. Et à pas te faire prendre. Seulement, un jour, notre sportif a eu le geste un peu lent, va savoir, en tout cas la bouteille lui a pété dans la gueule. Il n'a plus d'yeux. Aveugle à cent pour cent. Sa frangine, une belle nana, mais bêcheuse, le conduit par les rues, et lui il tâte le bord du trottoir avec sa canne, poc poc poc. « Le Bon Dieu paie pas tous les samedis, mais quand il paie, il paie bien », dirait maman.

Le cordillon

Le samedi soir, le Rital jeune, je veux dire pas marié pas chargé de famille, va se gratter le ciment de sur la peau aux douches municipales, puis il s'enfile la chemise blanche fraîche repassée, le pantalon du costume bleu marine avec le pli comme un rasoir, les chaussures vernies pointues pointues, se retrousse les manches de la chemise haut sur les bras hâlés, se laisse le col bâiller négligemment — négligemment, tu parles! — sur sa poitrine musclée d'homme de grand air, se pose la veste du costume sur les épaules comme sur un porte-manteau — sans enfiler les manches, surtout! — s'inonde d'eau de Cologne et va danser chez Pianetti, rue Thiers, ou chez le petit Cavanna, rue Sainte-Anne, ou chez le grand, « face le coumissaire ».

Pianetti, c'est tout petit, dans un recoin d'une rue toute triste. La piste fait bien trois mètres de diamètre, les tables mordent dedans, leurs coins de marbre font des bleus sur les cuisses des cavalières, la musique résonne là-dedans, un boucan terrible.

Les musicos, sur leur estrade, envoient des tangos, des valses, des pasos, des rumbas, un petit slow pour les amoureux. Ils sont trois ou quatre, toujours dans le tas un accordéon, des fois deux, mais toujours au moins un, un dégourdi à la batterie et un ou deux autres zinzins de moindre importance, généralement à vent.

La mode est à la java vache. Spécialité des voyous de 1900 redécouverte récemment. Histoire de concurrencer les danses exotiques, peut-être bien. La grosse pathétique Fréhel nous a fait chialer, au cinoche, dans je ne sais plus quel film, avec sa « Java bleue » :

... la java la plus belle,
Celle qui ensorcelle...

et aussi la môme Piaf et tous ceux qui font dans le folklore musette tristouillet nostalgique bon vieux temps. Mais les Ritals, la java apache, rien à foutre. Ces trois temps piqués sec du talon, c'est trop méchant, ça leur plaît pas. Reconvertissent tout ça en valse, en valse près du corps, bien langoureuse bien préparante à la suite.

Nous, les mômes, on mate par la fenêtre, toujours ouverte malgré les voisins, il fait chaud à crever, là-dedans. Entre chaque danse, les gars cavalent à leur table se renouveler l'humidité du corps, mais déjà ça remet ça, vite ils sautent sur la fille et retournent suer leur limonade.

Le père Pianetti se faufile je sais pas comment entre toutes ces miches pas feignantes tassées au carré. Il secoue sur sa panse la sacoche de cuir où sonnent les jetons d'aluminium. Il gueule « Passons la monnaie! » avec exactement la même voix de peau de vache que le suisse, à la grand-messe, quand les enfants de chœur tendent aux bonnes pommes leur aumônière de velours cramoisi : « Pour l'entretien de l'église, s'il vous plaît! » Tu paies à chaque danse. Tu t'es acheté d'avance une poignée de jetons au comptoir.

Sur la fin, il y a de la viande soûle, surtout ceux qu'ont pas emballé, on se console comme on peut. Bien rare que les casseurs d'assiettes de Fontenay s'amènent pas, avec une vendetta à régler.

Le vrai roi du guinche, la coqueluche, le mieux placé pour lever les frangines, c'est l'accordéon. Il étire son éventail en sanglots infinis, te balance le sentiment à la benne basculante, ça te prend au bide, à la gorge, ça te dégouline les vertèbres, te hérisse le poil tout du long. Réverbère et pavés mouillés, flaque de lumière sur cœur saignant, c'est gros, c'est facile, mais tu marches, merde, tu marches! Des larmes plein les œils. Les nanas ne se les retiennent pas. Elles chialent, pâmées, matent le mec au biniou, se donnent toutes. Il pourrait passer entre les tables et leur donner sa queue à sucer, elles l'attendraient bouche bée, comme elles attendent leur rondelle de petit Jésus à la messe, au lieu de latin il leur débiterait « Le chaland qui passe », trois mesures à chacune...

De temps en temps, l'orchestre met la sourdine pour laisser le virtuose du piano à bretelles s'épanouir dans un petit solo, montrer vraiment ce qu'il peut faire quand il travaille pour l'art pur. Alors il vous tricote au crochet « Aubade d'Oiseaux » ou « Perles de Cristal » :

Tiratataaa, tiratataaa, tiratataaa, tata!
Tiratataaa, tiratataaa, tiratata!
Tiratataaa, tiratataaa, tiratata!
Tiratitatatataaa, tiratitatataaa, lala!
Tiratata, tiratata, tiratata, tiralèèère.

A petites notes piquées effleurées, tu vois plus ses doigts se trémousser sur les boutons de nacre, ça va trop vite, ça s'enchevêtre ça s'enroule mélodie accompagnement main droite main gauche, le soufflet qui palpite à petits coups au rythme du pied qui secoue le genou, t'es tendu t'es sous le charme tu crains tu te retiens de respirer il va s'emmêler se casser la gueule c'est pas possible, et tout à coup le grand mugissement voluptueux, le zig-zag déployé à pleins bras, tu t'épanouis tu te laisses aller, c'est le grand balancé triomphal, un petit bravo pour l'artiste.

Aurelio, le fils de mon cousin Silvio, quand il a eu quatorze ans, crac, son père l'a fait venir d'Italie, où il vivait avec sa mère, son frère et sa sœur plus jeunes, et il s'est retrouvé, comme un grand, à piocher la glaise sur les chantiers de la banlieue Est. Son père mène ici une vie de célibataire, de célibataire bel homme, et vachement, tiens. Il maintient son fils dans le droit chemin du travail et de l'austère vertu avec une sévérité de patriarche peau de vache qui fait l'admiration de maman. Aurelio lui dit « vous ».

Un jour, Aurelio s'est découvert du goût pour la musique et de l'agilité dans les doigts. Le voilà qui veut apprendre l'accordéon. Arriver à gagner sa croûte rien qu'en jouant dans les bals, dis donc! Peut-être même devenir une vedette?

Va bene. Son père lui accorda la permission de s'acheter un accordéon sur son argent de poche et de se payer des leçons. Papa admire un garçon aussi courageux. « La svar, quouante qu'i rente dou çantier, i fa le ménaze, i fa la soupe, i fa l' lessive, i fa la vaisselle, et allora, quouante qu'i finisce tout ça, i s'apprende l'cordillon. Ma fout qu'i sonne tout doucement, pourquoi i visins i veut dourmir. »

Silvio surveille de près les progrès de son fils. Lui, l' « cordillon », il le sait pas sonner, mais c'est un sacré danseur, et qui a l'oreille. Heureusement, voilà que Bruno, le cadet d'Aurelio, a attrapé ses quatorze ans et donc son billet de troisième classe pour Nogent-sur-Marne, par le petit train de la Bastille t'as juste trois cents mètres à pied depuis la gare de Lyon. Pendant que Bruno fait cuire la minestra, Aurelio se dégourdit les phalanges :

Tiratataaa, tiratataaa, tiratataaa, tata!

J'ai vaguement entendu parler de grands ancêtres virtuoses de l'accordéon-musette, des Italiens vénérables qui habiteraient quelque part le long de la Marne, par ici, et même d'une académie de l'accordéon ou quelque chose comme ça. Paraîtrait que le musette, c'est pas du tout une spécialité populaire parisienne, mais qu'il aurait été inventé par des Ritals immigrés. Je voudrais bien savoir ce qu'il y a de vrai là-dedans. Peut-être que les Ritals ne l'ont pas vraiment créé, mais qu'ils ont bien piqué le truc et, du coup, se sont mis à aller plus loin dans le genre que les créateurs? Comme les tziganes ont fait avec les airs populaires russes, hongrois, roumains? J'aimerais bien savoir. Ça m'étonnerait pas d'eux!

Chez nous, on est pas des gaspilleurs, on achète le vin au tonneau, ça revient bien moins cher que d'aller le chercher au litre au Familistère.

Papa va choisir son vin chez les frères Cailleux. Ils lui font goûter dans une petite tasse en fer-blanc du vin qu'ils soutirent de leurs grands foudres. Papa dit : « Çui-là. » M. Cailleux, avec son tablier noir, dit : « Ah, monsieur Louis, vous savez reconnaître le bon, vous! Je vais vous faire un prix. »

C'est moi qui descends tirer le vin, le soir. J'emporte une bougie, il n'y a pas de lumière dans la cave. Je n'allume la bougie qu'une fois sur place, à cause des courants d'air qui te l'éteignent cent fois. L'escalier tout noir, mes pieds le voient mieux que ne le verraient mes yeux, et aussi le couloir. La porte de notre cave est tout au fond, j'ouvre à tâtons l'énorme cadenas rouillé dégoulinant d'huile de vidange récupéré par papa sur je ne sais quelle décharge, j'ouvre la formidable serrure — une clef de quinze centimètres — exigée en renfort par maman parce qu'au jour d'aujourd'hui y a tellement de crapules par le monde, j'entre, j'allume ma bougie, j'emplis mes litres à la cannelle du tonneau, si ça coule mal je donne un peu d'air par la cheville du fausset, je l'écoute siffler, je regarde le vin par transparence à la lueur de la bougie pour voir s'il n'y a pas de fleur ou de lie, et je remonte en faisant bien attention de ne pas chahuter les bouteilles, qué le vin, il aime pas d'être bousculé, le vin.

Un soir d'été, il faisait une chaleur à vous peler la langue, je venais de découvrir Rabelais, j'avais la tête pleine de beuveries héroïques et d'aimables soûlards, maman m'envoie tirer le vin. La subite fraîcheur de la cave, sa riche odeur compliquée de vieilles vinasses bues par la terre et de moisissures paisibles, c'était Gargantua continué, j'étais frère Jean des Entommeures, j'avais une soif de païen, le tonneau m'appelait comme une femme en rut. Je me suis couché tout du long par terre, la tête sous la cannelle, comme dans la chanson, et j'ai tourné le robinet. D'abord, c'était trop fort, j'arrivais pas à avaler, ça me coulait partout, et puis je sentais même pas le goût. J'ai réglé le jet.

En petit filet mince, ça allait au poil. Je me dégustais le pinard bien à l'aise, le tournais dans ma bouche, faisais nager à contre-courant ma langue craquelée par la canicule. J'avalais seulement pour faire de la place à la goulée suivante.

En fait, le vin, j'aime pas tellement. J'étais surtout en pleine littérature. Autosuggestionné comme c'est pas permis. Je goûtais le « divin piot » avec ma tête plus qu'avec mes papilles. Je ne m'en suis pas moins retrouvé fin soûl, bourré à mort, pour la première fois de ma vie. Je m'en suis rendu compte en me mettant debout. Hou la la... Ça tanguait... Heureux comme tout. Heureux surtout parce que Rabelais me disait que je devais l'être. J'ai grimpé les trois étages va savoir comment, j'ai posé les bouteilles sur la table, j'ai dit « Pas faim. » Maman a dit « Cet enfant doit être malade. » Papa a dit « Y a encore dou vin dans le tinneau? » J'ai fait un geste vague et j'ai couru aux chiottes. J'ai dégueulé comme j'aurais pas cru possible. Tous mes repas depuis deux ans, au moins. Par le nez, par les oreilles, partout. Le vin rouge à l'envers par les trous de nez, ça ramone aigre, c'est pire que tout. Je me suis couché sans rien dire. Papa était allé voir à la cave, une idée comme ça. J'avais pas refermé la cannelle, paraît. Ni la porte de la cave.

La postiche

— Faut-y qu'une mère de famille soit cochonne et salope pour pas débarbouiller la gueule à ses gosses quand je vends des éponges comme celles que j'ai l'honneur et l'avantage de vous présenter ici pour trois francs! Je dis bien : trois francs! Trois tout petits francs! Qui n'en vaudront même pas deux demain matin...

Rythmé terrible, voix grasse et portant loin, à l'économie, à l'autorité, scandé sec, coupé comme ça :

Faut-y qu'une mère de famill'
soit cochonne et salop'
pour pas débarbouiller
la gueule à ses gosses
quand je vends des éponges
comme celles que j'ai l'honneur
et l'avantage de vous
présenter ici
pour trois francs!

Ça se débite à toute vitesse, comme des tranches de saucisson, en appuyant fort sur la dernière syllabe et en marquant un temps d'arrêt entre chaque tranche. Attention à l'articulation. Le micheton doit bien comprendre et déguster chaque mot, chaque vanne, simplement faut pas qu'il ait le temps de mettre tout ça ensemble dans les boyaux de sa tête, ni de repasser sa table de multiplication.

Roger, moi, les autres, qu'est-ce qu'on aime la postiche! Des heures, on resterait, bouche ouverte, à mater les camelots.

Les camelots, c'est bien plus marrant que les clowns. Le samedi matin, le marché de Nogent déborde de sa place carrée, en face de l'église, déborde aussi du grand marché couvert tout fonte tarabiscotée et petites jalousies en tôle découpée qui domine le marché de plein air, il se répand, il grimpe le long du boulevard Galliéni, il grignote sur la rue Thiers, la rue Cabit, la rue Anquetil. Tous les camelots de la banlieue Est s'abattent sur Nogent le samedi, jour où la paie arrondit les morlingues et tire les bénards vers le bas. Ils s'installent à la queue des commerçants sérieux, là-bas au bout, sur les emplacements pourris, ils te déroulent vite fait un petit carré de rideau de lamelles de bois sur une espèce de pliant en fil de fer, c'est parti, voilà le stylo du siècle avec apparition de la Sainte Vierge à Lourdes si tu regardes dans le trou en fermant l'œil, non, pas cet œil-là, voyons, çui qui regarde pas, faut tout vous dire, c'est vraiment la campagne, ici, pour les libres-penseurs j'ai le même article, le même absolument mais représentant le déshabillé de la femme chic, avec dentelles et support-jarretelles, en couleurs naturelles garanties rajoutées à la main par des artistes des Beaux-Arts. Voilà le dénoyauteur à cerises, c'est si bien fait que tu vois même pas le trou dans la cerise, je vous prie de bien noter ceci, véritable tour de force, merveille de la science française, vous posez la cerise là, comme ceci, oui, oui, vous, Madame, approchez, posez-la, allons, allons, approchez, ça ne mord pas, ça viendra peut-être un jour mais ça sera plus cher parce qu'alors je vous le vendrai en plus comme chien de garde *(Rires)*, voilà, c'est ça, vous appuyez là, doucement, voyons, doucement, pas la peine d'attraper une hernie, voilà, c'est fait, regardez-la, ma cerise, non, mais, regardez-la, ronde, fraîche, intacte, superbe, et pourtant, qui le croirait, elle n'a plus de noyau, elle ne cassera plus les dents des personnes qui en ont, elle fera honneur au gâteau sur lequel vous la poserez, le murmure flatteur de vos invités montera autour de vous, vous pouvez la manger, c'est un cadeau de la maison, alors, je vous mets la douzaine? *(Rires)* C'est trop? Vous avez raison, Madame, parfaitement raison, car le dénoyauteur Magic'Star est strictement i-nu-sa-ble, il vous enterrera et il enterrera vos enfants et les enfants de vos enfants, et cette pure merveille, cette conquête glorieuse de la science et de l'industrie françaises, ce trésor d'ingéniosité qui fait honneur au cerveau de l'homme et le montre dans toute sa gloire, sans compter le travail que, par votre geste, vous allez assurer à de nombreux chômeurs français, je vous en demande pas dix francs, je vous en demande pas six francs, je vous en demande pas cinq francs... Tiens! Donnez-moi quatre francs cinquante centimes, quatre francs cinquante centimes seulement, et vous l'emportez avec vous. Et tiens! Je vous mets avec, gracieusement et sans qu'il vous en coûte un centime, à titre de cadeau amical et personnel de la maison Magic'Star — exigez la signature gravée sur le manche — et afin de faire connaître nos productions au sympathique public nogentais, j'ajoute cette superbe clef à sardines de conception ultra-moderne et de forme esthétique dont aucun intérieur coquet ne rougirait de se parer. Et tiens! Toujours à titre gracieux et sans supplément de prix, cette ravissante râpe à noix de muscade, utile et indispensable à toute ménagère soucieuse de la santé, de l'appétit et de l'agrément de sa petite famille, le tout, je dis bien, les trois objets, la collection complète, pour le seul prix du merveilleux Magic'Star, lequel vaut à lui seul trois fois la ridicule somme que je vous en demande à titre de lancement publicitaire et afin de vous le faire connaître, Madame, je suis à vous tout de suite, mais il fallait que je termine mes explications, toutes les personnes n'ont pas votre intelligence et votre rapidité d'esprit, voilà, je vous l'enveloppe, nous disons : un dénoyauteur Magic'Star, une clef Magic' Star super-moderne, une ravissante râpe à muscade Magic'Star comme prime et comme cadeau, voilà, Madame. Vous n'avez pas la monnaie? Ça ne fait rien, cinquante centimes, voilà, à qui le tour, ne poussez pas, voilà, voilà, et cinquante qui font cinq, je vous en prie, vous, les mômes, si vous continuez à chier dans mes pompes je vais vous tanner la gueule ça va pas faire un pli *(Craché du côté de la bouche)*, voilà, Madame, je vous en mets combien?...

Mais les champions de la postiche, c'est les gros bras de la profession : les soldeurs de draps, les casseurs d'assiettes... Ceux-là, leur faut de la place. Quand s'amène leur camionnette, on cavale de loin faire le cercle. Pour le prix d'un drap (sacrifié!), ils te filent deux draps, ils te filent trois draps, ils te filent douze draps, douze taies d'oreiller, douze taies de polochon, et tiens! douze serviettes nids-d'abeilles, et tiens! douze gants de toilette, douze torchons, une nappe et toute sa lingerie, et tiens! qu'est-ce que je pourrais bien encore vous faire cadeau? Ah, je sais, Mesdames. *(Temps d'arrêt)* Là, attention, je m'adresse aux ménagères qu'ont du goût, celles qu'apprécient la belle marchandise et qui savent le prix des choses. A seule fin de vous montrer le sérieux de la maison (on me connaît, ici, je reviens tous les mois, vous pourrez toujours venir me traiter de menteur, j'ai pas la trouille, toutes les personnes de l'honorable assistance sont témoins), je vous offre EN PLUS et sans supplément de prix ce superbe, cet incroyable, ce magnifique, ce royal couvre-pieds tout satin bouton d'or piqué machine entièrement garni pur kapok avec volants tout autour, pour lit deux personnes, je dis deux personnes se tenant bien à table, attention *(Rires)*, l'orgueil de votre chambre à coucher, le soleil de vos dimanches! *(Long gémissement d'extase dans la foule)*. C'est pas encore assez? Non? Et tiens, je m'en fous, je veux rien remballer, je vous mets par là-dessus la poupée andalouse (c'est la brune) ou Fleur des steppes (c'est la blonde) pour faire riche et mylord sur le couvre-pieds, je suis complètement dingue, aujourd'hui, tant pis, allez, ce qui est dit est dit, tout le tas pour le prix d'un drap, je dis bien d'un seul drap, on s'en fout, on liquide on fait faillite, si vous profitez pas de l'occasion vous êtes encore plus siphonnés que moi, préparez la monnaie.

Les casseurs d'assiettes, on cherche à comprendre le truc. Pas possible, la marchandise, ils la volent! Le gars, au fur et à mesure de son boniment, s'empile la vaisselle sur les bras, les assiettes creuses les plates les à dessert les plats les longs les larges les saucières la soupière la cruche le machin qu'on sait même pas à quoi ça sert le service à café celui à thé, et tiens! le vase véritable pâte de verre sujet « Ibis », et tiens! le cendrier pur cristal de Bohême, et tiens! les douze porte-couteaux! Tout ça pour le prix de la seule et unique première assiette, vendue déjà au quart du prix de fabrique! Ça vous suffit pas? Vous n'êtes pas contents? Mais qu'est-ce qu'ils ont, aujourd'hui? Ils ont des pièges à rats au fond des poches, c'est pas possible! *(Rires)* Une fois, deux fois, trois fois, pas d'amateur? Bien vu? Pas de regrets? Tant pis, je remballe pas, en partant d'ici je vais me pendre, une fois, deux fois, trois fois? Vous l'aurez voulu! Il ouvre les bras, toute la pile par terre, pataschkouink! Le moment qu'on attendait. Les femmes, sidérées. Mordues aux ovaires. Blêmes. Une, timide, ramasse une tasse à café, par miracle entière, qui a roulé à ses pieds. Le gars, la tatane preste, la lui fait péter presque dans les doigts.

Quand papa doit traverser le marché un samedi midi pour rentrer déjeuner, c'est bien rare s'il ne ramène pas une merveille de la science et de la technique françaises. Le bagou des posticheurs le ravit. Il se plante là, jambes écartées, et rit à s'en péter l'âme. Ce qui n'empêche pas la conviction. Il achète, tout heureux, des petits machins en fer-blanc et celluloïd dont il essaie d'exposer l'utilité et la façon de s'en servir à maman. Maman le traite de jobard et de ruine-ménage, le somme de reporter ça tout de suite à l'autre voyou et de se faire rembourser, on devrait jamais te laisser sortir dans les rues tout seul, t'es bon qu'à faire des bêtises.

Chez nous, au fond des tiroirs, les ouvre-boîtes magiques roupillent à côté des peignes qui te coupent les cheveux pas besoin de coiffeur, des diamants de vitrier sans diamant mais découpant le verre en dentelle, des affûtoirs à couteaux qui ne s'usent jamais mais dévorent les couteaux, des stylos qu'on ne recharge pas, des tubes de colle que l'assiette tu te pends après elle casse pas, plus solide qu'avant, ou alors elle cassera à côté, mais pas sur la colle, et le collage tu le vois même pas, rien, ça, vi, il est outile, ça, et i tient pas boucoup la place.

Une fois, papa, il m'a rapporté une carte magique qui lit dans la pensée. Tu penses très fort à la personne que tu aimes, très très fort, tu te concentres, tu mouilles ton doigt (en crachant dessus, par exemple), tu frottes un certain endroit sur la carte, miracle, peu à peu un visage apparaît, se précise, c'est l'être bien-aimé! J'étais petit, je pensai très fort à maman, je crachai, je frottai. Et en effet! Quelque chose de plus foncé se détachait, vaguement ovale. Mon cœur battait. Un visage enfin apparut : celui d'un moustachu aux cheveux en brosse. J'avais le doigt empâté d'une substance blanche, plâtreuse. « Ma, dit papa. Avec li zautes, sour le marçé, i loupait zamais. Personne il a dit qu'il était pas contente. » Il a réfléchi. « C'homme-là qu'il est là, tou le connaisses, tva? » Non, je le connaissais pas. « Tou te saras trompé quoualqué parte » a dit papa.

Les amygdales

Le docteur des Ritals, c'était le docteur Ricci jusqu'à il y a pas longtemps. Jusqu'à sa mort, en fait.

Il était très gros. C'est parce qu'il avait eu les deux pieds gelés dans les tranchées, et alors, voilà, il marchait très mal, appuyé sur deux cannes, alors il préférait ne pas marcher du tout, alors il engraissait, voilà. Il était très gentil, me donnait un bonbon à chaque fois. Il avait une femme très jolie, aussi jolie que sur les catalogues de la Samaritaine, et qui avait une petite auto avec une petite capote pour quand il faisait beau.

On disait qu'il avait le bistouri facile, question appendicites et petits trucs comme ça, et que c'était parce que, vous pensez bien, « elle » lui coûtait cher, y a qu'à regarder, on a tout de suite compris. Ah, bon.

Un jour, il m'a fait enlever les amygdales parce que j'avais trop souvent mal à la gorge, c'était de la faute à ces saloperies, soi-disant, ça m'a fait mal, merde, et peur, surtout, j'avais six-sept ans, et les végétations avec, tant qu'on y était, hop.

La vache! Pauvre petit enfant sans défense que j'étais, ces gros costauds en blanc qui me tenaient, à trois ils s'étaient mis, et moi je serrais les dents, je serrais je serrais, je secouais la tête à droite à gauche pour pas qu'il m'attrape, l'autre, avec son outil effroyable. Il m'a quand même chopé le nez entre deux doigts, a serré, longtemps, bien fallu que j'ouvre la bouche, je crevais j'étouffais, moi, schniak, c'était fait. Son espèce d'embauchoir à chaussures avec des rasoirs au bout m'avait claqué méchant au fond de la gorge, et maintenant il ressortait, et il ramenait des petits bouts de moi tout sanguinolents, et moi du sang plein la bouche plein le nez ça me coulait dans la gorge, je sanglotais à gros bouillons rouges, vite de la glace! On m'a donné de la glace à sucer, m'a rendu à ma maman qui attendait à côté, une tigresse. J'avais gueulé cogné griffé un vrai scandale, elle m'a enveloppé en pleurant dans une couverture et a couru à la maison, s'engueulant se maudissant pour avoir écouté le docteur.

A neuf ans, v'là aut' chose. Le docteur Ricci, que maman m'avait mené voir à propos de je ne sais quel bobo, m'attrape la quéquette entre deux doigts et tire la peau en arrière, quelle idée! Il faisait « Tss, tss », l'air pas content, et forçait de plus en plus sur la peau. Ça faisait mal, eh! D'un seul coup, ça s'est retourné comme une chaussette, le bout de ma quéquette a jailli dehors, sans peau, tout bleu. Ça m'a foutu les jetons, c'était bleu-violet, comme une espèce d'abcès, et tout lisse tout tendu. La peau, repliée en arrière, m'étranglait, qu'est-ce que j'avais mal, merde! Ça avait l'air d'être grave, ce que j'avais.

Le docteur Ricci a dit à maman : « Il faut opérer ça, et le plus tôt sera le mieux. » Opérer quoi? Il allait pas me couper la bite, des fois? J'ai dit à maman : « Eh, mais ça me fait pas mal, d'habitude! Jamais! C'est seulement parce que M. Ricci me fait mal que j'ai mal! » Maman a dit : « Si ça ne lui fait pas mal, docteur... » Le docteur Ricci a dit : « Il faut penser à l'avenir, madame Louis. Et puis, la propreté, l'hygiène... D'ailleurs, ça l'empêche de se développer. Vous allez voir comme il va forcir, après! »

Et bon, quoi. Je me suis retrouvé à la clinique de l'avenue de Joinville. Mais, là, on m'a endormi. J'ai rien senti, mais qu'est-ce que j'ai eu peur, avant! Quand ils m'ont attaché sur leur table à pinces de crabe et qu'ils m'ont collé leur masque de caoutchouc qui puait l'éther... Je claquais des dents. « Tu sais compter jusqu'à vingt? » m'a demandé le chirurgien. Tu parles, à neuf ans! Quel con, ce grand con! J'ai haussé les épaules. « On va voir ça. Vas-y, compte. On va voir si t'arrives jusqu'à vingt. » J'ai commencé à compter, les cloches se sont mises à sonner, je suis même pas arrivé à huit.

La queue m'a brûlé trois ou quatre jours, puis les croûtes sont tombées, et j'ai enfin contemplé le bout de mon nœud, tout bleu tout content, et je l'ai fait voir aux autres, et j'étais très fier, parce que les leurs, avec leur peau en trop, ils avaient l'air de trompes d'éléphants tristes, tandis que le mien, c'était comme un champignon, un jeune, quand ils sortent de terre juste après l'averse.

Et puis quelqu'un a dit que j'avais une bite de Juif, que j'avais plus le droit d'entrer dans l'église avec une bite pareille, que je tomberais raide mort au moment de l'élévation, que l'hostie me sauterait hors de la bouche et se mettrait à courir partout en saignant des flots de sang. Ça m'a donné à penser. Je savais pas cette histoire de bite de Juif. J'ai dit ouah, eh, c'est même pas vrai! Et puis il paraît que si, même que ça s'appelle la circoncision. Comme la fête? Comme la fête, oui, la Circoncision de Notre-Seigneur Jésus-Christ. Ben, alors, si Jésus est — comment que tu dis, déjà? — circoncisé, alors il peut pas en vouloir à ceux qui sont comme lui, merde, eh, ou alors ça serait pas juste, merde.

Après le docteur Ricci, on a pris le docteur Walter, qui habitait une belle maison dans la Grande-Rue, en descendant sur la porte du Parc. Celui-là, je le connaissais bien. Je le rencontrais tous les jours quand j'allais à l'école. Il allait voir ses malades. Toujours habillé pareil : un petit complet-veston gris clair, nu-tête, hiver comme été. S'il faisait vraiment froid, il mettait un cache-nez. C'était un petit monsieur très digne, assez triste, se tenant très droit, avec la barbe grise taillée en pointe comme celle de Henri IV et les cheveux bouclés. Il portait une antique petite sacoche en cuir fauve, genre sac de voyage, et marchait, l'air pensif, de son pas toujours égal. On le disait très bon, très grand cœur, bien que froid d'aspect. Il soignait les pauvres pour rien, et même, discrètement, les aidait.

Quand j'étais plus petit, des fois, le dimanche matin, j'allais rejoindre papa dans ce bout de jardin qu'il cultive derrière le chantier, je vous ai déjà expliqué.

Je cueillais des petites tomates que je croquais toutes chaudes pleines de soleil, et qui sentaient tellement fort la queue de tomate qu'on aurait dit une espèce de poison exotique pour empoisonner les pointes de flèche.

J'aidais papa à arracher les mauvaises herbes — qué sta salouperie, plousse qué tou le lèves, plousse qu'i revient forte — ou à ramasser les patates. Il donne le coup de pioche, juste le bon coup qui suffit, juste un peu en avant du pied de patates, juste la bonne force. Il tire sur le manche, la terre s'épanouit gracieusement à droite à gauche, toutes les patates qui dormaient au fond viennent s'offrir à la surface, bien en rond, blondes, fermes, lisses, pétantes de santé. Enormes. Tout ce que papa fait pousser donne des fruits énormes. « Pourquoi tou pare, il a la main verte, tou comprende? me dit ma tante Marie, sa sœur. Anche da pétite, i fasait pousser i patourons piou grosses de toutes li zautes. » « I patourons », c'est les potirons, vous aviez compris. En vero 'talian : « la zucca ». En dialetto : « la suga ».

Moi, je ramasse les patates au fur et à mesure, je ramasse je ramasse, je fais gaffe de pas en oublier, elles se planquent, les vaches, couleur de terre, couleur de caillou rond, je vide le panier dans le sac, je m'y prends comme un pied, le sac est tout mou, le panier est trop grand, la moitié des patates à côté, papa me dit no, pas coumme ça, qué le sac, fout i rouler le bord, al sac. Sans ça, comme tou fas à fare discende i patates zousque dans le fond sans les cougner, eh? Comme tou fas? Dimm'oun po? Et il me montre comment rouler le bord du sac, posément, jusqu'à ce que tout le sac ne soit plus qu'une couronne autour du fond du sac posé par terre. Je verse mon panier. Papa, triomphant : « Allora? Va mio, no? Et qouante que les patates i montent, allora tou déroules le sac, oun tit po', zouste ce qui fout, et quouante que t'es en haut, que le sac il est pleine, allora tout mettes la ficelle. Ma mio qué tou m'appelles, pourquoi si qu'il sara attaçé pas bien, allora les patates i tombent par terre, et après i pourrissent, ecco. »

La pioche de papa n'est pas ce « pieuchon » de paysan à fer large et léger que je vois manier par mon grand-père et mes oncles Charvin quand je vais à Forges. C'est une pioche de terrassier, épaisse comme une enclume, lourde comme les trente-six diables. Papa ne jardine qu'aux outils de chantier. Il a la main faite à ça. Les outils de jardinier lui seraient affûtiaux de dentellière. Il bêche la terre à la pelle ronde, enfonce d'une poussée de talon le fer et la moitié du manche, retourne la motte, la pose sur le côté, délicatement. De temps en temps, giclé du coin des lèvres, un mince jet de chique fouette sec le pied d'un poireau — qué le tabaque, i toue la vermine. Au bout du sillon, calé dans la terre, il y a le litre.

Quand le fer sonne sur une pierre, papa jure, sans trop de hargne. Il parle à la pierre. Ah, tou te croyais de passer l'hiver tranqville, bien au çaud, hein? Ma no, mon pétit lapin, ma no! Fout que tou t'en vas dihiors, pourquoi moi je veux fare pousser la légoume, ecco. Françva, prendre-mva sta caillasse et va la pourter au bord, vec li zautes! Ça fara oune bourdure.

Il me raconte les pierres. Les pierres montent du fond de la terre. Elles font un long voyage. Celles qui sont loin au fond sont toutes petites, c'est de la graine de pierre. Tous les ans, elles montent un peu, et en même temps elles grossissent, tous les ans un peu. Quand elles arrivent en haut, elles sont très grosses. C'est pour ça que plus t'en enlèves, plus il y en a. Quand tu enlèves celles que tu trouves en labourant la terre, ça fait de la place pour celles qui sont plus bas, ça les appelle, ça les fait monter, et aussi ça les fait grossir plus vite, parce qu'elles ont plus à manger. Qu'est-ce que ça mange, les pierres, papa? Ma... I manzent la misère. Plous qui y a de la misère chez les gens, plus que les pierres i sont grosses. Quouante qué les zens i sont riches, qu'ils ont le ventre plein, allora les pierres i sont pétites, tellement que t'en trouves même pas oune.

C'est comme ça, quoi.

Le çoumaze

Ça devait être en 1932. Ou 33. Enfin, par là. On appelait ça « le chômage ». Jamais entendu ce mot-là avant. Brusquement, les parents n'avaient plus eu que lui à la bouche. Le prononçaient avec terreur. Mais sans y croire vraiment. Le chômage, ça arrivait aux autres, pas à soi. On avait trop envie de travailler, trop besoin de sous. Un qui a envie de travailler, il a du travail. Ecco. S'il en trouve pas, c'est peut-être qu'il a pas tellement envie, tout au fond de lui, si tu regardes bien bien. En France, du travail il y en a toujours eu plus qu'on peut en faire, dommage qu'on soit obligé de s'arrêter pour dormir, que sans ça on tombe. Et voilà maintenant ce truc-là, ce chômage, que les journaux donnaient tous les jours des chiffres de plus en plus épouvantables, et les gueules des commerçants, sur le marché, qui coulaient par terre, toutes grises. Parce que ceux qui ont perdu leur boulot, ils achètent pas, et ceux qui l'ont encore, ils se retiennent d'acheter pour quand ils l'auront perdu.

Les Ritals n'arrivaient pas à comprendre. Des choses pareilles, ça les dépassait. Ils parlaient entre eux, à voix basse, pour ne pas attirer le malheur, d'entreprises qui débauchaient, chose inouïe! Comme si les pommiers se mettaient à donner des briques. Ça débauchait au compte-gouttes, d'abord. On citait tel ou tel qui, jusqu'alors, travaillait à la tâche pour telle ou telle grosse boîte française et se faisait des sous « gros comme lui », et voilà, il s'était présenté le matin au bureau pour demander de l'embauche. On parlait de tel compagnon hautement qualifié, « un qui sait lire le plan », quémandant de chantier en chantier n'importe quel boulot de manœuvre. Ça donnait à penser. Et puis, l'une après l'autre, les entreprises mettaient la clef sous la porte. Les chantiers restaient une jambe en l'air, les orties poussaient entre les murs sans toit. Les échafaudages pourrissaient.

Les entreprises ritales, plus modestes, moins endettées en matériel mécanique, plus « bricoleuses », donc plus souples, employant des gars sachant tout faire, et tout faire avec rien, — et « cassant les prix », disaient les Français —, résistèrent mieux, grâce au volant de petits chantiers qu'on se garde toujours de côté pour « quouante qu'on aura un trou ».

L'entreprise « D. Cavanna et D. Taravella » se cramponna aussi longtemps qu'elle put, raclant les « bricoles » au fond des banlieues. Débaucher un compagnon pour manque de commandes, c'était quelque chose comme le déshonneur. C'était aussi condamner à crever de faim un ami d'enfance, la plupart du temps un neveu, un cousin, un oncle...

Vint quand même le jour où il fallut bien se décider à choisir qui qui qui serait mangé. D'abord les moins cousins, cela va de soi.

Papa, bien que s'appelant Cavanna, authentiquement Cavanna, tout ce qu'il y a de plus Cavanna, était, curieusement, mais je vous ai déjà dit tout ça, peut-être le seul de toute l'équipe à n'avoir aucun lien de parenté avec les patrons. Du moins aussi loin qu'on puisse remonter les générations. D'innombrables tribus de Taravella, de Toni, de Bocciarelli, de Sargiente, de Perani, de Pianetti, de Rossi, tous liés par le sang sacré, se bousculaient, noirs et compacts, autour de la marmite à minestra.

Le samedi soir où il s'amena à la maison, sa dernière paye à la main, maman vit tout de suite à sa tête que ça y était.

— Ils t'ont pas débauché, quand même?

Papa posa l'argent sur la toile cirée, s'assit. Lui qui ne s'asseyait que pour manger.

— Beh... Il est le çoumaze...

Maman s'assit aussi. Tomba assise, jambes fauchées. Le monde s'écroulait. Puis vint la réaction.

— Et alors, c'est tout l'effet que ça te fait? Qu'est-ce qu'on va devenir, hein? Tu t'en fous pas mal, de ce qu'on va devenir! T'as pas de tête, tu vis au jour le jour, l'oiseau sur la branche, t'as bien de la chance! Comment qu'on va manger, hein, rien qu'avec ce que je ramène? J'ai beau faire, j'ai pas quatre bras, j'en ai que deux! On pourra même pas payer le loyer. Et le petit? Lui faut des biftecks, au petit, il est en pleine croissance, je veux pas qu'il me tombe poitrinaire, qu'est-ce que je ferais, s'il me tombait poitrinaire? C'est qu'on n'a pas les Assurances, nous autres *! Mais qu'est-ce qui m'a pris de prendre un maçon? Le dernier des métiers, que même les chiens en veulent pas! Que j'aurais pu avoir un employé des Postes! Un fonctionnaire! Qu'il pleuve, qu'il vente, la paye tombe. Et la retraite au bout. Et pas toutes ces saloperies pleines de ciment à laver, que des ongles j'en ai plus! Ça serait que moi, une pomme de terre à l'eau, une pincée de sel, hop, me v'là contente, mais j'ai pas que moi à penser! Faut voir plus loin que le bout de son nez!

Toute la nuit comme ça. Toutes les nuits, l'une après l'autre, toutes les nuits l'intarissable grondement. Ça réveillait papa, il râlait. Et puis il se rappelait, il avait honte, il la fermait. Changeait de côté, se rendormait.

— Lui, il ronfle! Et ronfle donc que je te ronfle! Je peux bien me ronger les sangs, que demain on va être à la rue, sans un croûton de pain, on ira mendier la soupe au Fort comme des Bourbaki, si vous croyez que c'est ça qui va l'empêcher de dormir! Des hommes de merde comme ça, tiens, moi, je sais pas ce que je leur ferais!...

Toute la nuit.

---

* Les Assurances sociales, ancêtres de la Sécu. (Note pour le lecteur imberbe).

Elle se décarcassait, se cherchait des lessives à faire en plus, mais elle n'était pas la seule à courir. Et les dames employeuses de laveuses à domicile, touchées elles-mêmes par la crise, lavaient de plus en plus leurs draps de leurs blanches mains, quitte à se les masser, les mains, avec une crème exprès pour empêcher que ça devienne des mains de crocodile, des mains de pauvresse.

Le pire, pour papa, c'était d'aller pointer.

Ils avaient fini par voter une allocation. Tu touchais une carte de chômeur, t'allais pointer « chez le commissaire » deux ou trois fois la semaine, je me rappelle plus, ça te donnait droit au petit secours. Mais fallait pas te faire piquer avec une truelle à la main, même pour rendre service! T'étais rayé aussi sec. Et fallait accepter les boulots qu'on te proposait, même balayer la rue.

Et bon, le bureau de pointage se trouvait au commissariat, dans ce beau vieux château où justement il y avait aussi la bibliothèque municipale. Le commissariat au premier étage, la bibliothèque au second. Le jeudi, j'allais échanger mes bouquins de la semaine, je devais couper la queue des chômeurs qui poireautaient pour pointer, elle descendait l'escalier, traversait la cour, serpentait loin dans la Grande-Rue. J'avais l'habitude. C'étaient les chômeurs, quoi. Et puis, un jour, il y a eu papa dans la queue.

Il était là, sombre, les poings enfoncés dans les poches-besaces de sa veste, au milieu de tous ces chômeurs français rigolards qui prenaient plutôt ça du bon côté. Il avait honte, le pauvre vieux! J'ai rasé le mur, me suis démerdé pour qu'il ne me voie pas. S'il avait su que son Françva l'avait vu, sûr il en serait crevé.

Un jour, le gouvernement s'avisa que c'était peut-être pas très malin de garder tous ces travailleurs ritals dans un pays qui n'avait pas assez de travail pour ses propres enfants. Jusque-là, il avait supporté, parce que les chômeurs étaient des Français, des gens d'usine et de bureau. Mais voilà qu'à leur tour les chantiers débauchaient et que les Ritals touchaient l'allocation. Ça, c'était plus possible, ça. Absolument délirant. Je comprenais très bien tout parce que je le lisais dans les journaux que maman rapportait de chez ses patronnes : *Candide, Gringoire, L'Ami du Peuple, L'Action française...*

Les journaux des patronnes expliquaient comme quoi si la France en était là c'était rapport aux métèques, qu'ils avaient tout envahi et qu'ils pourrissaient tout. Il y avait dedans des dessins. pleins, qui disaient la même chose que les articles écrits, mais en raccourci, très bien dessinés, tu comprenais tout de suite, même si t'étais trop pressé pour lire l'écrit ou que t'avais pas envie, d'un coup d'œil tu te faisais ta petite idée de la chose, et en plus tu te marrais parce que c'était des dessins humoristiques, ça veut dire qu'ils sont faits pour faire rigoler les gens, mais pas bêtement, comme au cirque, non : en leur faisant comprendre des choses difficiles.

Par exemple, tu voyais une pieuvre sur une carte de l'Europe. C'était une sale bête de pieuvre, bien dégueulasse, l'air méchant comme tout, qui portait sur sa tête de pieuvre une espèce de bonnet pointu avec des rabattants pour les oreilles quand il fait froid et une étoile par-devant. Elle serrait entre ses dents un couteau dégoulinant de sang. Elle avait un gros pif qui pendait comme une banane, des grosses épaisses lèvres répugnantes et un sourire de marchand de bretelles pas honnête. Ça voulait dire que cette pieuvre-là c'était pas une vraie pieuvre, c'était une pieuvre symbolique pour vous faire comprendre, mais en vrai c'était un Juif. Le pif en banane pourrie et le sourire servile dégueulasse à te donner envie de botter le cul du mec, ça voulait dire un Juif, à tous les coups, c'était très facile, une fois que tu connaissais le code t'avais tout de suite compris : pif en banane et sourire à dégueuler, pas de doute, c'est un Juif! C'est chouette, le dessin, ça facilite bien la compréhension de la politique, moi je trouve.

Et de voir cette pieuvre visqueuse, là, qui étalait ses saloperies de tentacules pleins de ventouses que rien que de les regarder tu les sentais sur toi, gluants glacés, te sucer le sang, de la voir s'étaler comme ça sur l'Europe, l'affreuse dégueulasserie, sur notre Europe à nous qu'on nous apprend à l'école, ça te faisait plus d'effet que quand tu lisais :

« La crise dont souffre l'Europe est le résultat d'une machination du judéo-bolchevisme international qui, inlassablement, tend à saper les valeurs traditionnelles sur lesquelles repose notre Civilisation. »

J'ai été passionné de dessin encore plus tôt que de lecture. Forcément. Là, pas besoin d'apprentissage. J'ai très vite su reconnaître un dessinateur rien qu'à son dessin, sans regarder la signature. Les gars de *Gringoire*, de *Candide* ou du *Pèlerin* étaient moins marrants que ceux de *Ric et Rac* ou de *Dimanche illustré*, alors je les regardais en dernier, mais ma boulimie d'imprimé dévorait tout. Ils s'appelaient Ralph Soupault, Raoul Guérin, Pruvost, Pédro, Chancel, H.-P. Grassier... Ils dessinaient toujours les mêmes bonshommes, on les reconnaissait très bien une fois qu'on avait l'habitude de les voir dessinés par un dessinateur, car chaque dessinateur les faisait toujours exactement dans la même pose, sous le même angle, et vus du même profil, parce que naturellement c'est dur de faire les gens ressemblants, et en plus, pour être bien sûrs qu'on les reconnaisse, ils leur mettaient à la main un porte-documents en cuir avec le nom du type écrit dessus.

Il y avait Blum, un grand maigre avec un lorgnon et une grosse moustache, Duclos, un petit gros avec une grande bouche mauvaise pleine de dents taillées en pointe; Thorez, une espèce d'ouvrier costaud avec un petit nez et un toupet de cheveux. Ceux-là étaient toujours dessinés ridicules, on voyait bien que c'étaient des traîtres et des salauds. Il y avait aussi le colonel de la Rocque, lui il était beau comme tout, se tenait bien droit, son regard respirait la loyauté. Il y avait M. Chiappe, un grand bel homme, et M. Laval, celui-là on voyait bien qu'il était simple et pas fier, vraiment sympathique. Il y avait encore Staline, avec sa sale gueule de roi des Huns au sourire fourbe et cruel; Hitler, la moustache dessinée à la règle, la mèche au compas, la raie impeccable, un costume fraîchement repassé avec plein de poches et des bottes noires où il y avait une fenêtre dessinée pour faire comprendre qu'elles étaient bien astiquées et brillaient très fort parce que c'était l'Ordre et la Civilisation dressés contre la Barbarie de la pieuvre malpropre que je vous racontais tout à l'heure. Il y avait la Perfide Albion, une grande maigre avec des dents de cheval et un casque à plumes. Il y avait l'Oncle Sam, un barbichu avec un haut-de-forme rayé et étoilé. Il y avait l'Allemagne, une grosse vache pleine de choucroute...

Les journaux des patronnes expliquaient que les Français étaient en pleine décadence en pleine dégringolade, que d'ailleurs la France se dépeuplait, que tout ça était la faute à l'école laïque, aux Juifs, aux Nègres, aux Boches qui ne payaient pas les dettes de guerre et qui nous inondaient de camelote à vil prix parce que naturellement qui ne paie pas ses dettes s'enrichit, aux Italiens qui venaient manger le pain des Français et leur voler le travail, et surtout aux Juifs et aux Bolcheviques qui excitaient les ouvriers du monde entier à ne rien foutre, à saboter les usines, à tuer les patrons et à être envieux de ceux qui s'étaient construit le petit pavillon au bout d'une vie de travail et d'économies.

En ce qui concerne les Boches et les Italiens, remarquez, ça dépendait des jours. Les journaux des patronnes admiraient beaucoup Hitler, et surtout Mussolini, ce qui leur compliquait un peu le travail. Heureusement, il y avait les Juifs. Quand tu te rappelais ça, tout devenait clair et logique, la contradiction disparaissait. Si l'Allemagne, malgré la droiture et l'énergie du chancelier Hitler, n'avait pas toujours l'air d'être l'amie de la France, c'était la faute aux Juifs. Ces salauds-là infestaient les hautes sphères de la finance, de l'industrie et du commerce, ils changeaient en merde tout ce qu'ils touchaient, tant qu'on n'en aurait pas fini une bonne fois avec eux les peuples aux yeux clairs se déchireraient l'un l'autre, c'est comme ça. Dans le cas de l'Italie, qui n'a pour ainsi dire pas de Juifs, c'était les Juifs français qui foutaient la merde, ces dégénérés, en facilitant l'immigration clandestine des paysans ritals à qui ils faisaient ressentir leur saine frugalité, nécessaire pour construire la grandeur du pays, comme une misère atroce, et à qui ils disaient qu'en France il n'y avait qu'à se baisser pour ramasser les billets de mille.

En Allemagne, il y avait eu la fois où ils avaient voté pour Hitler. J'étais trop petit, je comprenais rien du tout, je le vois bien maintenant. Sur la première page du *Paris-Soir* exposé devant chez Sentis, le libraire du bas de la rue, je lisais des titres énormes : « Duel Hindenburg-Hitler ». Je croyais que c'était un vrai duel, à coups d'épée dans la gueule. Hindenburg, je le détestais, c'était un sale Boche de sale Boche, maman me disait que pendant la guerre il avait fait bombarder Paris, une église, même, le jour de Pâques, faut être fumier, il y avait eu des tas de morts. Et puis, rien que son nom, ça faisait peur, un nom à vous arracher la gueule, un vrai nom de Boche. Tandis qu'Hitler, ça sonnait pas méchant, ça faisait presque français. Avec sa petite moustache et sa mèche, il avait un air pauvre et méritant, un peu rêveur. J'espérais bien qu'il gagnerait son duel contre cette sale gueule de vache d'Hindenburg, et en effet il le gagna. Enfin, c'est ce que j'ai cru comprendre. J'étais bien content.

Le coup du 6 février, j'ai pas compris grand-chose non plus. Il y avait Stavisky qui était un voleur, bon. Mais pourquoi les anciens combattants voulaient-ils foutre les députés à l'eau? Ça m'échappait. Quand j'ai appris que les « manifestants » — c'était la première fois que je lisais ce mot — coupaient les jarrets des chevaux des gardes républicains au moyen de rasoirs emmanchés à des cannes, oh, alors, là, je les ai détestés, les sales cons! De toutes mes forces. Ça, je pardonnais pas. Politique mon cul. Je savais que je serais toujours contre ceux qui coupent les jarrets des chevaux. J'avais trouvé mon camp.

Par la suite, j'ai pu me rendre compte qu'ils sont tous capables de couper les jarrets des chevaux, et pas que des chevaux, et pas que les jarrets, pour leurs conneries si tellement importantes...

Oui. Un jour, donc, le gouvernement s'avisa, pour lutter, qu'il disait, contre le chômage, de renvoyer chez eux tous les immigrés, c'est-à-dire tous les Ritals, à part eux, en fait d'immigrés, il n'y avait pas grand-monde, par nos banlieues.

Tout étranger devait être muni d'une carte de séjour, un dépliant compliqué avec la tête de la République sur la première page. Si cette carte était de couleur bleue, son porteur était autorisé à exercer sur le sol français un travail rétribué. Si elle était verte, il avait le droit de séjourner, mais pas celui de travailler. Cette carte était renouvelable à certaines dates. Tous les deux ans, peut-être bien.

Vint l'époque où la carte bleue de papa devait être renouvelée. Entre-temps, le chômage s'était un peu tassé, le bâtiment repartait tout doucement, papa avait repris le boulot.

Et voilà que des Ritals revenaient de la Préfecture de police, où ils étaient allés faire renouveler leur carte bleue, simple formalité, un coup de tampon, en voilà pour deux ans de mieux, et merde, je t'en fous, on leur avait sucré la carte bleue et refilé à la place une carte verte. Interdit de travailler! Et valable deux mois seulement, repassez à ce moment-là, on verra si on vous la prolonge ou pas. Au suivant.

Ça sentait mauvais. Encore plus mauvais quand, les deux mois écoulés, on échangeait au Rital sa carte verte contre une signification de « non-autorisation de séjour » avec passage de la frontière obligatoire dans les quinze jours. Dis donc!

Il commença à en partir pas mal. Des familles dont les gosses ne parlaient que le français, les parents s'efforçant de ne pas parler italien entre eux pour « pas embarrasser la tête aux petits, qu'ils ont déza assez du mal comme ça d'apprendre oune langue, allora qu'est-ce qué ça serait avec deux, qué ça leur péterait la tête! » Maman flairait un air mauvais. Maman n'est jamais la dernière quand il y a du mouron à se faire.

Et papa revint avec la carte verte. « Repassez dans deux mois. » Dans deux mois et quinze jours, le billet d'aller simple pour Bettola, provincia di Piacenza, Italie. Maman, foudroyée. « Moi aussi? » « Vous aussi, madame, bien entendu. » « Mais je suis française! » « Vous êtes italienne par votre mariage, madame. Avez-vous fait une demande expresse pour conserver votre nationalité d'origine? Non? Alors, vous êtes italienne, aucun doute. » « Et le petit? » « L'enfant peut rester, il conserve le droit d'option jusqu'à sa majorité. » « Qu'est-ce qu'il fera sans nous? » « C'est votre affaire, madame. Au suivant! »

Maman, c'est exactement le genre de bonne femme sur qui un truc comme ça devait tomber. On a eu droit au festival de monologue nocturne. Aller dans ce pays de sauvages! De crève-la-faim! De va-nu-pieds! De pas francs! Et les meubles, les trois bouts de bois que lui avaient donnés des patronnes au hasard des déménagements, astiqués chaque dimanche avec amour, avec furie, faudra les laisser là, les meubles? Et leur langue de guignols que j'en connais seulement pas un mot et que c'est même pas la peine que j'essaie, un charabia pareil, de quoi j'aurais l'air, je vous demande un peu, qu'est-ce qu'on va devenir, moi et mon petit? Se faire chasser de son propre pays comme des cagnagnoux *, si c'est pas des malheurs! Moi qu'ai toujours travaillé comme une bête, un sou je l'ai jamais fait tort à personne, et voilà comme on vous remercie! Ah, elle est belle, la France! Mais je m'en irai pas, ça non. J'aime mieux aller me jeter dans la Marne...

A Nogent-sur-Marne, on ne dit pas « Je vais me tuer »,

---

* Les « cagnagnoux », à Forges, commune de Sauvigny-les-Bois (Nièvre), c'est ce que les Parisiens appellent les romanichels.

« Je vais me suicider », « Je vais me pendre », ni même « Je vais me jeter à l'eau ». On dit : « Je vais me jeter dans la Marne... » Combien de fois l'ai-je entendue, la petite phrase sinistre : « J'en ai assez! Je vais me jeter dans la Marne! » Par exemple quand papa rentrait bourré. Il est vrai que, tout de suite après, elle ajoutait : « Et pis non, j'ai plus de fierté que ça! Et pis ça leur ferait trop plaisir, marde! » A quels mystérieux inconnus ça aurait fait plaisir, ça, je l'ai jamais su.

Une sale et longue période. Papa cavalait les bureaux, accompagné par moi ou par le fils Taravella, Jean, qui avait une auto, était la gentillesse même et se dépatouillait bien dans la paperasserie. Au bout de tout ça, on décrochait un délai, accordé chichement par un bureaucrate à museau de rat constipé, un petit délai gros comme une crotte de rat constipé. Un seul espoir : la naturalisation. Papa n'avait rien contre : « La patrie, il est où qu'il est le travail, ecco. » Beaucoup de Ritals voyaient ça d'un sale œil. D'un qui s'était fait « touraliser », on disait qu'il s'était vendu comme un mouton à la foire. N'empêche qu'ils finissaient presque tous par y passer, eux ou leurs fils.

Ça ne se faisait d'ailleurs pas comme ça. C'était long, chiant, interminable. Il fallait en prouver, des choses! Enfin, bon, ça a fini par arriver. Un beau décret sur du papier timbré avec dessous, comme signature : « Pour Albert Lebrun, Président de la République, son gningnin-gnincabinet : Illisible. » C'était beau comme mon certificat d'études. Maman les aurait bien fait encadrer, l'un et l'autre, pour mettre au mur au-dessus de la cheminée, et puis elle a réfléchi que ça ferait prétentieux, « la fierté appartient qu'aux imbéciles * », et elle les a mis sous la pile de draps, avec le livret de famille et mes photos de communion.

---

* La fierté est une de ces choses qui, dans le code moral de maman, vont et viennent d'un côté à l'autre de la ligne séparant le Bien du Mal. Ça dépend du contexte.

Bibi Fricotin

Des illustrés, il y en a toujours eu. Mais, d'un seul coup, voilà qu'ils ont changé.

Avant, il y avait *L'Epatant*, il y avait *Le Petit Illustré* et il y avait *Cri-Cri*. Et aussi *Fillette*, pour les filles. Moi, c'était *Le Petit Illustré*.

Depuis tout petit, maman m'achetait chaque samedi *Le Petit Illustré* parce que dedans il y avait les aventures de Bibi Fricotin, qu'elle adorait. Elle les lisait après moi, quand j'avais fini, ou des fois je les lui lisais à voix haute, pendant qu'elle faisait la vaisselle, et elle riait, elle riait, les sourcils froncés comme si elle avait honte de rire, et elle disait : « Non, c'est-y Dieu possible d'inventer des bêtises pareilles! »

Papa nous voyait rire, alors il voulait rire aussi. Je lui montrais les images, je lui expliquais toute l'histoire rien qu'avec des mots de tous les jours pour qu'il comprenne bien, et quand il avait compris il riait plus fort que tout le monde, tellement que les larmes lui coulaient.

Une fois, je me rappelle, Bibi Fricotin avait échappé à je ne sais quel péril en s'envolant dans une machine volante qui ressemblait à un très gros moineau. Il y avait deux trous pour passer les bras et empoigner les leviers qui faisaient battre les ailes. Bibi Fricotin agitait les ailes et la machine s'envolait, avec lui dedans. Moi, ça me faisait rêver. J'aurais bien voulu voler comme ça, comme un oiseau, sans moteur, sans bruit, et atterrir où ça me plairait. Papa, ce gros oiseau de bois avec les jambes et les bras de Bibi qui passaient par les trous, et les plumes de la queue, et le bec, ça le faisait rire de tout son cœur. Bibi Fricotin se posait en plein devant deux négros ahuris qui avaient de grosses lèvres marrantes, plus grosses que leur tête, et qui avaient un os de poulet qui leur traversait le nez. Il y avait toujours des négros très marrants dans les histoires de Bibi Fricotin. Bibi les appelait « Mal blanchi », ou « Face de cirage », ou « Bamboula ». Les négros disaient « Y'a bon » ou « Y'a pas bon », c'est tout ce que les négros savent dire.

Papa regarda attentivement les deux négros. Il réfléchissait fort, ça lui faisait un pli entre les deux yeux. Et puis il me dit : « Son' dei Marocains, sta deux-là! » Pour papa, tout ce qui est foncé de peau est marocain. Arabes, Nègres, Turcs, Peaux-Rouges, Chinois : dei Marocains. Ecco. « Eh, si, ze le vois bien : son' dei Marocains! » « Ben, oui, quoi, je lui dis, c'est des négros, quoi. » « Oh, ma, ze le vois, mva. » Tout content tout fier de savoir lire les images.

Papa pose son gros doigt entortillé de chatterton noir de crasse — qué le çattertone, i coûte mvoins cer coumme l'esparadra del pharmachien, ma i colle des deux côtés, allora toute la salopérie il la ramasse, allora i se salisce, i vient tout nvar — sur le nez d'un des négros, et il me dit : « Ma qu'est-ce qué c'est qu'i tienne dans le nez? » Il regarde de tout près : « Ma, l'est oun osse! L'est oun osse, no? » « C'est ça, papa, je lui dis. Ils ont un os dans le nez. » « Ma pourquoi i se mette oun osse dans le nez? Fara mal, no? » « C'est parce que, eux, ils trouvent que c'est joli, je lui dis. C'est leur mode à eux, quoi. » « Ouh là là! Maintenant, si, qu'il est à la mode! I va aller var la sa fiancée! » Là, papa s'étouffe. Faut que je lui tape dans le dos. De temps en temps, il s'arrête pour respirer, il se mouche, il dit : « Oun osse! Dans le nez! Ma gvarde-mva ça! » Et le voilà reparti.

Quand j'avais fini mon *Petit Illustré*, je le passais à Jean-Jean, qui me refilait *L'Epatant*. Dans *L'Epatant*, il y avait les Pieds-Nickelés. Ils étaient encore plus marrants que Bibi Fricotin, mais ils me faisaient un peu peur, je devais être trop petit. Je voyais bien que c'était dessiné par le même bonhomme, un nommé Forton, il y avait son nom au bas de la page, mais c'étaient pas des bons petits gars de Paris un peu farceurs et le cœur sur la main, comme Bibi Fricotin, oh, non. Trois terribles gueules de crapules voyoutes et ricanantes, des vrais gibiers de bagne, méchants comme tout, voleurs, menteurs et très mal élevés *. Quand on se faisait piquer avec ça dans son cartable, à l'école, même si on n'était pas en train de le lire : confisqué. Avec une engueulade à la clef. Que c'est pas là-dedans qu'on apprendrait l'orthographe, ni l'honnêteté, ni les bonnes manières, qu'on deviendrait des apaches et des déserteurs devant l'ennemi, et que de pareilles cochonneries devraient être interdites, on se demande ce que fait le gouvernement...

Dans *Cri-Cri*, il y avait les Aventures Acrobatiques de Charlot, par Thomen. Charlot ** était vachement ressemblant, mais ses aventures pas marrantes du tout. Ce type avait beau se donner du mal et dessiner très bien, il avait quelque chose qui nous plaisait pas.

J'aimais bien les deux pages du milieu du *Dimanche Illustré* : à gauche, « Bicot, président de club », à droite, « Zig et Puce ». Bicot était très populaire parmi nous autres. Ce gosse de petits riches qui cavalait avec les merdeux des terrains vagues, c'était tout à fait la rue Sainte-Anne et les rues à pavillons coquets des alentours. Pour moi, l'Amérique, c'est et ce sera toujours les paysages des dessins de Bicot, gris-bleu et rouge-orange, avec les grosses prises à incendie sur les trottoirs et les mômes qui se font des sous en balayant la neige devant les maisons. On était tous amoureux de Suzy, la sœur de Bicot, qui avait de longues jambes, des yeux de poupée, s'habillait vachement chic

---

* Rien à voir avec les Pieds-Nickelés actuels, lamentables imitation de Pellos et autres badernes qui ont eu le culot, les sinistres nouilles, de chausser les bottes du grand Forton après sa mort.

** Charlie Chaplin, au cas où...

et avait plein d'amoureux très cons avec des dents de cheval et de grandes oreilles rouges.

Vint l'âge des curés. Le catéchisme. Un jour, l'abbé Martin nous dit, après l'instruction religieuse, qu'il ne fallait pas lire les mauvais journaux parce qu'ils étaient pleins d'ordure qui salissait notre âme. Il nous donna la liste des illustrés qu'il ne fallait absolument jamais lire, sous peine de péché mortel.

La liste, c'était *L'Epatant*, *Le Petit Illustré*, *Cri-Cri* et *Fillette*.

J'étais, je vous l'ai dit, boulimique de lecture, je lisais l'imprimé jusqu'à la dernière ligne, jusqu'au nom de l'imprimeur, celui de l'éditeur, l'adresse de la rédaction, tout, je vous dis. Si bien que j'avais remarqué que les journaux maudits étaient tous publiés par le même éditeur, et j'ai même retenu son adresse : 43, rue de Dunkerque. Je me dis que, certainement, là devait habiter le diable, ou tout au moins de très méchantes gens qui s'étaient vendus à lui et avaient pour mission d'envoyer le plus possible de petits enfants en enfer.

Après un dur combat intérieur, je décidai de ne plus acheter *Le Petit Illustré* et d'offrir à Jésus mon sacrifice. J'avais le cœur bien gros, mais j'étais résolu à tenir bon.

Là-dessus, l'abbé nous dit quels illustrés pouvaient être lus avec profit par un enfant chrétien. C'étaient *Pierrot*, *Guignol*, ainsi que *Lisette* * et *La Semaine de Suzette* pour les filles. Je connaissais. C'était le genre de trucs que lisaient les enfants des patronnes de maman. Fadasse et chiant.

Enfin, puisqu'il fallait arriver pur à la table de la sainte communion, bon, tant pis, je choisis *Pierrot* et, morne

* Ces trois-là édités 1, rue Gazan, comme par hasard, maison curetonne et archi-curetonne, ainsi que je devais l'apprendre par la suite.

mais rayonnant de l'amère allégresse du martyre, j'offris encore ça à Jésus.

Quand j'expliquai à maman qu'il ne fallait plus acheter *Le Petit Illustré*, elle eut de la peine. Elle me dit : « C'est pourtant pas bien méchant! Si le Bon Dieu s'offense de ça, il a l'esprit rudement mal tourné! » Je fus intraitable. Le démon avait beau déployer ses ruses les plus déloyales, il ne m'aurait pas. Je voyais Jésus doucement sourire, là-haut, et me cligner de l'œil.

Maman, dorénavant, m'acheta donc *Pierrot*, qu'elle n'arriva pas à aimer, et qui coûtait trente centimes au lieu de vingt-cinq. Elle regretta longtemps son Bibi Fricotin. Elle n'avait déjà pas tellement de plaisirs sur terre, il a fallu que je la prive de celui-là. Saletés de curés!

Et voilà qu'arriva d'Amérique, tonitruante comme une parade de cirque, l'irrésistible vague des journaux de bandes dessinées. Ils n'eurent qu'à paraître pour nous conquérir, nous fasciner. *Robinson, Hurrah!, Hop-là, Tarzan, Le journal de Mickey*... Ça claquait aux étalages, nous chopait par l'œil.

Au premier choc, nos chers vieux petits illustrés barbichus furent renversés cul par-dessus tête. Les Pieds-Nickelés, Bibi Fricotin, Bécassine, l'Espiègle Lili, avec leurs dessins tout petits et, dessous, leurs épaisses tartines de texte serré serré que personne ne lisait (sauf moi!), ne firent pas long feu devant les pages grand format bourrées d'images, rien que d'images, bien au carré, devant les couleurs brutales en veux-tu en v'là, le découpage cinéma et le texte réduit au strict nécessaire des dialogues jaillissant tout droit de la bouche des personnages. Pas de récit, pas de commentaire, tout dans le dessin. Aussi direct que le cinéma parlant.

Et le bruitage! Schniak! Squizz! Omph! Grrr! Tacatacata! Braoum! Sigh! Burps! Eek! Bzz!... Plus le bruit était fort, plus c'était écrit gros, en lettres de couleurs éclatantes qui barraient toute l'image. Ah, ils avaient pas la trouille, les Amerloques! T'étais en plein dedans, dans l'image, dans l'histoire, comme au ciné. Et ça changeait d'angle, ça te promenait, un coup tu voyais la scène d'en-haut, comme si tu plongeais du ciel, et le coup d'après, hop, d'en-bas, comme si t'étais couché par terre sur le dos. T'étais partout à la fois, près, loin, des fois tu voyais avec les yeux même du héros, tu étais le héros, le coup d'après tu te voyais, toi héros, avec les yeux du sale mec dingue qui veut devenir Maître du Monde...

Quelle vie! Quel mouvement! Quels héros! Tarzan, Jim-la-Jungle, Guy l'Eclair, Luc Bradefer, Teddy et les Pirates, Fu-Manchu, Annie l'Orpheline, Ramenez-les-Vivants, Red Ryder... Des gonzesses inouïes, toujours à moitié à poil, avec des voiles transparents et la cuisse qui passe par la fente... La vache! Celles d'Alex Raymond, surtout, me mettaient dans un drôle d'état. Combien de fois me suis-je passionnément branlé en fermant les yeux sur l'image de certaine splendide et diabolique créature à la peau jaune citron, aux yeux obliques, souveraine perverse et cruelle de je ne sais plus quel maléfique empire galactique, qui avait de si pathétiques seins lourds quand elle se penchait en avant, avec, dans les creux, juste là où il faut, des ombres mystérieuses plus efficaces mille fois qu'un dessin précis...

A ce propos, ça me vient à l'idée : les dessins m'ont toujours fait beaucoup plus d'effet sur l'imagination que les photos. A l'école, on se cotise pour s'acheter des journaux « dégueulasses » (C'est comme ça que, nous-mêmes, on les appelle entre nous, en se pourléchant) : *Sex-appeal*, *Séduction*, *Extases*, *Ça c'est Paris*... Rien que des photos de bonnes femmes à poil, drôlement belles, tiens, avec, entre les photos, des histoires où ça se termine toujours par la dame qui dit : « Mais voyons, que faites-vous? Voulez-vous bien finir! Cessez immédiatement ou j'appelle! Otez vos mains! C'est lâche et vilain ce que vous faites-là! Finissez! Finiss... Mon grand fou! Mon chéri! Mon adoré! Ah, n'arrête pas, dis, n'arrête pas! Ah, mon amour! Ah... Ah...

Aaahhh... » Des fois c'est un gars qui réussit à coucher avec sa jeune tante (vachement excitant, ça!) ou un môme qui s'enfile l'institutrice (encore plus!) ou un frère et une sœur qui découvrent ça tout seuls entre eux dans le grenier (pas mal non plus). On met dix ronds chacun, on a le droit d'emporter le journal dégueulasse chez soi, mais il faut le rapporter le lendemain, et pas taché, si possible.

Et alors, bon, j'ai constaté que les petites madames en culotte de dentelle des dessins qui se veulent « humoristiques » de *La Vie Parisienne* ou de *Séduction* me font bander bien plus sûrement que les plus belles photos sur papier glacé, va savoir pourquoi. Peut-être parce que ça laisse plus de travail à l'imagination?

De toute façon, c'est pas tellement dans les images que je vais chercher l'inspiration. J'aime mieux fermer les yeux et me concentrer très fort sur une femme que j'ai en tête, par exemple la prof' de chant remplaçante, elle est adorable et toute timide, habillée très jeune fille de bonne famille, penser qu'elle a une fente, là-dessous, avec du poil, de l'odeur et tout, c'est tellement pas croyable que c'est le paradis, ou bien la vendeuse de chez le laitier, la nouvelle, la rouquine avec ses yeux verts et ses taches de son qui vous regarde par en dessous en mesurant le lait et qui vous frôle la main en vous tendant votre bidon, la salope, quelle connerie que je sois si timide, ou bien la voisine du rez-de-chaussée, celle qui a trois gosses tout petits et un mari vieux, moche, con et qui se soûle la gueule.

Celle-là, la voisine, ça a marché longtemps. Vraiment amoureux, j'étais. Elle est très grande, un peu efflanquée, les joues creuses, des yeux comme des phares. Maman dit que c'est une feignante et une pas grand-chose. Ses mômes puent la pisse. Le soir, en passant devant la porte, on les entend s'engueuler, elle et son jules, on entend la vaisselle qui s'éclate aux murs, puis on entend les gnons qui lui descendent sur la gueule, à elle, après ça on l'entend hurler glapir à te glacer le sang, et puis plus rien, ils se rabibochent, dit maman, et hop, ça fera un petit malheureux de plus. Le lendemain, elle a un œil au beurre noir, des fois les deux.

Je me fous la tête sous l'oreiller, je ferme les yeux très fort, je me dis bon, je frappe à sa porte, elle vient m'ouvrir (je me concentre bien bien pour bien la voir dans ma tête), je lui dis c'est pour un renseignement, mais bien sûr entrez donc, oh je voudrais pas déranger, vous me dérangez pas faites pas de chichis, j'essuie mes pieds sur le paillasson, j'entre, excusez le désordre je suis en plein ménage, mais non c'est moi qui m'excuse, ça sent fort la vieille pisse de môme, elle est en peignoir éponge, à poil dessous (je bande comme un fou, je commence à me tripoter le bout du gland, merde, eh, non, pas encore, faut se garder pour le chouette vrai bon moment de l'histoire), elle s'assoit, moi aussi, elle croise les jambes, sa cuisse passe par l'ouverture, blanche comme du lait avec de fines veines bleues qu'on devine sous la peau, une douce odeur de ventre tiède monte lentement, je la regarde, elle me regarde avec cet air de se marrer qu'elle a, elle se penche, ses nichons pendent, pâles, dans la pénombre, elle se marre de plus en plus, je me dis j'y vas j'y vas pas (j'ai autant la trouille que si j'y étais pour de vrai), je la prends aux épaules, elle dit rien, me regarde en se marrant toujours, sa lèvre tremble, celle d'en-bas, je me lève, je la serre doucement, son visage contre mon ventre, elle se lève aussi, m'enlace, elle est pleine de tendresse, de chaleur, d'amitié, de complicité, on est là tous les deux, mais arrivé là j'en peux plus, moi, ça fait un moment que, à mon insu, ma main m'astique le poireau, de plus en plus frénétique, me retenir davantage impossible, dommage, la suite aurait été formidable : je l'aurais renversée sur le bord du lit, j'aurais ouvert ses cuisses, doucement, elle aurait juste un peu résisté, juste un peu, et puis j'aurais eu en pleine figure l'incroyable violente terrible surprise de sa longue fente bistre fripée tapie derrière ses crins crêpus serrés, j'aurais décollé bien doucement les lèvres de sa fente, je serais entré dans tout ce rose caché qui m'attend, qui m'aime, qui m'aspire, qui est mon refuge et ma raison de vivre, et merde, chaque fois pareil, je me suis étranglé la pine comme un furieux, beaucoup trop tôt, plus rien ne comptait que le spasme imminent, vas-y que je t'étrangle, et que je te m'envoie en l'air à en perdre le souffle, renversé culbuté aplati éclaté, l'ouragan ravage tout, il n'y a plus de haut ni de bas, ni de moi ni de pas moi, et je me retrouve, vidé comme une grenouille morte, les doigts empoissés, la tête pleine de cloches, sans défense devant la culpabilité qui monte, qui monte...

Oui. Nos petits journaux. Eh bien, nos petits journaux, ils durent évoluer ou crever. Comme ils ne faisaient pas le poids devant l'avalanche américaine, ils crevèrent, après quelques soubresauts. *L'Epatant* devint *Junior*, ou quelque chose comme ça. *Le Petit Illustré* devint *L'As* — ce qui faisait encore plus poussiéreux, plus vieux con, guerre de Quatorze en plein! — et se mit à publier des bandes dessinées, hélas françaises. Les lourdes astuces et la faconde Marius-et-Olive de Mat et compagnie pouvaient toujours s'aligner devant l'éblouissant Luna-Park américain. Seules, les mornes cucuteries curetonnes réussirent à se cramponner, grâce aux marraines de province qui y abonnaient traditionnellement leurs filleuls, aux anniversaires. De toute façon, jamais *Pierrot* ou *Le Pèlerin* n'avaient été cotés à la bourse d'échange des illustrés. Pas un pet de lapin.

Le fils Prati, le « Produits d'Italie » de la Grande-Rue, qui avait de l'argent de poche, achetait tout ce qui paraissait et puis le refilait aux autres, il était pas collectionneur. Je me trouvais en bout de circuit, ils me parvenaient à l'état de loques graisseuses, je courais les dévorer dans la solitude.

Je sautais tout de suite aux pages des héros comiques : Popeye, Pim-Pam-Poum, Illico. A part Mickey, Donald et toute la bande à Walt Disney, qui m'emmerdaient et où je reniflais je ne sais quelle odeur de poisseuse hypocrisie (pourtant, je raffolais, je raffole toujours des dessins animés de Walt Disney, les « Silly Symphonies »), je préférais spontanément les rigolos aux tragiques.

J'ai pas changé. J'aime rire, j'aime qu'on me fasse rire. A l'école, pas besoin de me dire pourquoi et comment il faut apprécier Molière, La Fontaine, Rabelais, Voltaire, La Bruyère (« Ménalque descend son escalier... »). Par contre, Corneille, Racine, *La Chanson de Roland*, Rousseau, Lamartine... Oh, les sales cons, les prétentieux, les enfoirés d'enquiquineurs de pauvres gosses! Et le roi des emmerdeurs : Chateaubriand... Dix pages à l'avance t'as compris où ils veulent en venir, ça fait rien, pas de pitié, tu te les appuieras les alexandrins si tant harmonieux! Ce triste grand con de Rodrigue avec sa bêlante Chimène, depuis le début t'as pigé le bazar, le paradoxe sublime, l'atroce déchirement qui qu'aurait dit ça ma pauv' dame... Comment ça finit, pas dur à deviner, puisque la règle du jeu c'est l'honneur avant tout. N'empêche, tu t'appuieras tout le machin, parce que le suspense c'est bon pour les grossiers, toi t'es là pour goûter les austères délices de la forme... Merde! Le comique, ce qu'ils appellent, c'est la vie, quoi, ça va ça vient, ça te secoue, tu participes. Le tragique est toujours mélo, toujours. Pour faire pleurer ou faire frémir, y a pas cinquante trucs, y a que le mélo. Mélo chic ou mélo popu, mélo sublime sur douze pieds ou mélo roman-feuilleton, mélo moral ou mélo cynique : mélo. *Le Cid* ou *Pépé le Moko*, même chienlit. Je donne tout Homère pour *Gargantua*. Et comment!

Le tour du monde

Ma fugue, je l'ai faite à quatorze ans. Et d'abord, c'était pas une fugue. Une fugue, ça veut dire une toquade, un coup de tête, un caprice. Moi, je partais pour de bon. Pour toujours. Je partais faire le tour du monde.

Ça faisait longtemps que j'y pensais, des années. Que ça mûrissait dans ma tête. L'idée de partir, d'être de nulle part, d'être obligé par rien, d'aller partout, de se poser où t'as envie, tu restes tant que tu te sens bien, et puis bonsoir, on remet le sac sur l'épaule, en route pour plus loin.

A pied, naturellement. Sac au dos. Toutes tes affaires tout ton fourbi sur toi. D'ailleurs, le minimum. Traverser vite vite les pays civilisés, les pays à usines, à complets-veston, à cravates, à flics, à routes bien tracées, à champs bien carrés, les pays où tout s'achète avec du fric, avec du travail, pour arriver enfin dans la jungle.

Une fois dans la jungle, là, tu prends ton temps. T'es chez toi. Dans la nature. T'en chies, d'accord, mais t'es libre, dis donc.

Tout seul, naturellement. C'est comme ça que je me voyais : tout seul. J'y pensais même pas, c'est maintenant que je me rends compte que, spontanément, inconsciemment, je me voyais tout seul dans ma grande balade sans fin. Me faisant des copains par-ci par-là chez les sauvages, des copines, peut-être une que j'aimerais la grande passion et elle aussi, sûrement, même, et à partir de là on serait deux à faire le tour du monde, mais bon, rien ne pressait de ce côté-là, ce que je voulais par-dessus tout c'était une vie où il faudrait sans cesse marcher, grimper, descendre, courir, sauter, nager, monter aux arbres, se balancer au bout d'une liane pour franchir la rivière aux crocodiles, bouffer des bananes, des noix de coco, des noisettes, des salades sauvages, des tas de trucs bons à manger qui poussent tout seuls dans la jungle y a qu'à se baisser, plonger dans le torrent sous la cascade qui fait l'arc-en-ciel, faire copain-copain avec les éléphants, avoir mon chien fidèle toujours à mes côtés qui m'avertit du danger, écrase d'un coup de croc la tête du cobra qui s'élançait, mortel, et me donne son regard de chien, le soir, à la veillée, sous les étoiles étrangement brillantes, devant le petit feu de bois tout discret pour pas attirer l'attention des indésirables... Très sportif, très boy-scout.

Etre aussi con à quatorze ans! Plutôt en retard, question maturité... Pour être franc, y a pas grand mieux maintenant que j'en ai seize. Je dis que j'étais con mais, au fond, je sais bien que j'y crois toujours, plus ou moins. Je renfonce ça, c'est tout. Je me demande si je mûrirai un jour.

A l'origine, c'est sûr maintenant que j'y repense, il y a eu *Le livre de la Jungle.* On l'avait dans la biblio de la classe, chez le père Bouillet, les deux volumes, c'est comme ça que j'étais tombé dessus. Faut croire que j'étais juste fin prêt pour ce genre de truc, bien mûr bien à point, juste le vrai bon moment, un peu plus tôt un peu plus tard ça faisait pas le même ravage.

Mowgli-la-grenouille, l'enfant d'homme élevé par les loups, c'était moi, de toute évidence, de toute éternité. Pas tellement ses aventures qui me prenaient au ventre, mais la jungle énorme tout autour comme une grosse mamelle tiède, pleine de bon à manger si tu la connais, de méchant qui pique si tu la connais pas, le clair-obscur vert d'eau du sous-bois, les bêtes grouillant partout, petites et grosses, invisibles mais vachement là, la bonne chaleur du clan, la tanière, l'odeur de loup... Et puis, tout ce monde qui était l'ami de Mowgli : Bagheera la panthère noire, Baloo l'ours, Kaa le grand python blanc, la horde des loups gris... Ça surtout, j'aimais bien. Je crois que j'ai besoin que tout le monde m'aime, je peux pas supporter qu'on m'aime pas, c'est con, je sais bien, c'est une faiblesse de caractère, ça peut vous rendre lèche-cul si on fait pas gaffe, enfin, bon, ça explique qu'au cinoche ou dans les livres je m'identifie mal avec les héros détestés, ou suspectés, ou en disgrâce, c'est comme ça.

A ce moment-là, j'étais intoxiqué de Tarzan, comme tous les mômes. Jusqu'aux oreilles. Il y avait eu, comme je vous ai dit, l'irruption des illustrés américains. Tarzan nous était tombé dessus du haut d'un baobab géant en gueulant son grand terrible gueulement. Il avait d'un seul coup balayé nos d'Artagnan, nos Rouletabille. Dans la cour de l'école, à la récré, les duels de mousquetaires avaient cédé la place aux combats corps à corps avec le lion. Nous construisions, dans les arbres autour du Fort, des cabanes perchées absolument invisibles (invisibles jusqu'au lendemain, jusqu'à ce que les brassées de feuillages hissées à grand renfort de sueur et d'engueulades se fanent et jaunissent comme de vieilles énormes dégueulasses salades flétries pendouillant de là-haut). Nous poussions le grand épouvantable gueulement de l'homme-singe en dévalant l'escalier, à vous figer le sang, les canaris dans leurs cages étranglaient net leur chant... Zorro n'était pas là, pas encore. Tarzan l'avait battu de quelques courtes années. Ne pas lâcher tous les héros sublimes dans la nature en même temps, faut que chaque génération ait le sien. Notre génération, c'est celle de Tarzan.

J'ai donc connu Tarzan avant Mowgli. Charrue avant les bœufs. N'étant ni scout ni fils à papa, je ne sus pas voir que Mowgli était le Tarzan des scouts et des fils à papa. Et que Tarzan était le Mowgli des purotins. Je vis seulement, mais ça, tout de suite, que Tarzan n'était qu'une très lourde, très brutale et très bête imitation du *Livre de la Jungle*, très bien dessinée, aussi (c'était la fabuleuse version Hogarth, en couleurs), quoique d'un dessin figé et pompier, une imitation de pacotille réduite à des bagarres sans surprise de bons contre méchants, la jungle et les bêtes n'étant là que pour le décor et pour fournir les épisodes périlleux obligatoires afin que Tarzan puisse faire jouer ses triples biscoteaux devant Jane et lui sauver la vie de temps en temps.

Il y avait les animaux sympas et les sales fumiers. Les sympas étaient avant tout les éléphants, si forts si invincibles, même un tigre peut pas les baiser, il se casse les crocs sur le cuir, et alors l'éléphant, crac, il lève juste la patte, un peu, et le tigre, ouah, comme une crêpe, et pourtant pas crâneurs pas rouleurs de mécaniques pour deux ronds, les éléphants, moi, à leur place, merde, comment que je dirais c'est moi le roi, tous à genoux, vermine, se fantasme dans sa tête le lecteur brimé parce que plutôt gringalet dans ce monde de peaux de vaches. Dans les sympas, il y avait aussi les singes, parents adoptifs de Tarzan, fidèles jusqu'à la mort, les girafes gracieuses, les antilopes rapides et, en général, tous les mangeurs d'herbe, et aussi le lion, parce qu'il est noble, l'aigle, parce qu'il l'est encore plus, l'hippopotame parce que c'est un bon gros. Par contre, le tigre, l'hyène, le chacal, le crocodile, le vautour, le serpent, quelles ordures fourbes et puantes!

Les braves bêtes amies de l'homme étaient dessinées avec de bonnes bouilles d'hommes loyaux et souriants, les sales bêtes avec des gueules de sales types, ça doit être difficile, ça, faire des gueules de bêtes qui ont l'air de gueules d'hommes et qui sont quand même des gueules de bêtes... Les nègres sauvages, ça dépendait. Il y avait les bons nègres, ceux qui étaient amis des bons Blancs et aidaient à la pénétration de la civilisation pourvu qu'elle apportât le confort sans les inconvénients du confort et qu'elle leur apportât, notamment, à eux, bons nègres, un pantalon et une place de balayeur municipal. Il y avait, hélas, les mauvais nègres, amis des mauvais Blancs, des aventuriers à gueules de gouapes, des rascals qui n'avaient qu'une idée en tête : retrouver le grand cimetière des éléphants pour voler l'ivoire ou persécuter lâchement la belle princesse, unique rescapée du Royaume Perdu, afin de lui faire avouer où était caché le fabuleux trésor. Ces nègres-là étaient souvent ivrognes (on m'a affirmé qu'il est défendu de montrer des gens soûls dans les bandes dessinées, mauvais exemple pour la jeunesse, mais des négros soûls, on peut) et volontiers anthropophages, des vrais fumiers tout à fait pourris, quand Tarzan leur faisait gicler les tripes par le cul ils l'avaient pas volé.

Bref, Tarzan, c'était Mowgli mis à la portée de ces gros cons qui, dans une histoire, ne veulent que l'action et rien autour, et même, l'action, se la veulent sans complications, sans chichis : Tarzan repère le salopard, il lui plonge dessus lui rentre dans le lard, mais d'abord il a poussé son grand foudroyant gueulement, parce que c'est pas un lâche qui attaque à l'hypocrite, chacun sa chance, que le meilleur gagne, le meilleur c'est Tarzan, naturellement, sinon le gros con ne rachèterait pas le journal, et bon, le gros con est content avec ça. Je suis peut-être un peu méprisant mais, merde, ils ont qu'à ne pas être si cons, c'est chiant, à la fin, tout est fait pour les cons, y en a que pour eux, si t'es pas tout à fait assez con t'as du mal à pas te faire chier, sur cette putain de planète! Bon. Ma fugue.

Donc, tout ça est d'abord la faute au petit père Kipling et à son *Livre de la Jungle*. Un peu à Tarzan, aussi. Peu importe. Ç'aurait pas été ça, ç'aurait été autre chose. Ça me confirmait dans ce que j'avais envie de croire. Même sans confirmation, j'en serais arrivé au même point. Je prenais de plus en plus conscience que je ne voulais pas devenir ce qu'étaient les autres, les gens. Ils me foutaient la trouille. Si vraiment il n'y avait que ça, le boulot, la famille, les gosses, la vieillesse et le trou au bout, alors c'était le désespoir. A moins d'offrir ça au petit Jésus, mais justement, le petit Jésus, y en avait plus. Je croyais, je voulais de toutes mes forces croire à une vie autre, à une vie libre, bien à moi, une vie de vagabondage dangereux mais aimable dans le cher fouillis vert, maternel et nourricier.

Si les gens vivent leurs tristes vies de cons dans ces mornes pays de cons, c'est parce qu'ils ont la trouille. Il leur faut la Sécurité, le Confort et la Dignité. Voilà ce que je pensais. Ils n'aiment pas se fatiguer, ils bouffent comme des vaches, ils boivent l'apéro, ils discutent de conneries à perte de vue, ils jouent aux courses, ils s'intéressent au football, ils prennent du bide sans se dégoûter d'eux-mêmes, ils s'en foutent d'être moches répugnants mous dégueulasses pourvu qu'ils aient une cravate, de se faire chier dix heures par jour et toute la semaine et toute la vie pourvu qu'ils aient la paye et le cinoche avec Maimaine le samedi.

J'avais eu un premier contact, bref mais brutal, avec le travail. Le vrai, le travail d'usine. J'en étais resté épouvanté. Je m'en suis jamais remis.

C'était l'été d'avant, pendant les vacances. Je commençais à en avoir plein le cul de l'école. Les « Elève doué mais dissipé, peut mieux faire » étaient devenus des « Paresseux et agité. Nous déconseillons la poursuite des études » (J'avais fauché dans le bureau du surveillant général un livret vierge sur lequel je portais en écritures variées des appréciations un peu moins méprisantes, à l'usage de maman, qui le signait après épluchage minutieux. Le vrai, je le signais moi-même). Je ne brillais plus que dans les matières qui m'amusaient, les matières pour feignant doué : français, vaguement anglais, dessin d'art. Qui se soucie du dessin d'art? En math, je coulais à pic. Le reste, bof.

Les zétudes m'emmerdaient. Ou plutôt, non, c'est pas exactement ça. Je m'étais mis dans le crâne qu'elles ne conduisaient qu'à des métiers qui rendent les hommes spécialement mous, faibles, moches, jaunâtres. Qu'elles faisaient d'eux des machins informes et pendouillants, gras du bide, lourds du cul, avec des bras flasques de vieilles. Des bureaucrates, pour tout dire.

Si je travaillais bien, si je canais pas en route, si je décrochais mon brevet et l'entrée à l'Ecole normale, alors, peut-être — rêve doré de maman — m'arracherais-je à la condition ouvrière pour devenir instituteur. Professeur si j'en mettais vraiment un sacré vieux coup. Ben, oui. Des profs, j'en avais sous les yeux. Je les aimais bien, il y en avait de très braves, leur savoir me fascinait, mais l'idée d'être un jour comme eux me foutait dans les angoisses. D'être physiquement comme eux, je veux dire. C'est qu'à l'époque, pour moi, le physique passait avant tout. Le complexe de Tarzan, toujours. J'imaginais pas qu'on puisse être vraiment intelligent si on n'était pas un athlète. La mocheté du corps était le signe visible de la dégénérescence, et les boyaux de la tête étaient forcément aussi gélatineux que les muscles abdominaux. Con comme un des Jeunesses Hitlériennes. Hitler sait parler aux jeunes.

J'attribuais au métier ce qui revenait à l'âge. Mes profs étaient tous amplement quadragénaires, et même quinqua. T'imagines Tarzan quinquagénaire? Mowgli prenant du bide et chaussant des lunettes? Moi quinqua? Jamais. Je serai mort avant, longtemps avant, en pleine forme, ou alors on aura trouvé moyen de supprimer la vieillesse et la mort, la science cavale dur, ces temps-ci. Et puis d'abord, j'y pensais même pas. La vie, c'était maintenant, et maintenant c'était toujours. Je voyais l'avenir comme si j'allais avoir quatorze ans à perpète.

Enfin, bon, j'ai tellement râlé, à la maison, que les profs étaient des aztèques et des dégénérés (dégénéré, c'était le mot à la mode), que j'en avais archimarre de perdre mon temps à des conneries (je faisais l'école buissonnière au moins deux jours par semaine, pas par plaisir mais à cause de devoirs que je pouvais pas rendre parce que pas faits, ce qui entraînait un enchaînement de mensonges, de signatures truquées et de remords en poupées russes...), qu'à la fin maman m'a dit :

— Tu préfères aller travailler?

J'ai dit :

— Oui. Je veux faire un travail d'homme. Les scribouillages, c'est pour les lavettes. Et puis, je veux gagner ma croûte tout de suite, pour vous aider. Je disais ça parce que je savais que c'était ce qu'il fallait dire. Et en effet.

Maman a eu de la peine. Papa aussi. Ils avaient tellement rêvé leur fils devenu quelqu'un dans les écritures! Postier, ou maître d'école... Mais ils étaient quand même fiers d'avoir un petit gars pas feignant, et avec du cœur.

Et justement, le fils Hirsch, qui habitait l'immeuble, travaillait dans une boîte où on demandait un apprenti. Maman a dit :

— Tu finis d'abord ton année d'école, ça serait pas correct.

Au premier jour des vacances, je me suis retrouvé devant une fraiseuse, dans un atelier de décolletage où turbinaient une dizaine d'ouvriers, des jeunes, des vieux.

Tu prenais de la main gauche une pièce dans le chariot à ta gauche, tu la mettais dans le machin, tu tournais, de la main droite, le truc pour serrer, tu embrayais la courroie, une petite roulette hargneuse avec des dents de requin se jetait sur la pièce d'acier, lui mordait la gueule dans un hurlement affreux, la limaille giclait, t'appuyais sur le levier jusqu'à ce que les dents féroces aient creusé la pièce bien à fond, là tu tirais en arrière, tu débrayais, tu desserrais, t'empoignais la pièce pour la balancer dans l'autre chariot, à ta droite, pas se gourer... Merde, ça brûle! Prends le chiffon, eh, ducon! Les mecs se marraient.

Trois mille pièces par jour. Minimum. Au-dessus, t'avais un boni, qu'ils appelaient. Au-dessous, t'étais viré. Et attention, les pièces mal foutues étaient déduites.

Prendre à gauche, serrer, embrayer, crrrouiiikk, débrayer, desserrer, poser à droite. Trois mille fois.

Merde.

Pendant ce temps-là, le soleil brille dehors. Non. Il n'y a pas de dehors, pas de soleil. Il n'y a, il n'y a toujours eu, que cette putain de machine noire, que ces putains de pièces noires, que ce cambouis, que ces murs noirs, l'électricité du matin au soir, l'odeur de ferraille torturée et d'huile chaude, et la pendule.

La pendule. Je me jurais que le prochain coup que je la regarderais il se serait passé au moins un quart d'heure. Je regardais : une demi-minute. A chialer. Et quand je sortirais, ça serait la nuit, ou tout comme. Les potes seraient au coin de la rue, appuyés à la devanture à Sentis, se dandinant sur leurs vélos et ricanant aux gonzesses qui passent. Ils se raconteraient leurs conneries de la journée. Roger Pavarini, Guy Brascio, les Burgani, Jean-Jean et Piérine, Italo Minelli, Charlot Bruschini, Jojo Vapaille... Moi, ahuri, j'étais là et j'étais pas là, les jambes en plomb, dix heures debout sans bouger devant cette saleté de machine qui m'aimait pas, je le sentais, et demandait qu'à me choper un doigt dans ses voraces petites dents à bouffer l'acier... J'étais crevé d'une sale fatigue, pas la bonne grosse fatigue musculaire, j'avais même pas faim, mais surtout je comprenais en pleine gueule, pleins phares, que la vie c'était ça, la vie normale : tous les matins tu t'arraches, tu fonces au turbin les yeux encore collés, tu prends la pièce à gauche, crrrouiiikk, tu la poses à droite, trois mille fois, à midi la gamelle, le soir t'émerges, hibou clignotant, dans la ville, dans la vie, qu'est pas ta ville, qu'est pas ta vie, t'es étranger à tout ça, le hibou qui passe, qui clignote vers son plumard pour se refaire des forces parce qu'il faut des forces pour bosser demain, discuter avec les potes au coin de la rue j'avais pas envie, ça me crevait le cœur, j'étais plus d'ici, j'avais passé la ligne, j'avais plein la tête de pièces, de crrrouiiikk, de cambouis, de pendule, d'attendre la sortie, la sortie elle était là, j'y étais en plein, dans la rue, avec mes potes de toujours, et merde ça n'avait pas le goût que j'avais attendu tout au long de cette putain de journée, le vieux goût des jours d'avant, que dalle, rien qu'un goût de c'est fini, t'es un homme, mon fils, un vaillant petit gars qui gagne sa croûte et qui ramène la paye, fini l'enfance, fini les potes, fini la vie, t'es tombé du nid t'as pris le coup de latte dans le cul, vole ou crève, la vraie vie commence, noire, con, chiante, chiante, chiante, comme ça jusqu'à soixante-dix, quatre-vingts, jusqu'à ce que tu crèves ou que tu chies sous toi.

Le soir, une demi-heure avant l'heure, mézigue et l'autre arpète on balayait les copeaux de ferraille, on nettoyait les machines, on rangeait les outils. J'aimais presque. N'importe quoi plutôt que la fraiseuse et les trois mille pièces.

Au bout de la quinzaine, la patronne m'a dit, en me filant mon enveloppe :

— T'es un bon petit gars, mais trop tête en l'air. Je crois pas que tu feras l'affaire. T'es pas bête, c'est pas que tu sois feignant, mais y a quéque chose, je sais pas quoi. Tu serais plutôt le genre intellectuel, à mon avis.

— Les intellectuels, c'est des tas de merde, je lui réponds.

— Mon fils est à Centrale, il reprendra l'affaire, qu'elle m'a dit, constipée. En attendant, t'as pas une seule fois fait tes trois mille, et de loin. Alors, pour le boni, ça serait plutôt toi qui me dois. Sans compter les fraises que tu m'as bouzillées, de l'acier suédois que je fais venir exprès, je sais pas si tu te rends compte.

Ça fait que le lendemain je plongeais dans la Marne, avec les potes, depuis le Champ-aux-Vaches, pour alpaguer le cul des péniches et nous faire tirer jusqu'à l'île d'Amour. Le vieux temps était pas mort, pas encore ce coup-ci, et merde, vive la vie et le soleil!

J'avais du moins appris que les manuels sont aussi moches, aussi flasques, aussi cons, aussi esquintés que les instruits, avec en plus la gueule sale et des varices parce qu'ils restent debout sans bouger.

J'en suis arrivé à cette conclusion déprimante : le travail me faisait peur, donc j'étais un feignant. La pire tare au monde. Je me sentais coupable, énormément. Mais, surtout, anormal. L'impression d'être un monstre, un mec tombé d'une autre planète. Tout le monde bossait, à des boulots chiants, tout le monde devenait vieux et crevait après s'être fait chier toute la vie, et n'en faisait pas tout un plat, et ne se privait pas de goûter les bons petits moments qu'il y a toujours par-ci par-là.

En tout cas, bon, anormal ou pas, feignant ou pas, je m'aimais comme ça, fallait faire avec.

Si je devais mener la vie de pion ou de mec d'usine,

plutôt crever, ça, au moins, j'en étais sûr. Il restait bien la vie de chantier. Les maçons, avec leurs gros bras et leur belle mine, toujours dehors, toujours en l'air, près du ciel, pas loin de la nature, un jour ici un jour là, me paraissaient drôlement plus virils et beaux que les moisissures de bureau ou les boursouflures de cambouis. Mais les vieux, pas question. Papa voulait pas que je connaisse la même misère que lui, maman aurait eu trop honte auprès des voisines que je sois bon qu'à faire un garçon maçon après tous les sacrifices qu'elle s'était imposés. (Sacrifices? J'avais gagné une bourse d'Etat, c'était un concours national, vachement difficile, même, je m'étais classé premier du canton, papa allait toucher le fric tous les trois mois à la poste, même qu'il lui fallait à chaque coup deux témoins patentés parce qu'il signait d'une croix, et après il emmenait les témoins boire le coup. En somme, je payais ma pension, à bien regarder.)

Alors, bon. Autant tenir le coup jusqu'au brevet. Après, on verra.

Ben, oui, mais v'là aut'chose. Pour le brevet, j'étais trop en avance.

Quand j'avais passé mon certif, j'étais déjà à l'Ecole supé depuis deux ans, ils m'avaient admis sans, faveur spéciale, j'étais le phénomène de la commune, le petit prodige, le génie en herbe, ça les faisait bien un peu chier que je sois un Rital cul-bénit et un pouilleux, y avait là comme une injustice, une ironie du sort, confiture aux cochons, mais bon, ils avaient été beaux joueurs, m'avaient déroulé le tapis rouge. Les malheureux! Je devais bien les décevoir. La puberté est la mère de tous les vices.

Malgré mes conneries, j'avais pas perdu mon avance. Me voilà donc en année du brevet à quatorze piges. Je remplis les paperasses. Papa signe : une belle croix. Le dirlo me convoque dans son burlingue. Cavanna, j'ai fait pour vous une demande de dispense d'âge au service des examens. Ils ont été formels : aucune dispense, pour qui que ce soit. Il faut obligatoirement avoir seize ans révolus dans l'année du brevet. J'ai insisté. J'ai des relations au ministère. Rien à faire. Vous voilà donc obligé de redoubler. Croyez que je le regrette autant que vous, car vous êtes devenu un élément perturbateur dont tous les professeurs se plaignent, même ceux qui se plaisent par ailleurs à reconnaître vos dons certains. Il est regrettable que vous vous soyez ainsi brusquement laissé couler jusqu'à la lie de votre classe. Enfin, ceci vous regarde. Je déplore autant que vous-même cette circonstance qui nous oblige à prolonger notre cohabitation. N'oubliez pas que j'ai l'œil sur vous. Ne fichez rien si ça vous chante, je me désintéresse de vos résultats, mais ne nuisez pas au travail de vos camarades. A la première plainte à votre sujet, c'est la porte.

Il parlait comme ça, Phalo. On l'appelait Phalo. Ou Bras-de-Fer. Il avait un bras en fer, articulé. Quatorze-Dix-huit, évidemment. Il s'appelait M. Hachet. Une allure terrible.

A partir de là, je me suis mis à gamberger sec côté grande aventure, courir la brousse, bouffer des bananes sauvages, tout ça, quoi. Je voyais pas que c'était tout simplement une vie de clochard. Mowgli, un clochard? Et Tarzan?

Un os : les vieux. A la base de la grande fuite, il y avait ça. L'arrachement. D'y penser, la grande chiasse me ravageait la tripe. Même avant d'y penser, juste avant. Je sentais l'angoisse monter, je me disais ça y est, je vais penser aux vieux, vite je pensais à autre chose, de toutes mes forces. Aux provisions à emporter, par exemple. Passionnant, ça. Rien que du très concentré, du nourrissant sans que ça pèse lourd... N'empêche que le serre-tripe était là, tapi dans un coin, fallait faire tout le temps gaffe pour pas repenser au sale moment où les vieux comprendraient que je rentrerais pas, plus jamais.

Naturellement, je partirais en loucedoque. Pas question d'annoncer la couleur. C'était surtout d'avoir l'air con qui me gênait. Je savais bien que mes idées de vagabondage dans la verdure étaient dingues, enfin auraient été décrétées dingues par tous les gens sensés, c'est-à-dire par les cons. J'ai toujours eu très peur du ricanement des cons. Ça m'empêche pas de faire ce que j'ai dans l'idée de faire, mais je le fais en douce, ou en le déguisant derrière un truc très raisonnable très bon con.

Même aux copains, j'ai rien dit. Même à Roger. Pas qu'il soit con, mais j'avais dans l'idée qu'il se serait foutu de ma gueule, je suis comme ça.

Plus tard, j'ai trouvé un autre truc pour calmer l'angoisse aux tripes : je me disais que c'était pas pour tout de suite. Fallait d'abord bien calculer son coup. S'équiper. Chouette, ça, s'équiper. C'est matérialiser le rêve, le palper dans ses mains, vachement excitant. C'est se donner le plaisir de passer à l'exécution sans se mouiller vraiment, on se dit qu'on peut toujours arrêter les frais...

Il me fallait un matériel sérieux de coureur d'aventures qui ne peut compter que sur lui-même et sur ce qu'il a dans ses poches.

D'abord, un couteau. Maître-objet, symbole, fétiche. Arme. Pas d'aventurier sans couteau. Un suisse, je voyais, avec plein de lames et la croix suisse gravée sur le manche, sans ça c'est de la camelote. Qu'est-ce que j'ai pu me masturber l'imagination sur ce couteau! Jusqu'à l'hallucination. Il aurait une grande large lame que quand elle est ouverte c'est un vrai poignard, avec la rigole pour le sang, coupant comme un rasoir, t'appuies sur un bouton secret, tchac, elle jaillit, un éclair bleu, et qu'est-ce que tu dis de ça? Equilibré au petit poil pour le lancer, tu mets dans le mille à cinquante mètres, mieux qu'un fusil, dix centimètres de pénétration dans du cœur de chêne, pardon. Il aurait une petite lame canif pour tailler les crayons, une lame tire-bouchon, une lame scie, vachement terrible, en acier incroyable, qui couperait même le fer en moins de rien, une lame ciseaux, une lame poinçon, une lame tournevis, une lame vrille, tout ça rentrant impeccable dans le manche sans en altérer la forme élégante et virile... Ouais. J'ai réussi à échanger, contre un paquet d'illustrés, un schlass à Piérine, qui l'avait fauché dans une bagnole. Il avait l'air assez suisse. Il avait peut-être pas tout à fait autant de lames que j'aurais aimé, la grande lame ne dépassait pas la paume, même en trichant un peu (une lame qui dépasse la paume est, paraît-il, interdite, port d'arme prohibée, donc grand sujet de fierté) et la petite lame était cassée, mais j'étais puissamment heureux : c'était mon premier couteau. Mes rêves sont grandioses jusqu'au délire et précis comme des plans d'architecte, mais une réalité nettement en dessous me transporte de joie.

La lampe de poche. Je me la voyais puissante jusqu'au ciel, avec un truc pour changer de couleur et un pour faire du morse, et plein d'autres machins merveilleux. Je réussis avec bien du mal à me payer une Wonder carrée, lampe de concierge pour descendre à la cave. Elle me paraissait fabuleuse, merveille de la science, objet inouï. J'avais pour elle les yeux d'un paysan du temps de Louis XIV. C'était ma première lampe électrique de poche.

Le briquet, je me le voulais capable de s'allumer même sous la pluie, même dans la tempête. Papa, dans son fourbi, en avait un, cassé, mais muni d'un coupe-vent, merveille. Avec les morceaux de deux ou trois autres débris, je l'ai remis en état. Mon premier briquet.

La boussole, je l'ai fauchée à l'école à un mec qui savait même pas qu'il en avait une. La corde, c'était un cordage de maçon, quatre mètres, avec l'œil au bout.

Dans l'exaltation, je rassemblai un nécessaire de couture, de ressemelage, des lacets de rechange, des pièces pour le fond de culotte, une hachette-marteau prise dans la cave, des tenailles, des pinces, des clous.

Et pour me diriger autour du monde, j'emportais mon atlas de classe, j'en avais touché un tout neuf, très beau, dont les cartes aux couleurs fascinantes me transportaient en plein rêve. Avec ça, j'étais sûr de jamais me paumer. L'Afrique tout entière faisait bien quinze centimètres de haut. Les montagnes étaient en marron de plus en plus foncé à mesure que ça montait de plus en plus haut, la forêt en vert de plus en plus vert à mesure qu'elle devenait de plus en plus vierge. Je sentais la fraîcheur des grands palétuviers que caressait la brise du soir, j'entendais les singes hurleurs.

Enfin, bon, au bout de tout ça, me voilà sur une saloperie de route tortillante perdue en plein Massif Central, qui grimpe depuis trois heures et qu'a pas l'air d'avoir envie d'arrêter de grimper, aucune raison, en danseuse sur mon demi-course bleu du certificat d'études, un sac à patates sur le dos, mal au cul, mal aux couilles, mal à l'os entre cul et couilles, les pieds gelés. Et la neige qui se remet à tomber.

Et Jojo Vapaille qui râle, derrière, sur son vélo porteur.

C'est pas exactement comme ça que je voyais la chose, dans mes projets. Je me demande si c'est toujours comme ça, s'il y a toujours un petit décalage, un petit ajustement entre le projet et la réalisation du projet, et puis un autre petit ajustement, et encore un autre, et à la fin un tel tas de petits ajustements que le projet il a une gueule tout de travers, une gueule que peut-être t'aurais même pas reconnue si on te l'avait collée sous le nez sans prévenir, et le goût est tellement changé, de ton projet, que t'arrives plus à savoir si t'as encore autant envie ou si c'est seulement l'élan, et bon, t'y vas quand même, quoi, tu vas pas caner, tu t'en étais tellement promis, mais enfin, merde, c'est plus ce goût-là, quoi.

D'abord, pourquoi la neige? Parce qu'on est en février. Pourquoi prendre le départ justement en février? Eh, parce que justement c'est février, mois de boue et de merde, et que ça me donne une terrible faim de cocotiers. Parce que, aussi, l'école, j'en ai tout à coup jusque-là à en vomir et qu'il y a encore cinq mois à tirer. Parce que... Parce que ce qu'on voudra, je sais pas, moi, parce que j'en ai marre de me branler le dedans de la tête sur du projet en l'air, disons, et que brusquement je me suis dit c'est maintenant ou jamais, tu rêves tu rêves tu feras jamais rien, fous-toi au jus une bonne fois, quand t'es dans l'eau tu nages.

Peut-être aussi, un peu, parce que juste à ce moment-là Jojo Vapaille en avait plein le cul de sa vieille et qu'il arrêtait pas de parler de se barrer au diable chercher du boulot et vivre sa vie.

C'était un copain d'entre les copains, Jojo. Pas spécialement intime. Assez petit, blond, yeux bleus, pince-sans-rire. Très droit sur son vélo porteur * vert pomme dont il ne descendait jamais. A l'arrêt, il faisait du sur-place, chose prestigieuse mais extrêmement absorbante.

Voilà pourquoi la neige et pourquoi Jojo Vapaille. Mais pourquoi le vélo? Parce que, voilà, mon vélo avait réussi à se faufiler dans la panoplie du coureur de monde, sur les derniers temps. On est très attachés l'un à l'autre. Je ne l'avais omis du projet que tant que la réalisation était tellement lointaine que je pouvais ne pas trop insister sur les détails. Je me voyais à pied, seul moyen de locomotion naturel (j'étais obsédé par la notion de « naturel », mais c'était surtout pour la pureté du coup d'œil, je m'en rends compte maintenant), la silhouette de l'Homme dans la Nature c'est celle d'un type debout sur ses pieds et marchant, silhouette pure comme celle d'un bel animal, sans accessoires mécaniques... Et puis, le projet se précisant, il m'a fallu regarder les choses en face, et je me suis avisé qu'il me faudrait abandonner mon cher vélo, mon inséparable. Déjà que j'abandonnais les vieux, remords et déchirement, s'il fallait aussi que je m'ampute de ce prolongement de moi, c'était trop. J'ai fait entrer le vélo dans le projet. Pour justifier ça dans l'ordre du « naturel », je me suis raconté qu'un aventurier devait se déplacer vite, qu'un vélo porterait sur ses porte-bagages quatre fois plus de fourbi que moi sur mon dos, que sur un vélo on fait la nique aux vipères, que tant

* Le vélo dit « porteur » avait une allure très spéciale : gros pneus, roues plus petites (de 650!), garde-boue larges et très enveloppants en tôle de la même couleur que le cadre, petit guidon plat très étroit dont chacun s'ingéniait à personnaliser la position et, caractéristique essentielle, un frein à tambour qui se manœuvrait d'un coup de pédale en arrière. C'était par excellence le vélo des porteurs de journaux.

qu'il y a un sentier de chèvres un vélo passe, et qu'à bien regarder la silhouette d'un homme pédalant sur son vélo était aussi sportive que celle d'un piéton et presque aussi naturelle. D'un naturel plus moderne, disons. A peu près rasséréné du côté esthético-idéologique, j'ai donc admis solennellement le vélo à entrer dans le projet, et je me suis mis à songer à l'équiper.

J'en ai pas eu le temps. Mon soudain trop-plein de tout, l'occasion Jojo Vapaille, hop, on saute en marche. Pas de porte-bagages, pas de sacoches rationnelles, même pas un sac à dos de campeur. Un sac à patates fauché dans la cave, des courroies faites d'une ficelle attachée aux cornes du sac en gros suçons, à ma ceinture ou dans mes poches les trésors patiemment amassés : couteau, boussole, briquet, lampe Wonder. Dans le sac, une chemise de rechange, un slip, une paire de chaussettes, un pain de savon de Marseille, deux kilos de sucre, des petits-beurre, trois boîtes de sardines, deux boîtes de pâté de foie, une plaque de chocolat Menier à cuire (C'est plus sain que toutes leurs cochonneries au lait qu'il y a pas plus trafiqué, dit maman, et ça coûte moins cher), un kilo de pruneaux raflés au dernier moment, rien que du concentré, rien que du nourrissant. Et mon bel atlas de classe enveloppé dans un torchon.

J'ai pris les sous de ma tirelire, et aussi ceux que maman m'avait laissés pour les courses. J'ai placé sur la table, bien au milieu, la lettre que j'avais écrite, gorge serrée, en moulant les lettres avec soin :

« Cher papa, chère maman,

Je m'en vais parce que j'en ai assez de l'école et que je veux voir du pays. Je n'ai rien du tout contre vous. J'ai beaucoup de peine de vous quitter, surtout quand je pense à la peine que je vous fais, mais c'est plus fort que moi, il faut que je m'en aille. Je vous donnerai de mes nouvelles. N'ayez pas trop de chagrin. Je vous aime beaucoup. Je vous embrasse très fort.

François. »

J'ai regardé la cuisine, la toile cirée avec les grosses fleurs tout usées, l'ampoule au bout de son fil et l'abat-jour en tôle verte dessus et blanche dessous, la cuisinière noire avec ses ferrures luisantes et sa barre de cuivre astiquée, la « pierre à l'évier », le grand baquet de fer pour la lessive poussé dans le coin avec la lessiveuse dedans, le drap qui sèche d'un mur à l'autre sur le fil de fer, les boîtes à épices cabossées « Cacao Van Houten » sur la planche, tout ça, quoi. J'ai regardé bien attentivement chaque chose, chaque détail, pour les, comme on dit, graver dans ma mémoire, ça se fait. Je me suis dit c'est la dernière fois que tu vois ça, j'attendais le choc poignant, la grande émotion solennelle que ça aurait dû, mais rien. Rien de plus que l'angoisse de l'énormité de ce que j'osais faire, des cataclysmes que je déclenchais, des vies que je ravageais, saleté d'angoisse qui me tordait le ventre depuis des semaines, me le tordait de plus en plus fort.

Et merde, je me suis dit, ma vie est à moi, je suis libre, pour être libre faut être dur.

J'ai tiré doucement la porte derrière moi, je suis descendu en espérant ne rencontrer personne, j'ai pris mon vélo dans le hangar au père Moreau, j'ai pas osé m'arranger tout de suite le sac à patates sur le dos façon sac scout, je l'ai gardé à la main, j'ai descendu la rue debout sur une pédale.

Au bas de la rue, Jojo Vapaille m'attendait. Il devait être quatre heures et demie, papa ne rentrerait pas avant six heures, maman avant huit. C'est elle qui savait lire, ça nous laissait trois heures et demie d'avance. Je serre les courroies des cale-pieds, à droite, à gauche. En route.

Jojo Vapaille, ce qu'il avait dans l'idée, c'était de s'embarquer à Marseille comme mousse et de gagner sa vie sur les bateaux. Moi, c'était de m'embarquer comme mousse pour passer de l'autre côté. L'Afrique...

Mais, pour pas avoir l'air con, je disais comme lui.

Assis bien droit sur son porteur, sa musette au côté, sa

casquette sur l'œil, il avait l'air d'un arpète qui rentre du boulot, Jojo. Moi, courbé sur mon demi-course surbaissé, le sac à patates me battant la nuque, je sais pas trop de quoi j'avais l'air mais je sentais que la fière silhouette de l'aventurier en avait déjà un coup dans la gueule. Tu prévois tout bien bien, et finalement t'as rien prévu. Et voilà la pluie. La pluie est impitoyable aux silhouettes d'aventuriers.

Surtout une pluie de février, une saloperie de pluie glacée dégoulinante dans le cou de crépuscule de février. En moins de deux, mon mince blouson de suédine était traversé, mes pompes « cyclistes » — cyclistes 1900 — trouvées par papa dans une cave et rafistolées par moi avec de la ficelle me collaient aux pinceaux comme du tapioca froid. Très déprimant. Mais, merde, on s'était juré qu'on aurait le moral, on aurait le moral, merde.

Et d'abord, la pluie, qu'est-ce qu'elle pouvait lui faire, à mon moral, lui faire de pis que ce que lui faisait l'image de la lettre assassine, toute blanche, la salope, sur la toile cirée, au beau milieu de la table? Oui, bon. Pense à aut' chose.

Direction : plein Sud. Rien que ce mot-là, ça nous réchauffait. On s'est mis à chanter. Des chansons « dégueulasses », naturellement. « L'artilleur de Metz », « La grosse bite à Dudule »... Jojo en connaissait plein que je connaissais pas. J'apprenais les paroles tout en pédalant. La putain de pluie me martelait le crâne, les cheveux me collaient aux yeux.

On a quitté les banlieues, on a pédalé un bout de temps. A Champigny, on s'était acheté du pain, du pâté, et aussi chacun une pipe. Et du tabac, du gris. Ça nous paraissait bien de commencer l'aventure par une pipe.

La pluie redoublait, toutes les épaisseurs de fringues étaient traversées, ça nous ruisselait à même la peau. Maintenant, tout autour, c'était la campagne. La nuit était tombée, noire comme j'aurais pas cru possible, sans une lumière nulle part, que les loupiotes de nos vélos.

On est arrivés dans un petit bled. Mort. Une vague lueur jaune : la vitre d'un bistrot. On est entrés, il y avait des types au comptoir mais la salle était vide, on s'est assis à une table. Il faisait bon, là-dedans.

On a commandé du vin chaud. Le patron nous l'a servi tiédasse. J'ai jamais vu servir du vin chaud vraiment chaud, je sais pas comment ils se démerdent. Après, on a commandé des demis panachés, pour boire en mangeant notre pâté et notre camembert. Un demi panaché, c'est la fête. Jojo avait fauché un calendos à sa vieille.

On a bouffé comme des vaches, pas tellement qu'on avait faim mais j'avais dans l'idée que plus on mange plus on se réchauffe, forcément, puisque manger donne des calories. Des calories, on en avait salement besoin. Je claquais des dents, j'arrivais pas à retenir mes mâchoires de claquer. Des grands frissons brutaux me secouaient la colonne, tout le long. Jojo était bleu. On n'en parlait pas. On allait pas commencer à chialer à peine partis, non?

Fini de bouffer, on s'est allumé nos pipes. Avec mon briquet-tempête. Qu'est-ce qu'il marchait bien! Jojo a dit c'est jamais bon les premières fois, faut la culotter. C'est délicat à réussir, le culottage. Faut la bourrer toujours pareil, tirer dessus à petits coups, toujours pareils. Si tu la loupes, c'est loupé. J'opinais, gravement, en m'efforçant de tirer des bouffées bien égales. C'était vachement fort, putain! Déjà, les gauloises, je supportais pas tellement. Je connaissais que les hichelifes, les salammbos, les najas et autres bouts dorés achetées en se cotisant, tabacs délavés que méprisaient les hommes, les vrais. Jojo en était un.

On s'est commandé des calvas, toujours pour se réchauffer. On n'était plus que nous deux dans le troquet. Le patron commençait à nous mater bizarre.

Je me sentais la tête légère, je pensais aux vieux avec une angoisse devenue très supportable. Finalement, je m'en étais fait tout un plat, le remords c'est pas si terrible. On s'habitue.

Tout à coup, ouh là là, ça va pas. Sans prévenir, c'est le drame. Je cavale aux chiottes, une planche avec un trou hérissé de merde confite, j'ai que le temps, je dégueule tout le paquet, fouaff, et encore, et encore, à m'en arracher les boyaux.

Je suis revenu à table, flageolant, larmoyant, verdâtre. Jojo a dit, sentencieux : « La pipe, faut avoir l'habitude. » Ben, voilà. La saleté de pipe était là, froide, puant la pipe froide. Ça m'a projeté de nouveau droit aux gogues. J'avais plus rien à vomir, je vomissais ma gorge et mes dents, c'était pire que tout.

On a payé, on a demandé au patron :

— C'est quoi, comme bled, ici?

— Verneuil-l'Etang, il a dit.

Ah, bon. On a dit merci et bonsoir, on s'est retrouvés dans le noir, dans le vent, sous la pluie à seaux, et merde.

On a roulé sur peut-être trois cents mètres. Là, on a repéré devant nous un grand machin plus noir que le noir de la nuit, à peine plus noir, fallait avoir le nez dessus. Une espèce de hangar, de grange, un de ces trucs.

On a enjambé des barbelés, les vélos par-dessus, on s'est faufilés dans le grand machin. De la paille, en bottes, partout, jusqu'au toit, jusqu'au ciel. On allait se farcir un vrai roupillon d'aventuriers, bien au chaud, confortables, ah, dis donc.

D'abord, se changer. On vire nos loques dégoulinantes, on s'en cherche des sèches dans nos sacs. Tu parles! Dans le mien, tout était à tordre. Les deux kilos de sucre avaient fondu, le linge de rechange nageait dans le sirop, l'atlas partait en bouillie. C'est ça qui m'a fait le plus de peine, l'atlas. A la lueur de la Wonder, vaillante malgré la flotte — qu'est-ce que je te disais, Jojo, qu'elle est étanche! — j'ai essayé d'évaluer le désastre. C'était tellement dégueulasse, tellement déprimant, tout ce méli-mélo empoissé de saloperie glacée, que j'ai laissé tomber. On verra au jour.

Jojo m'a passé une liquette et un pull juste un peu humides, sa musette finalement était moins con que mon faux sac à dos en toile à patates, j'aurais mieux fait de faucher la vieille de papa, on s'est creusé un trou dans la paille, on s'est enroulés serrés l'un contre l'autre dans nos deux couvertures trempées, on a ramené de la paille sur nous, plein, on s'est dit bonne nuit et on a commencé à claquer des dents.

Elles claquaient comme au cirque, les arrêter rien à faire, avec un boucan de castagnettes emballées, ça nous faisait marrer. J'avais les pinceaux à l'air, n'importe quoi plutôt que le contact visqueux des chaussettes-cataplasmes et des godasses-éponges, mais, la vache, j'avais froid, et quand t'as froid aux pieds, va roupiller, toi.

Et rien à faire, je pensais à la lettre, sur la table. Au fait, la lettre! Maman l'avait lue, maintenant, ça y était...

Jojo m'alpague le bras : « Ecoute! » J'écoute. Des voix. « C'est les ploucs! Ils nous ont entendus. Ils vont nous virer à coups de fourche, nous filer aux flics. »

C'était pas les ploucs, seulement deux clodos, bourrés comme des vaches, qui venaient se finir au sec dans la paille. On entendait les litrons s'entrechoquer tandis que ces cons-là essayaient de hisser leurs culs en haut du tas. Finalement, ils sont restés en bas.

Toute la nuit, ils nous ont fait chier. S'engueulaient, se racontaient leur vie, chantaient des romances mil-neuf-cent ou des machins de Bat' d'Af, tout ça à tue-tête, en rotant comme des papes. Jojo et moi on a compris que c'était cuit, on a attendu l'aube en mastiquant le kilo de pruneaux. Puisque nos dents s'obstinaient à vouloir travailler en dehors des horaires, autant que ça soit pas de la fatigue perdue.

Quand le petit matin sale s'est pointé à travers les espaces entre les planches, on s'est arrachés de notre trou. On avait mal partout, les yeux nous brûlaient. J'éternuais à me fendre la tête. Nos loques étaient aussi trempées qu'en les quittant, alors j'ai gardé la liquette et le pull de Jojo. Ils étaient trop petits, je pouvais rien boutonner, ça me bridait de partout. J'ai viré de mon sac tout ce qui était irrémédiablement naze, lavé le sac dans une espèce d'abreuvoir à vaches, tordu les vêtements et tassé ça dans le sac à coups de tatane. Mon atlas était à chialer, les couleurs avaient dégueulé l'une dans l'autre, les pages s'étaient collées gondolées, si t'essayais de les séparer elles se déchiraient comme de la pâte à crêpes. Misère.

On s'est aperçus qu'il y avait une maison, juste à côté, avec dans la cour une famille de ploucs qui harnachaient je ne sais quoi et nous regardèrent surgir de leur grange, ahuris, les gueules prêtes à la méchanceté, à tout hasard, mais sans un mot.

— Pourvu qu'ils donnent pas le pet, je dis.

— Toute façon, on n'y peut rien, dit Jojo. Caltons.

On s'est mis à pédaler.

Il ne pleuvait plus. Il faisait gris, venteux, tristouille. Le vent séchait nos fringues sur nous, mais nous gelait jusqu'aux os. On pistonnait comme des dingues pour se réchauffer. On avait étalé nos pulls et nos liquettes mouillés sur les guidons, derrière les selles, sur nos épaules, pour qu'ils sèchent en roulant, ça claquait au vent comme des drapeaux. Finalement, on était plutôt guillerets. Tout à fait, même.

On a roulé dur toute la journée. A Melun, on s'était tapé un grand crème avec des croissants chauds, et encore un autre après, brûlant, bien sucré, le suprême luxe. Le premier petit déjeuner de ma vie pris dans un bistrot.

Fontainebleau, Montargis, Gien. A midi, on était à Gien. On s'est acheté du pain, du fromage de tête, de la Vache-qui-rit, des figues sèches, un kil de rouge. On est descendus casser la graine au bord de la Loire, un peu à l'écart. La flotte était comme une mayonnaise ratée, avec des tourbillons et des bouts de bois qui cavalaient dans le courant. Pas du tout la Loire paresseuse et bleue de mon enfance, quand ma tante Jeanne, les dimanches d'été, emmenait la famille pique-niquer sur les bancs de sable, même qu'on pouvait traverser à pied mais fallait connaître les endroits.

Après, je me rappelle moins bien. Je sais qu'on a maintenu la cadence sans débander pendant deux jours, qu'on a roupillé une fois dans une espèce d'usine rouillée pourrie pleine de courants d'air, on l'avait choisie parce que, pas loin, sur le bord de la route, on avait repéré un matelas éclaté balancé là par des feignants qu'avaient pas eu le courage de le porter à la décharge, on la croyait abandonnée, l'usine, je t'en fous, voilà qu'au matin deux gros cons s'amènent pour nous virer, malpolis comme tout, voulaient nous refiler aux gendarmes, avec leur accent de cons, on a dit bon, bon, ça va, on se tire, on vous l'a pas sali, votre tas de merde. On leur a laissé le matelas, il puait le moisi et le vieux qu'en finit pas de crever, Jojo avait peur d'avoir chopé la lèpre, il est très délicat, Jojo, question hygiène.

Une autre fois, on a dormi dans le fossé, carrément. On avait roulé trop longtemps, on s'était laissés baiser par la nuit, pas un bled à l'horizon, pas une meule de paille, que dalle. On était claqués, les mollets en bois, le cul haché, le moral à zéro. Jojo a dis tu fais ce que tu veux, moi je vais pas plus loin. J'étais plutôt content qu'il l'ait dit le premier. Et bon, on s'est mâchouillé une plaque de chocolat avec ce qui restait de pain, sans boire, comme des cons on avait sifflé le cul du litre de rouge en roulant — on s'était décidément mis au onze degrés, ça donne du nerf et de la chaleur, et puis ça nourrit, aurait dit papa, non, non, faut pas que je pense à papa, fous le camp, papa — et bon, on a enfilé toutes nos fringues l'une par-dessus l'autre, on s'est enroulés dans les couvrantes, et, si si, on s'est endormis. C'est Jojo qui m'a réveillé. Il faisait grand jour. Tout était blanc, à perte de vue. Nous aussi. Dix centimètres de neige. On faisait partie du paysage, d'un seul bloc. Le plus marrant, c'est qu'on n'avait pas froid. Il y avait des corbacques, plein, tout noirs dans le blanc, l'air furax. Ils claquaient du bec, vraiment pas contents. Ils sont bien baisés, je dis, ils peuvent plus repérer les trucs bons à bouffer, là-dessous. Jojo me dit ouais, ces cons-là pourraient bien venir nous bouffer les yeux, hé, faut faire gaffe, ça bouffe les yeux, les corbacques, c'est bien connu, quand ils ont trop faim ils t'attaquent en bande et ils te bouffent les yeux, tu fais ce que tu veux, moi je me tire.

On avait obliqué vers l'Ouest parce que je préférais éviter

de frôler les environs de Clamecy et de Nevers, où j'ai pas mal d'oncles, de tantes et de cousins qui traînent. Ça nous avait rejetés sur Bourges, Saint-Amand-Montrond, Montluçon. A partir de là, coincés. A droite à gauche, la montagne. Le froid. La neige. Pour rejoindre la nationale sept, la route du Midi, prends-toi-z-y comme tu veux, faut enjamber des montagnes. Au physique, ça allait. On tenait la forme. Un peu vaporeux, à côté de nos pompes, pas tout à fait là. Fatigués et en même temps excités. C'était le manque de sommeil. Sur le vélo, on se sentait plus. Les pédales nous entraînaient. On dévorait comme des chancres, toujours à péter la faim. Les kilos de pain qu'on s'enfournait! Des fois, on se faisait cuire des patates, mais on n'avait pas de marmite, fallait attendre qu'il y ait beaucoup de braise pour enfouir les patates dedans, c'était poétique mais trop long, dès qu'on arrêtait de pédaler on n'avait qu'une idée : roupiller.

Non, la seule chose vraiment dure, c'était les vieux. L'idée des vieux. Ça aurait dû se tasser, après les premiers jours, mais pas du tout, voilà que ça revenait, de plus en plus souvent, de plus en plus vivant. La sale bête de nouveau avait fait son nid dans mes tripes, et même quand je pensais pas spécialement à ça je sentais cette putain de pogne de fer qui me tordait la boyauterie, une vraie maladie. Jojo parlait de moins en moins. M'envoyait chier. Preuve que ça le travaillait au bide, lui aussi, l'idée de sa mère.

J'ai attendu qu'il attaque. Et bon, c'est sorti. Il m'a dit :

— Ecoute, tu fais ce que tu veux, mais moi, bon, Marseille, c'est bien gentil, mais là-bas on va se faire cueillir comme des cons. On n'a pas de papiers, déjà, alors deux mômes, tu parles, et dégueulasses en loques comme on est là, les poulets du port vont nous situer vite fait. Tant qu'à faire, j'aime mieux rentrer de moi-même, avant de me faire choper. Ma vieille sera trop contente, elle me mettra une avoine mais elle portera pas le pet. Et d'abord, les flics, elle peut pas les encadrer.

— D'accord, je lui dis, tu te fais chier pour ta mère, tu t'ennuies de ta mère, aie pas la trouille de le dire, et pour être franc, moi aussi. Même si je me cramponne encore un jour ou deux, arrivera le moment où je pourrai plus. De

les imaginer, là-bas, complètement paumés, ça me scie.
— Alors, demi-tour?
— Demi-tour.

On était pas fiers. Bien partis comme on était, en pleine forme et tout, même pas un rhume, et parlez pas des flics, ça nous faisait rigoler, Jojo avait dit ça pour le prétexte, on savait bien qu'on les aurait niqués facile, alors, merde, c'était pas la fatigue, ni la maladie, ni la faim, ni la trouille, ni rien, on tenait vachement le coup, on se marrait bien, on commençait à prendre le pli, à devenir des vrais durs de durs de l'aventure, et on aimait ça, et voilà, juste ce petit truc-là, ce machin moral de rien du tout, paf, les pattes fauchées. Des dégonflés, oui, des gonzesses, des chialards qui se laissent avoir au sentiment. Ben, oui. Pas fiers on était, mais c'est comme ça, quoi. Nos vieux avaient fait un bon placement, avec nous autres.

On aurait eu assez de fric, tout juste, pour tenir jusqu'à Marseille, on avait fait drôlement gaffe. Mais là, pour remonter à rebrousse-poil, ça faisait trois fois plus long. Et voilà que j'éclate à l'avant, vingt centimètres de déchirure, bien fait pour ma gueule, je gonflais toujours beaucoup trop : un vieux pneu avec une hernie comaque renforcée d'un bout de carton... Rien à faire, il a fallu en acheter un neuf. Du coup, la dèche.

On a terminé le parcours en fauchant dans les silos enterrés. On les repérait à la petite levée de terre que ça faisait. On revenait à la nuit, on creusait avec les couteaux, on arrivait à la paille, et là c'était la surprise : ou des patates, ou des carottes, ou des betteraves à cochons... On préférait les carottes et les betteraves, parce que c'est mangeable cru.

On est arrivés à Nogent en pleine nuit. La côte de la Grande-Rue, on l'a grimpée à pinces. Vidés par la fringale. J'ai ouvert la porte, doucement, maman m'a entendu, elle s'est retournée, elle a fait « Ah... » Papa était assis sur le tabouret dans le coin de la cuisinière. Il a levé la tête. Triste comme un chien. Il a rien dit. Juste hoché la tête de droite à gauche en faisant « Va la la... »

Maman a dit : « Faut qu'on aille chez le commissaire. Tu sais qu'ils te cherchent? ». J'ai dit : « On ira demain. » On s'est rien dit de plus. Je voyais bien que maman se retenait, le commissaire avait dû lui dire : « Retenez-vous, madame, ne lui parlez de rien, surtout ne le brusquez pas. » Les commissaires, c'est vachement malin.

J'ai mal dormi. Le lit était pas assez dur. Et le rêve était fini. Je savais que je recommencerais pas. Allait falloir vivre sans. A chaque fois que je me réveillais, j'entendais maman :

— Merci, mon Dieu, oh, merci, mon Dieu! Il est revenu, j'en demande pas plus. Pourtant, il est heureux, chez nous. Est-ce qu'il est pas heureux? Enfin, ça fait rien, faut souffrir et rien dire. Merci, mon Dieu! Merci, merci!

Le commissaire m'a pris à part, m'a demandé si j'étais maltraité à la maison, je me suis marré, j'ai dit c'est pas ça, je voulais trouver du travail dans le Midi. C'est toujours ce qu'il faut dire. C'est ton camarade qui t'a monté la tête? Lui? Oh, non, ça serait plutôt le contraire. T'es fier de ce que t'as fait? Tu recommenceras? Oh non, m'sieur, j'ai compris. C'est bon. Va. N'oublie pas qu'on t'a à l'œil.

Les potes se sont un peu foutus de ma gueule, pas autant que j'aurais cru. Admiratifs, peut-être bien. En tout cas, moi, j'en ai plus parlé, jamais.

Ma tante Marie m'a appris que papa, tout le temps que j'ai été parti, se traînait par les rues, poveretto, pleurant sans pouvoir se retenir. Ceux qui lui demandaient : « Et alors, Vidgeon, qu'est-ce qui va pas? », il leur répondait : « L'me Françva, il est parti. » Il restait planté sur le marché, dans la foule, perdu, ses larmes coulaient, coulaient.

Ben, oui. Juste comme je le voyais. Faudrait tenir à personne.

On était restés partis dix jours.

Le marchand d'huile

Le dimanche matin, dans la rue Sainte-Anne, il y a le marchand d'huile qui passe. Il passe le dimanche matin parce que c'est là qu'il est sûr de trouver tout le monde à la maison, toutes les bonnes femmes. C'est les femmes qui achètent l'huile. L'huile et le reste, il vend pas que de l'huile, mais on dit le marchand d'huile, on a toujours dit comme ça, et d'ailleurs, lui, il crie « Marchand d'huile! », et il souffle dans sa trompette. Son cheval bute sur les pavés tout de traviole, ça fait des étincelles, il remonte comme ça la rue jusqu'en haut, jusqu'au petit jardin mité avec sa grille et le bec de gaz devant, plus loin c'est trop étroit. Là, il s'arrête, et alors les femmes envoient le gosse acheter de l'huile, avec juste le compte de sous enveloppés dans un bout de journal, ou des fois elles descendent elles-mêmes, quand elles ont dans l'idée d'acheter quelque chose en plus mais elles savent pas bien quoi, faut qu'elles voient sur place.

Le marchand d'huile verse l'huile dans la cruche ou dans la bouteille à l'aide d'un entonnoir. Il fait ça du haut de son siège, il prend la bonbonne derrière lui, il verse d'abord dans une mesure en étain, ou en fer-blanc, peut-être bien, avec une poignée, juste pareille à celles qu'il y a sur le tableau des poids et mesures affiché au mur, à l'école, puis il vide la mesure dans ta bouteille ou dans ta cruche en égouttant bien la dernière goutte.

Il y a de l'huile d'olive, naturellement, il y en a de trois qualités. Les gens qui prennent la première qualité font ça fièrement. Il y a de l'huile de noix, je connais, c'est celle de chez grand-père, elle sent fort. Il y a de l'huile d'arachide, celle que personne veut me croire quand je leur dis que leurs arachides c'est rien que des cacahouètes, et encore d'autres huiles, plein. Maman prend de l'arachide, c'est la moins chère. Ce que j'aime, des fois, c'est me fourrer une grosse bouchée de pain dans la bouche et par là-dessus une bonne lampée d'huile à même la bouteille. Je mâche le pain et l'huile mélangés, qu'est-ce que c'est bon! Tu croirais mâcher une grosse mahousse cacahouète plein la gueule plein les joues, et toute cette bonne huile qui te gicle entre les dents! Vaut mieux que maman me voie pas siffler l'huile au goulot.

Le marchand d'huile vend aussi des tas de trucs d'épicerie, mais là faut qu'il descende de son siège et qu'il vienne ouvrir le derrière de la voiture. Aussitôt, quelle odeur! C'est plein de pain d'épices, là-dedans, en grosses plaques marron foncé faites de pavés arrondis aussi grands que ceux de la rue, le miel suinte par les trous. Du miel, il y en a aussi, dans des tonneaux, à la fleur que tu veux, il le prend avec une palette en bois. Et aussi de la mélasse, du vinaigre, des cornichons, de la moutarde, du laurier en branche, toutes les épices. Du savon, aussi, du Marseille, en barres d'un mètre de long, très économiques, t'y gagnes vachement. Et du savon noir dans des seaux, de l'ail qui pend en l'air, des oignons, des champignons secs... Même du papier de soie pour s'essuyer le cul, mais personne lui en achète, ici on se torche avec du journal. Le marchand de couleurs du coin de la Grande-Rue fait la gueule, une fois il a dit qu'il se plaindrait à la mairie, qu'il payait des impôts, lui, que c'était du vol et qu'il allait faire cesser tout ça. Ça serait con, le marchand d'huile file toujours des cadeaux aux mômes, un chapeau en papier, un bonbon, une gaufrette avec dessus la bonne aventure...

Papa m'a expliqué que le marchand d'huile pourrait très bien avoir une camionnette, s'il voulait, il gagne assez de fric pour ça, mais l'odeur d'essence se mettrait dans l'huile et ça ferait des frites dégueulasses. Qué l'oudor de la sence i fa venir il cancro dans les bvayaux. Il cancro, c'est le cancer. On n'en parle qu'à voix basse, en jetant l'œil à droite à gauche, des fois que la sale bête t'entendrait, ça la fait venir.

Vers midi arrive la petite voiture du marchand de pain italien. Elle marche à l'essence, celle-là. Sans doute que l'odeur ne colle pas au pain comme à l'huile. Il y a plusieurs sortes de pain. Celui que je préfère, c'est les gros tortillons pâles avec leur croûte épaisse et dure, et là-dessous la mie blanche éblouissante qu'on dirait que c'est pas vrai, je sais pas ce qu'ils mettent dedans, du riz, peut-être, et serrée serrée à tous petits trous comme des œufs à la neige. Mais j'arrive pas à en manger autant que du pain français, j'étouffe tout de suite. Il est fait juste exprès pour ça, me dit papa. Zouste esprès pour qué tou te touffes. Coumme ça, t'en manzes pas boucoup la fvas. I doure plous longtemps coumme le pain français, qu'on voit bien que les Français i sont rices, même que le pain ils le zettent à la bvate aux ourdures. Çui-là qui zette le pain, il ara dou malhor, pourquoi le Bon Dieu il aime pas qu'on zette le pain. Ecco.

Sur les une heure, quand on est à table, voilà le chanteur du dimanche qui s'amène. Recta. Des fois, il réussit à se faufiler dans la cour, parce qu'il sait bien que tout le monde mange dans les cuisines, et dans la cour ça résonne terrible, mais Mme Cendré se met à l'engueuler, alors, bon, il retourne chanter dans la rue.

C'est un vieux, très propre, très vieux. Il chante toujours la même chose, « Le temps des cerises », « Je t'ai rencontrée simplement », « La femme aux bijoux, celle qui rend fou », « J'ai tout quitté pour toi, ma brune », des machins d'il y a longtemps, que la T.S.F. joue jamais, personne n'en voudrait. Maman dit que c'est émouvant, dans le temps, au moins, les chansons avaient du sens, ça allait loin, ça donnait à penser. Pour ceux qui étaient capables de comprendre, naturellement. Pas comme les bêtises de maintenant qu'ont ni queue ni tête et qui sont rien que des saletés, en plus. Elle lui jette une pièce de dix ronds, enveloppée de papier pour pas qu'elle roule. Le vieux attend d'avoir fini sa chanson, il ramasse toutes les papillottes, il compte posément les sous, il dit bien poliment « Merci beaucoup, M'sieurs-Dames! A vot' bon cœur, M'sieurs-Dames! » Si la recette est bonne, il nous chante une romance en prime. Il doit se faire pas mal de blé, rien que dans notre rue, surtout quand il fait beau.

S'il pleut, il prend tout sur la gueule, sans s'arrêter de chanter, simplement il garde son chapeau sur la tête au lieu de le tenir à la main. « Faut qu'il ait faim, dit maman, parce qu'ouvrir la fenêtre par un temps pareil pour lui jeter des sous, avec toute cette humidité qui rentre, personne le fera. » Personne le fait.

Les Français donnent volontiers au chanteur, des gros paquets de sous qui éclatent en arrivant, et ils disent « Bravo! ». Des fois, ils se mettent tous à la fenêtre, toute une tablée, la serviette autour du cou, ils battent la mesure, les femmes chantent avec le vieux. Ça veut dire qu'ils sont à un repas de fête, peut-être de communion, et qu'ils ont déjà pas mal picolé. Des fois, ils invitent le vieux à venir manger un morceau de gâteau. Le vieux refuse, poliment, il a sa tournée à faire, faut qu'il se dépêche, s'il se pointe quand les gens sont sortis de table c'est pas la peine. Alors on envoie un gosse rougissant lui porter une grosse part de tarte.

Les Ritals lui donnent rarement. Qué l'arzent, i pousse pas sour les zarbes, l'arzent. Ils défendent aux gosses de se mettre à la fenêtre. Dès que retentit la voix du vieux, on entend les fenêtres ritales se fermer l'une après l'autre à grand fracas.

Quand il y a eu le Front Populaire, on a vu arriver des chanteurs des rues qu'on n'avait jamais vus avant. Ils chantaient des choses politiques. Je comprenais pas bien, il fallait être au courant. Je me souviens d'un grand maigre rougeaud en bleus de travail, pas vieux, enfin pas vieux pour un chanteur des rues, qui chantait ça, sur l'air de *L'Internationale* :

Debout, prolétaire!
C'est pour la liberté!
Le Front Populai-ai-ai-ai-re
Sera l'humanité!

Les femmes en noir reconnaissaient l'air du diable et se signaient, les nonnas bouchaient de leurs vieilles mains les oreilles des enfants, qu'ils ne soient pas contaminés, paur' pétites. Et puis elles faisaient la vaisselle et se mettaient sur la tête, comme une mantille, la pèlerine de laine noire à jolis dessins tricotés au crochet et, deux par deux, elles allaient al cimitière dire bonjour à leurs morts. Le cimitière, c'est le dimanche des femmes.

C'est aussi le dimanche matin, mais de bonne heure, que passe la carriole du père Jourde, le peaux de lapins de la rue des Clamarts. Son cheval a un sale caractère. Il aime pas reculer. Or, quand tu arrives à mi-chemin du haut de la rue Sainte-Anne, tu peux plus avancer, il y a l'étranglement, tu peux pas faire demi-tour, y a pas la place, rien à chiquer, faut que tu recules jusqu'en bas. « Drrri! Hôô! Tout beau! Hôôô! Drrri! » Le cheval ricane, fout des coups de pied, on se marre. Le père Jourde s'en fout pas mal. Il gueule « Chiffons! Ferrailles à vendre! Peaux de lapins! » de sa voix d'Auvergnat plein de poils sur le ventre. Son fils est dans ma classe. Paraît qu'ils sont pleins de fric, que la brocante, ç'a pas l'air, comme ça, c'est dégueulasse, ça fait clochard et va-nu-pieds, et total, ça roule sur l'or. Alors, merde, pourquoi ils se font pas brocanteurs, au lieu de se faire maçons, les Ritals?

Le père Jourde et papa se sont aperçus un jour qu'ils se comprenaient, lui parlant auvergnat et papa parlant le dialetto. Mais j'ai déjà raconté ça, ici ou là.

Les mômes de la rue Sainte-Anne ont un maître-jeu, un jeu à eux tout seuls, et il est comme ça :

Toutes les filles de la rue doivent se sauver, ensemble ou séparées, comme elles veulent, elles ont le droit d'aller n'importe où, aussi loin qu'elles veulent, sauf qu'elles ont pas le droit de dépasser les limites de Nogent. Les garçons comptent jusqu'à mille, un truc à devenir fou, heureusement ils trichent, et puis ils se répandent par les rues à la poursuite des filles. C'est tout. C'est un jeu très simple.

Les filles sont feignantes, elles vont pas très loin, elles préfèrent ruser, inventer des cachettes introuvables, le plus près possible de la rue Sainte-Anne, des fois juste à côté dans la cour à Galopo ou dans une de ces vieilles petites cours qui s'enfilent l'une derrière l'autre par un jeu de corridors compliqués traversant les maisons entre la rue Sainte-Anne, la rue Paul-Bert et la rue des Jardins, mais naturellement on les a vite dénichées, faut pas nous la faire, les coins secrets on les connaît avant elles.

Il y en a, quand même, des vraies acharnées, comme Ricardine Porro ou Maria Pellicia, qui prennent la chose au sérieux et entraînent leur bande aux trente-six diables. Les garçons rôdent longtemps à leur recherche par les rues mornes de Nogent, hurlant des cris de mort, fouillant les couloirs et les escaliers à grand ramdam de galoches, claquant les portes à la volée et faisant jaillir des fenêtres des têtes de vieilles convulsées de rage. Ces graines de Ritals, c'est pire que les Prussiens!

Et une fois qu'on les a aperçues, les merdeuses, c'est la ruée sauvage. Elles cavalent aussi vite que nous, jupes au vent, culottes sales à l'air. Elles dévalent la rue de Montreuil, la rue Thiers, la rue Lequesne, la rue Saint-Sébastien, elles couinent comme des cochons qu'on égorge, elles gueulent merde, tu te magnes, connasse, les grandes traînent les petites entre deux, les soulèvent de terre, traversent au ras des bagnoles, les mecs au cul, se jettent dans des immeubles, nous claquent la porte au nez, foncent dans les étages, plongent dans les caves et, rejointes, griffent, mordent, virent des coups de latte dans les couilles, c'est là que ça fait le plus mal et elles le savent, les salopes.

On leur tombe dessus à dix, vingt, on pousse le grand hurlement de triomphe, on leur fout la peignée, et pas pour de rire, tiens. On revient en les traînant dans le caniveau par les cheveux, ou par une patte, mais elles gigotent, elles cherchent à faire le plus de mal possible, alors on se met à quatre pour les porter, un à chaque membre, qu'est-ce qu'on se marre!

Des fois, c'est le contraire. On compte avant, et c'est les garçons qui s'y collent. Elles savent tricher et ergoter les pas de fourmi tout aussi bien que nous. On se barre les premiers, les filles nous courent après. Ça fait pas grande différence, elles sont aussi vaches que nous autres. Moi, je me farcis Piérine, le petit frère à Jean-Jean Burgani, perché sur mes épaules, parce que je suis une grande asperge, que je cours vite et que lui il est tout petit, cinq ans mais il en fait trois, et chialard, et dès qu'il chiale sa mère fonce à la fenêtre et les fait rentrer tous les deux, et bon, cavaler avec ce merdeux qui se cramponne à mes tifs et les femelles enragées qui me talonnent le train, dis donc! Une fois, je me suis emmêlé les guibolles, je me suis ramassé la gueule sur le trottoir, mais je me suis pas fait mal, c'est Piérine qu'a tout pris, il a amorti, il avait la gueule en sang, là il chialait pour quelque chose.

Tous les mômes prennent part au jeu, petits ou grands, tous ceux de la rue, naturellement. Les autres, ceux des autres rues, on n'en veut pas, même si c'est des Ritals. C'est notre rue à nous, personne se risque à y passer s'il en est pas ou s'il n'y est pas connu, enfant ou adulte. C'est pas qu'on soit méchants, mais on est tellement, un vrai grouillement de rats, et tous ces yeux qui te regardent de travers, ces ricanements, ces « T'as vu c'te gueule? » ces mômes partout à quatre pattes sur le pavé, faut les enjamber, faisant voguer des bateaux de papier dans les caniveaux où pourrissent des nouilles et des peaux de bananes, jouant au sable dans la terre du trottoir le long du hangar au père Moreau, le bourrelier-sellier, là où pissent les ivrognes, la nuit, une main appuyée au mur, la terre y est toujours humide juste bien à point, on fait des châteaux, des tranchées, maman, de sa fenêtre, me crie de pas tripoter ça, que c'est plein de microbes et de maladies, c'est vrai que ça pue la vieille pisse, faut être juste. Le père Moreau, qui a des loupes sur le crâne et des grosses moustaches, vient nous dire qu'on lui mine son mur, à creuser comme ça, et qu'un de ces quatre il va nous tomber sur la gueule, mais il est trop gentil, le père Moreau, il nous fait pas peur.

Il y a juste Marcel, le cantonnier, un grand sifflet avec une longue gueule de voyou, qui nous fait de l'effet. Quand il ouvre les bouches à eau de la rue des Jardins et que l'eau se met à cascader à grands flots bondissants du haut en bas de la rue Sainte-Anne, vite on prend de la terre, des bouts de chiffon, des sacs, des journaux tassés en boule, et on construit vite vite un beau barrage pour avoir un lac. L'eau monte, on vire nos godasses, on marche dans notre lac, on danse, on fait gicler l'eau du plat du pied, en moins de deux on est trempés. Il y en a qui se mettent cul nu et s'assoient dans la belle flotte limpide, la quéquette leur devient toute petite toute plissée comme si elle voulait se cacher dans leur ventre, ça les fait rire... Jusqu'à ce que Marcel, qui descend la rue sans se presser en poussant de son balai de bouleau les vieilles nouilles et les crottes de chien, passe le double virage devant chez Jean-Jean et, du coup, nous voie. « Bordel d'engeance de merde! Fout' mon pied au cul, moi! Saloperies de merde! Fout' mon pied au cul! » Il a pas lâché le premier gueulement qu'on s'est tous carapatés, et cours après, mon con! N'empêche, Marcel est le seul étranger à la rue qui nous foute la trouille. Peut-être sa voix. Ses tatouages, aussi. Il a un mégot éteint au coin de la lèvre, aussi fort qu'il gueule il se décolle jamais. Ça nous fascine : c'est un dur.

Tous les mômes prennent part au grand jeu, les petits, les grands, tous aussi féroces, mais les grands, passé un certain âge, ça devient sournois, il leur pousse des idées dans la tête. Il y a des clins d'œil pas francs, des filles qui se laissent rattraper trop facile, ça se termine au fond d'une cave par l'examen des merveilles qui se cachent sous la petite culotte trouée d'une pisseuse. Des fois on tombe à cinq ou six, ou douze, sur une môme pas forcément d'accord, elle en avait un en tête il lui en échoit une armée, nous on est comme ça, on partage, elle peut toujours chialer vous êtes des dégueulasses je vais le dire à maman, on sait bien que si elle fait ça c'est elle qui prendra la rouste. On regarde, on touche, les grands grands reniflent leur doigt, le goûtent, les tout petits crachent beuark. Forcé que ça en arrive là un jour où l'autre, c'est la nature, les filles c'est pas fait que pour cavaler par les rues en gueulant, prendre des gnons et en donner, mais bon, c'est con pour le jeu, quoi. Il est beau, notre jeu.

Une fois, il y avait deux petites filles, vraiment toutes petites, elles s'étaient cachées dans le hangar à Hémery, sous les sacs de patates, elles avaient une peur atroce qu'on les trouve, elles se sont endormies là, serrées l'une contre l'autre, à la nuit la mère commence à s'inquiéter, heureusement en bougeant dans leur sommeil elles ont fait tomber les sacs sur elles, elles ont hurlé, on les a trouvées, elles ont eu leur raclée, et voilà. Pendant quelque temps, a mieux valu qu'on joue à autre chose.

Nino Simonetto nous a dit une fois qu'il existe à Paris, quelque part, lui il sait où mais il veut pas donner l'adresse, un homme très riche, vraiment très très, un plus que milliardaire, des millions de milliasses de milliards il a, oh là là, et cet homme il a dit comme ça qu'il donnerait un million à celui qui lui apporterait la cendre intacte d'une cigarette fumée jusqu'au bout, tout entière, toute la cendre pas abîmée du tout, ayant gardé la forme de la cigarette, mais attention, hein : impeccable. Il a écrit ça sur du papier timbré, promis juré craché par terre, il a mis sa signature en bas, le papier timbré est chez le notaire, il peut plus le reprendre plus dire le contraire, le papier timbré c'est sacré, tu vas en prison et même en enfer, et le notaire c'est encore pire.

Ça fait qu'à chaque fois qu'on s'achète des pipes Nino nous ramène son milliardaire, et alors on fait vachement gaffe de pas casser la cendre, un million, merde, ça vaut le coup, avec ça tu te paies la machine à vapeur de la vitrine à Ohresser, et même le train Hornby avec tous les wagons marrants et les aiguillages et les signaux qui s'allument, tu les as à portée de la main, fumer une cibiche jusqu'au bout sans casser la cendre c'est coton mais ça peut se faire, suffit de bien s'appliquer, tiens, j'en ai déjà au moins trois centimètres, mors, Nino! Ce coup-ci, le million, je me le fais! Et paf, la cendre tombe.

Je suis arrivé une fois jusqu'à la moitié de la cigarette. J'ai jamais pu faire mieux.

L'âne

Quand papa est à un travail, il se chante pour lui tout seul cette espèce de chanson que je vous ai dite, sans paroles, sans musique, sans queue ni tête, qui s'invente et se défait au fur à mesure. De temps en temps, quand même, il y a des paroles. C'est papa qui parle aux choses.

Il parle aux briques, au mortier, à la terre glaise qui happe la pioche et qui casse l'effort. — Qué la glaije, quouante qu'il est mouillée, i colle. — Papa prend ça comme unc bonne farce. C'est la glaise qui veut jouer avec lui. La glaise est un chiot fou, elle trouve très marrant d'attraper le fer de la pioche entre ses jeunes crocs et de tirer dessus. Papa respecte les chiots et la terre glaise. Il respecte les pierres, et les clous, et le Di-ou te strrramale-dissa * de bois qui se fend sous le clou, et la vis rouillée qui veut pas se laisser faire. Il lui dit, à la vis, attende oun po', qué ze vais te soigner bien coumme i faut, après ça ira toute sol. T'as la rhoumatisse, ecco, t'as les osses qui craquent pourquoi t'es restée longtemps nell' houmidité, ecco valà, attende oun po' qué ze te donne la bonne confiture. Et il la barbouille d'huile à camion bien noire bien épaisse qu'il en a toujours une petite bouteille au fond de la poche avec les ferrailles, et il dit à la vis tende oun po', tende oun po', fate pas de bile, mon pétit lapin, il est un bon médicament çui-là, ti fara dou bien, tou vas var. Et il attrape les tenailles — jamais je l'ai vu manœuvrer

* Oui. Depuis le temps, autant que je vous traduise. « Diou te stramaledissa! » : « Que Dieu te supermaudisse! » C'est le juron le plus automatique en dialetto. Appuyer sur le « Di ».

un boulon avec un autre outil, qué les tinailles, quouante que t'as la force dans les dvagts, i va oussi bien coumme une clef-la-molette, et pas bisvoin tourner le maçin qu'il est bon qu'à perde le temps pourquoi le maçin touzours i se coinche — il serre fort, de plus en plus fort, les doigts lui blanchissent, les sourcils lui froncent, un bout de langue lui sort sur le côté, il sent la tête de l'écrou mordue à cœur par les mâchoires tranchantes, elle s'abandonne, elle est à sa merci, comme au bras-de-fer, quand tu sens que l'autre va céder, juste avant, alors il tourne, doucement, pas brusquer, pas faire mal, la vis cède enfin, en couinant, allora, mon pétit lapin, qu'est-ce tou dis, maintenant? Vainqueur et modeste, il se tourne vers moi : Fout zamais esse broutal. La force, il est zouste le contraire coumme la broutalité. Un qu'il est broutal, c'est qu'il a pas la force. Ecco.

Un jour, il plantait un porte-manteau dans le mur, chez nous, il y mettait des vis tellement grosses que les trous du porte-manteau étaient beaucoup trop petits et qu'il devait les agrandir à la pointe carrée. Je lui dis : « Pourquoi tu mets des si grosses vis? Ça t'oblige à tamponner des bouts de bois énormes dans le mur, à faire des trous énormes pour enfoncer les bouts de bois... » Alors papa m'a raconté l'histoire de celui avec l'âne.

C'était un, il s'était acheté l'âne. Tous les matins, il montait sur l'âne pour aller travailler, il travaillait dans le champ avec l'âne, l'âne tirait la charrue, et le soir il rentrait à la maison sur l'âne. Il était content, çui-là, c'était un âne qui travaillait beaucoup. Il lui donnait à manger du foin, de l'avoine, tout ce qu'il faut pour un âne. Et puis il a commencé à trouver que l'âne mangeait beaucoup. Il s'est dit comme ça, çui-là, quand je lui donne un tout petit peu plus ou un tout petit peu moins à manger, l'âne, c'est pareil, il mange tout, et le travail, il le fait pareil, la même chose. Alors, qu'il s'est dit comme ça, çui-là, je vais faire attention de lui donner toujours un tout petit peu moins et jamais un tout petit peu plus, à l'âne. Ecco. Et il a fait comme ça, et l'âne, bon, il travaille pareil, la même chose comme avant, pareil. Alors çui-là il se dit comme ça, je vais lui donner encore un tout petit peu moins. Et il l'a fait, et l'âne, il dit rien, il fait le travail, bon. Alors il lui a donné tous les jours un petit peu moins à manger, et encore un petit peu moins, tous les jours un petit peu moins, et l'âne, bon, il travaille. A force à force, un jour il lui a donné à manger rien du tout, à l'âne, rien du tout. Et l'âne, il fait le travail, bon, toute la journée, et la svar i dorme sans manzer, et la matine i parte al travail sans manzer, ma gvarde oun po' qué ane que z'ai, qu'i se disait coumme ça, çvi-là, tout content. Et un zour, quouante qu'i vienne cercer l'ane per aller le travail, qu'est-ce qu'i voit? L'ane il est coucé par terre, morte. Allora il a couru cercer i visins, çvi-là, il leur a montré l'ane toute morte, et i plorait, et i disait : « Oïmé qué j'choum malhoreuse! Valà qu'i m'est morte l'ane zouste quouante qué z'avais réoussi loui apprendre à pas manzer! * »

Je voyais pas bien le rapport avec les vis et le portemanteau, mais je faisais confiance à papa, s'il racontait cette histoire-là juste à ce moment-là c'est que c'était juste le bon moment pour cette histoire-là. Il y avait une grande leçon cachée dedans quelque part, si tu la vois fais-en ton profit, si tu la vois pas profite toujours de l'histoire, rigole un bon coup, c'est justement ce que papa est en train de faire.

Chez nous, on mange français. Le soir, c'est pas la minestre, chez nous, c'est la soupe poireaux-pommes de terre. Beaucoup de poireaux, beaucoup de patates, pas beaucoup d'eau. Et des coquillettes pour épaissir. Si la cuillère tient pas debout toute seule, papa hoche la tête,

* Au cas où il vous prendrait de l'envie de raconter l'histoire avec l'accent, prononcer « l'ane », sans circonflexe, comme dans « Anne ».

tout triste. Maman lui dit c'est les pâtes qu'ont pas gonflé comme d'habitude, je les ai pas achetées chez le même, et si t'es pas content t'avais qu'à la faire toi-même, la soupe. Papa répond pas. Il casse du pain et tasse les morceaux dans sa soupe, quand ils ont bu tout le jus en trop ça fait comme un poudding, il est content, il plante la cuillère, elle tient debout, alors il me cligne de l'œil et il arrose le béton d'un verre de vin rouge, pour faire joli. C'est bien tes manières de sauvage, dit maman. Ça me lève le cœur, ça me coupe tout mon appétit. Elle, elle aurait voulu qu'on mange des potages, des choses liquides et délicates. Elle a été cuisinière « en maison bourgeoise » et méprise tout ce qui n'est pas la grande cuisine française.

Papa aurait bien aimé y saupoudrer du parmesan râpé, sur sa soupe, mais maman trouve que le parmesan, au prix qu'il est, c'est bon pour les riches, que s'il veut du fromage il a qu'à se râper un peu de gruyère, il y en a toujours une croûte qui sue au fond d'un bol. Papa blémit devant le sacrilège. Du gruyère dans la soupe? Dans les pâtes? Horreur! Faut être un Français, un Allemand, un Méricain, un Marocain, pour avaler ça et pas tomber foudroyé.

De loin en loin, un parent qui revient d'un tour au pays lui fait cadeau d'un petit bout de parmesan ou de gorgonzola que sa sœur lui envoie de Bettola. Il est très ému, sa sœur est pauvre à racler les pavés avec les dents. Il fait durer le parmesan longtemps longtemps, il en gratte oun tit po' la fvas, juste deux pincées, une qu'il sème, solennel, au-dessus de mon assiette, l'autre pour lui. Le geste de saupoudrer le parmesan est un des gestes les plus majestueux qui soit. Un geste de seigneur.

Réveillée d'un seul coup par la chaleur de la soupe, l'odeur du parmesan me saute aux narines, plein la tête. Odeur femelle, puissamment, peut-être que c'est une idée que je me fais, enfin, bon, c'est comme ça, la première bouffée de parmesan ça sent la tribu, le ghetto, le paquet de chiots, la famille serrée peureuse, l'aisselle de femme opulente, l'aigreur de petit-lait de la mère qui allaite, la culotte de petite fille qui a couru tout l'après-midi et à qui on n'a pas appris à s'essuyer la dernière goutte, quelque chose d'animal, d'intime, et chaud, et fort, et rassurant.

Papa ne manque jamais de me raconter ma tante Dominique, la femme de mon oncle Jean. Quand elle a du monde à table, elle présente à chacun le bol de parmesan râpé et elle dit : « Prenez, prenez, allons, faut pas vous gêner comme ça, je vous en prie, allons, faites pas de manières, prenez-en encore, vous avez rien pris! » Et elle plonge elle-même les doigts dans le bol, et elle saupoudre généreusement l'assiette de l'invité. Et bon, les invités, mis à l'aise, plongent les doigts dans le bol pour prendre une grosse pincée de parmesan. Mais de parmesan, y en a pas. Le bol est vide. Personne n'ose rien dire, c'est des gens polis. Papa s'étouffe. Maman daigne sourire. C'est bien la seule des histoires de papa qui lui fasse pas hausser les épaules. Elle peut pas piffer ma tante Dominique, je sais pas si je l'ai déjà dit.

Quand c'est du gorgonzola qu'on lui fait cadeau, qui est une espèce de roquefort, avec du bleu dedans, papa le cache dans un coin et le laisse vieillir bien bien. Au bout de quelques semaines, ça se met à puer terrible. Maman cherche partout, mais papa est malin. Des fois, même, il emmène le bout de fromage avec lui sur le chantier, au fond de sa poche, et puis le ramène le soir. Il le mange quand il est à point, c'est-à-dire quand tout le morceau n'est plus qu'un grouillement d'asticots minuscules, fins comme des cheveux, sans un atome de fromage entre eux. A ce moment-là, c'est tellement fort qu'à chaque bouchée tu pleures. Si t'as le courage d'en manger, je veux dire. J'y ai goûté, c'est très bon, mais ça me fait trop de peine pour les asticots. C'est drôle, papa, qui respecte tant tout ce qui vit, il se rend pas compte que c'est des bêtes. Ils ont deux yeux noirs, tout petits, très noirs, qui te regardent.

Le conditionnel

Maintenant que j'y pense, je me dis que j'ai toujours vécu sans tellement me rendre compte qu'on est des pauvres. Je veux dire : sans me mettre à ma place en tant que pauvre par rapport à des qui sont riches. Ça me venait même pas à l'idée. Ça m'a jamais frappé, ni comme une injustice, ni comme une honte. C'est comme ça, et bon, quoi.

Autour de nous il y a des Ritals riches, des moins riches, des carrément purotins. Ça veut dire qu'au pays ils ont une bicoque, de la terre, un peu plus un peu moins, ou rien du tout. Ça change rien à la façon de vivre, de manger, de s'habiller. Ils habitent tous les mêmes trous à rats, tout le monde pareil. Les bonshommes, habillés chantier toute la semaine, sautent du lit directement dans le pantalon raide de ciment qui tient debout tout seul. Le soir, sautent du pantalon dans le lit. Le dimanche, les pères de famille se mettent en dimanche, pour aller à la messe, et aussi les pas mariés, pour aller au bal.

Papa, lui, il ne quitte ses fringues de boulot que pour les enterrements. Maman lui sort alors de la boîte avec la naphtaline son costume de mariage, le gilet, la jaquette ouverts sur l'estomac parce qu'il peut plus les boutonner. La cravate, c'est moi qui lui fais le nœud — ma qué, cravate! — Les femmes, le dimanche, se mettent des choses noires, comme la semaine, mais plus neuves, pour aller « al cimitière ». Voilà.

Je me rends bien compte qu'il y a des gens pas comme nous. Les patronnes de maman, par exemple. Aussi les gens qui disent « je » dans les livres : ils ont une robe de chambre, ils lisent des vieilles éditions très précieuses, ils ont un domestique fidèle qui leur apporte le cognac sur un plateau, quand ils prennent le train il y a un porteur qui porte leurs valises ils font des citations latines en conversant avec de vieux amis, ils sont très spirituels et très instruits. Aussi les gens qu'on voit au cinéma, dans des chambres à coucher en satin blanc où il y a des femmes blondes platinées en déshabillé transparent avec du duvet de cygne. Aussi les gens sur les affiches et dans les publicités des journaux, toujours bien habillés, complet-veston, chapeau, ils sont si contents d'avoir acheté une Renault, elle est tellement plus confortable, plus sûre, plus rapide, et quelle économie!... Ces gens-là, comment dire, c'est pas du vrai. Ça existe sur les affiches, sur l'écran, dans les livres, derrière les façades des villas silencieuses où maman va laver. Pas dans la vie. Quand je dis « les gens », je pense pas à eux. Faut que je fasse un effort pour penser à eux comme à du monde. Pas question de les envier, de comparer, de me dire qu'un jour je voudrais être comme eux, pas question, puisqu'ils n'existent pas pour de vrai, que c'est une espèce de monde imaginaire, conventionnel, dont il n'y a pas à tenir compte dans la vraie vie de tous les jours. Peut-être que je suis tout simplement un peu con?

Je suis pas humilié qu'on soit pauvres, puisque j'y pense pas. Simplement, ça me gêne, des fois, quand il y a des trucs que j'aurais envie d'avoir et que je peux pas parce que c'est des choses qui s'achètent et que c'est même pas la peine d'en parler à la maison, impensable, chez nous on n'achète pas, et ça me choque pas, ça me paraît normal, ces choses qui me font envie sont des choses pour les gens des affiches et du déshabillé à plumes de cygne, comme eux elles sont de l'autre côté, dans ce monde de littérature, de l'autre côté de cette espèce de vitre.

Alors, bon, quand j'ai trop envie des choses, je fais comme si je les avais. Je les ai au conditionnel présent. C'est formidable, le conditionnel présent. T'as tout ce que tu veux, t'es le maître du monde, t'es le Bon Dieu.

Par exemple, je me plante devant la vitrine à Ohresser, le marchand de vélos et de jouets super-chics de la Grande-Rue. Les semaines d'avant Noël, il installe une vitrine fantastique, Ohresser. Des circuits de trains électriques très compliqués, cinq ou six trains qui se croisent, se doublent, se courent au cul, s'arrêtent tout seuls juste avant de se tamponner, font marche arrière, repartent, sifflent, avec des aiguillages automatiques, des sémaphores qui claquent, des signaux qui s'allument de toutes les couleurs, des tunnels, des petites maisons, des montagnes, des vaches sur les montagnes... Je m'écrase le nez à la vitre, des heures je reste, les pieds gelés, je me dis intensément j'aurais (conditionnel présent) ce wagon-là, et celui-là, et le wagon-citerne, là, c'est chouette un wagon-citerne, avec sa petite échelle sur le côté, et le wagon à bestiaux que les portes s'ouvrent pour de vrai, et j'aurais ce signal, là, il est joli, et celui-là, il fait sérieux, et cette passerelle, et, et... C'est terriblement exaltant, le conditionnel présent. J'en arrive à un état d'excitation mentale très intense, je possède vraiment tout ce que je désigne, suffit de dire dans ma tête « j'aurais », c'est fait. Mais avant de le dire, j'hésite, longuement, douloureusement, entre deux wagons qui me plaisent autant, c'est l'un ou l'autre, pas les deux, décide-toi, me demandez pas pourquoi, c'est comme ça, faut que ce soit comme ça, si c'est trop facile y a pas de plaisir.

Mon plaisir, c'est pas d'arriver à me figurer que je joue avec ces trucs, pas du tout, ni même que je les possède et que je les contemple, ou que j'épate les copains avec, non, ce qui compte, c'est le moment où je les acquiers. Où ils deviennent miens. J'hésite, je me tâte, comme si j'étais réellement en train d'acheter. Affres. Et puis je me décide : celui-là. Soulagement. Plénitude. Passons à un autre. Je me dis j'aurais quinze rails quart-de-cercle, c'est pas mal, on peut faire des choses. Et puis je me dis bof, va jusqu'à seize. Ah, non, j'ai dit quinze, c'est quinze! Je me débats comme ça, longtemps, et puis je finis par m'accorder le seizième rail. Qu'est-ce que je suis content! Je l'ai mérité, mon rail!

Et les catalogues! Quelle mine! Quel tremplin à conditionnel présent! J'ai un catalogue Meccano, vachement chouette, en couleurs, je sais plus qui me l'a filé, toutes les boîtes avec le détail de leur contenu, toutes les pièces détachées une par une, avec leur nom technique et leur numéro de référence, c'est fascinant, je m'hallucine dessus des heures et des heures. J'aime bien jouer au Meccano, mais je peux pas faire grand-chose, j'ai juste une boîte numéro double-zéro que j'ai eue à un Noël, avec *Les Contes du Lapin vert* par Benjamin Rabier, un petit cornet de crottes en chocolat et trois oranges. J'ai aussi une boîte numéro zéro, c'est la taille au-dessus, celle-là je l'ai eue au Noël d'après, avec *Les Misérables* de Victor Hugo dans la collection Nelson, un petit cornet de crottes et trois oranges. Ma progression dans la hiérarchie Meccano s'est arrêtée là. Après a commencé l'ère des Noëls utiles : un beau cartable en cuir, puis un pull-over, puis une trousse d'écolier garnie, toujours accompagnés du cornet de crottes et des trois oranges. Mais j'ai le catalogue...

Je me blottis en chien de fusil dans le vieux fauteuil rouge vinasse tout râpé, cadeau d'une patronne, maman dit toujours qu'il faudra qu'elle le jette parce qu'il lui fait honte mais elle le jettera que quand une patronne lui en aura refilé un autre, tout près de la cuisinière pour avoir bien chaud, des fois je rabats la porte du four et je pose mes pieds dessus, ça brûle, tu les retires, t'as froid, tu les remets, et je plonge corps et âme dans le catalogue des pièces détachées Meccano. Je me dis j'en aurais dix de celle-là, non, douze, et celle-là, quinze, non, vingt, elle est vachement utile, celle-là... Je repars à chaque fois de zéro, sans me lasser, toujours autant de plaisir... Je suis peut-être dingue? Je me le demande, de temps en temps, par exemple quand je me suis hypnotisé l'imagination comme ça à en avoir mal à la tête, à en loucher. C'est pourquoi j'en parle à personne. Même si je suis pas fou, ça me ferait passer pour.

Les catalogues des grands magasins, c'est pas mal non plus. La Samaritaine, la Belle Jardinière, toute la bande. Rien que des machins pour les bonnes femmes, des manteaux, des robes, des dessous, des bas. Il y a des femmes dessinées, plein, pour faire voir à la cliente comme la robe, ou le tailleur, ou la petite culotte avec la chemise en dentelle fera bien sur elle. Elles sont belles, ces belles madames, longues, minces, fines, gracieuses, sans os, elles font très distinguées très bêcheuses, et en même temps elles ont l'air dociles comme des grands chiens, alors je me dis voilà, c'est elles qui seraient à vendre, pas seulement les nippes qu'elles ont sur le dos, ça serait des espèces d'esclaves, voilà, on pourrait se les acheter, s'en acheter autant qu'on voudrait, se les choisir bien bien, et on les emporterait, et elles seraient à toi, et t'en ferais ce que tu voudrais. Vachement terrible! Naturellement, moi je serais très gentil avec elles, elles me laisseraient faire tout ce que j'aurais envie, bien forcées, et même elles se prêteraient, elles m'aideraient, plein de cochonneries je leur ferais, mais des cochonneries gentilles, qui font pas mal, et elles, elles seraient très contentes très heureuses d'avoir été achetées par un mec aussi charmant, elles m'aimeraient très fort, et d'abord elles pourraient pas faire autrement, à partir du moment où je les ai achetées elles m'adorent, automatique, et elles s'aimeraient beaucoup entre elles, ce serait le paradis. Voilà le thème.

A partir de là, reste plus qu'à choisir, et c'est là que ça commence : celle-là, celle-là, pas celle-là, celle-là, mouais, beuh..., celle-là, celle-là...

Quand on m'avait opéré des amygdales, ou de la quéquette, peut-être bien, Mme Verbrugghe, la brodeuse de la Grande-Rue, qui est une patronne à maman où qu'elle va faire le ménage tous les matins depuis des années et des années, elle était venue me voir et elle m'avait apporté comme cadeau du chocolat. C'était du chocolat au lait, drôlement bon, et marrant comme tout parce qu'au lieu que ça soit une plaque, c'était des ronds, des espèces de petites galettes plates, chacune avec du papier argent autour, et empilées les unes sur les autres bien serrées dans un papier, ça faisait comme un saucisson, pareil. Ça s'appelait du chocolat Nestlé. Quand tu déchirais le papier d'autour pour arriver aux chocolats, tu trouvais une image, et puis encore une autre image. Deux images. Tu les regardais : très jolies. Vraiment très. En couleurs, dessinées très fin, avec bien tous les détails. Tu regardais derrière, il y avait d'écrit le nom de la bête de l'image (c'était des bêtes), un nom en latin, très compliqué, et en dessous il y avait : « Collectionnez les images " Les Merveilles du Monde "! Demandez notre superbe album gratuit " Les Merveilles du Monde " chez votre confiseur! Vous pouvez gagner ceci cela... »

J'ai dit à maman de demander l'album. C'était pas pour gagner le vélo grand luxe ou la boîte de couleurs géante, je m'en foutais pas mal, ce que je voulais c'était les belles images et le superbe album pour les coller dedans et les regarder toujours. Il y avait de la colle au dos de l'image, tu la léchais, hop, ça collait. Je savais faire. Pas comme papa.

Papa, maman lui avait dit : « Au lieu d'être là à rien faire, tu ferais mieux de me coller les timbres du Familo. » Le Familo, c'est le Familistère. Ils te donnent des timbres chaque fois que t'achètes. Des petits timbres tout moches, pas des timbres que t'as envie de faire collection. Maman les mettait dans le tiroir, quand le tiroir était plein, elle commençait à dire faudrait coller les timbres, quand le tiroir était plein plein plein, des timbres qui débordaient partout, elle engueulait papa ou moi jusqu'à ce qu'on s'y mette. Elle avait un cahier exprès avec des cases pour les coller et un catalogue pour savoir le cadeau que t'avais le droit de choisir en échange des timbres que t'avais. Si t'en avais vraiment beaucoup, même un lustre avec du doré tu pouvais choisir, même une armoire à glace, même un appareil photo, ils te le donnaient à l'œil. Mais comme disait maman, faudrait y passer sa vie entière avant d'avoir autant de timbres, et un lustre c'est rien qu'un nid à poussière, j'en mange bien assez chez les autres, de la poussière, et qu'est-ce que vous voulez que je fasse d'un appareil photo, une viéle béte comme voilà moi que je me rappelle même plus mon alphabet par cœur? Alors elle choisissait de l'utile. Une chaise de cuisine en bois blanc, ou une lessiveuse, ou des assiettes avec des fleurs dessus.

Et bon, un soir, sans rien dire, papa se met à coller les timbres du Familo sur le cahier rose avec les cases. Au bout d'un moment, maman vient voir pourquoi il jurait comme ça, que jusque-là elle faisait trop de bruit avec les casseroles et tout ça pour l'entendre, maman fait beaucoup de boucan quand elle travaille. Elle pousse un cri. Un chantier d'épouvante. Papa avait rapporté de la colle forte qu'un copain menuisier lui avait filée, une pleine grande gamelle, il l'avait réchauffée sur le feu bien molle bien collante, terrible, et il s'était mis à coller les petits timbres tristes du Familo, il leur plaquait une grosse plâtrée de colle au cul et il essayait de les poser sur les cases en visant bien. C'était pas facile. Ses gros doigts tout crevassés entortillés d'épaisseurs de chatterton figé cartonneux, ses ongles fendus rongés par le ciment, il était pas aidé. La plaque de timbres tombait tout de travers sur la feuille, et telle qu'elle était tombée elle restait, rien à faire, la colle séchait aussitôt, t'arracheras plutôt le papier avec. Alors papa avait pris les ciseaux pour découper les plaques timbre par timbre. Il tirait la langue. Il visait vraiment mal. Surtout que ses doigts, dans les trous des ciseaux, ils entraient pas, alors il fermait les ciseaux en pliant la paume, et pour les rouvrir il lui fallait l'autre main, mais alors il lâchait la feuille de timbres, et bon, orrrca la Madonna, Di-iou te strrramaledissa et fan'culo il Gesù, il a fini par renverser la colle, et puis il a pris la table par deux pieds et il l'a retournée les pattes en l'air sur le désastre, rage et désespoir, il envoyait se faire foutre à la cantonade les bonnes femmes et leurs conneries de timbres de merde et de chaises de cuisine qu'on devrait leur faire bouffer, les pieds devant, et sans boire. En dialetto, heureusement.

Maman, médusée. J'abrège. Ce soir-là, papa a bien fait d'aller prendre l'air au lieu de se mettre à table. Le lendemain soir, on était tous les deux, lui et moi, maman rentrait tard d'une lessive « au diable ouvert », j'ai montré à papa comment faire avec les timbres, qu'il y avait juste à leur lécher un peu le cul, à peine à peine, ça faisait de la colle, et hop, t'appuyais, c'était collé. Là, papa a compris qu'on était entrés dans les temps modernes! Et quand je lui ai eu fait voir comment découper les timbres en se servant des petits trous faits exprès, il m'a regardé comme les négros regardaient Bibi Fricotin s'envoler dans sa machine volante.

J'ai tant fait que maman a demandé à Mme Verbrugghe de lui procurer l'album « Les Merveilles du Monde ». Il était vraiment « superbe ». Rouge, avec des pages en carton gris et une douzaine d'images collées d'avance pour te donner le courage de commencer. Avec mes deux, ça faisait quatorze. Par la suite, j'ai réussi à en échanger contre des billes à des mecs qui en avaient en double. J'étais assez fort aux billes, surtout au triangle et à la planche-pyrame. J'ai quand même jamais pu avoir plus d'une soixantaine d'images. L'album en voulait au moins trois cents.

Cet album, quel tremplin à conditionnel présent! Voilà le thème : j'ai une île à moi, à moi tout seul. Une île déserte. Alors, je la plante de plantes, je la peuple d'animaux. Voici la page « Oiseaux-Mouches » de l'album. Page de gauche, des cases pour coller les images, douze cases, trois de garnies. Page de droite, les textes d'explication des images, c'est un livre éducatif. Je prenais déjà les oiseaux dont j'avais les images. Çui-là, çui-là, ... mouais? Bof, oui, çui-là. Chaque fois, je lisais le texte, je me pénétrais bien des mots, je regardais l'image bien bien, enfin, bon, je créais l'oiseau, je le faisais exister dans mon île.

Après, je passais aux cases vides. Je lisais le texte si attentivement que je voyais l'oiseau aussi réellement que si j'avais eu l'image. Je me tâtais si je l'admettais dans l'île ou pas. Finalement, je les prenais tous.

La même chose pour « Les Oiseaux de Paradis », « Fleurs ayant survécu à la Période glaciaire », « Vraies et Fausses Cigales », « Les Faisans », « Les Plantes carnivores »... Tout passait dans l'île, bêtes des tropiques et bêtes des pôles, plantes rares, légumes... Cette île était d'une luxuriance extraordinaire.

Des noms que j'oublierai jamais, pour m'en être trop gargarisé : Oréotrochile du Chimborazo, Tibicinia Septendecim, Ramphastus Toco...

La première tisane sérieuse que je me suis laissé aller, c'est avec le fils Rocca, un merdeux qu'habitait au 5 de la rue, juste à côté du 3. Ce con-là déconnait sur papa, il disait comme ça son vieux, à François, il vide les fosses à merde quand elles débordent, y a que lui qu'est assez con pour ça, une fois il a respiré le gaz de merde, il est tombé dedans, dans la merde... Les autres mômes ont fait beuark, ben, merde, faut pas avoir de fierté, et alors, après, il était plein de merde, alors, hein, c'est vrai? Pas un qu'aurait pensé qu'il avait bien failli crever, les poumons pleins de leur merde à eux ou à d'autres sales cons pareils à eux, pas un. Rocca se fendait la gueule. Tellement qu'i pue, son vieux, sa vieille elle veut pas pager avec lui, i pue trop fort. Aussi sec, il avait mon poing sur l'œil. Jamais compris ce qui m'a pris. Je m'étais déjà chicoré, sûr, comme tout le monde, pour de la triche aux billes ou pour un mot de travers, mais bon, ça n'allait pas loin. Là, j'étais tout en ressorts, j'étais électrique, c'était pas moi. Qu'est-ce qui m'a mordu au cul, va savoir. Je lui ai ravagé la gueule, au môme Rocca, il avait pas le temps de les voir arriver, coincé je l'avais dans le coinsteau du couloir, derrière la porte, je m'y vois encore, et je cognais, nom de dieu, je cognais, fou dingue déchaîné. Je l'ai fini en lui serrant le cou sous mon bras gauche, la tête bien offerte bien à l'aise, et là je me suis régalé sur ses œils, quand j'en ai eu fermé un au tour de l'autre, après ça le pif, après ça les dents, ça pissait de partout, les autres osaient pas approcher, j'étais, paraît, blanc farine, les yeux cernés de noir enfoncés dans la tête, les narines pincées comme un qui va tomber dans les pommes. L'air d'un assassin, qu'ils m'ont dit. La petite sœur à Rocca a fini par cavaler chercher son vieux, moi je me le finissais à coups de tatane.

— Tire-toi, François, que m'a dit Jean-Jean, v'là le père à Rocca qui s'amène!

— Je l'emmerde, le père à Rocca! Et son enculé de fils de merde avec! Je lui fais la peau, au père Rocca, merde!

C'était vraiment pas mon genre habituel. Les autres étaient sidérés.

Le vieux à Rocca s'est pas amené, trois étages, merde,

et Rocca est rentré tout seul, et il a eu une paire de baffes pour s'être fait tabasser la gueule, et une autre quand son vieux a su pourquoi. Qué Vidgeon, il était respecté, Vidgeon.

C'est là que j'ai commencé à devenir teigneux. J'avais soudain compris que les rouleurs de mécaniques ça compte pour du beurre. Celui qui gagne, c'est le mec gentil qui voit rouge et qui prévient pas. Quand la colère me chauffait la tête, au lieu de perdre les pédales, de foncer comme un con et de me faire cueillir, je me sentais tout à coup lucide et fort, comme en fer. Je mouftais pas. Je sentais ma gueule pâlir, mes narines se pincer, le tour de mes yeux se creuser et devenir tout froid. Et je sentais passer tous les tanks de l'armée américaine dans mes bras maigres et dans mes mollets de coq, comme Popeye au ciné. Je me serais battu contre une armée, et j'aurais gagné, je le savais. Très curieux.

Une autre fois, c'est Chouquette, un mec du Nord qu'on disait qu'il se faisait enculer par son père, mais va savoir, et qu'est-ce qu'on en avait à foutre, de toute façon. Il remet ça avec mon père et les fosses à merde. Il était costaud, Chouquette, une espèce de Flamand. Oui, ben, n'empêche qu'il s'est retrouvé dans le caniveau, et qu'il a fallu me l'arracher.

C'est formidable, suffit de leur rentrer dans le lard, aux mecs, et tu te les fais, pas de problème. Quand j'ai eu découvert ça, je me suis plus senti pisser. Le gros Desmeules, à l'école, une espèce de géant fort comme trois bœufs avec un énorme gros cul dégueulasse, il me sort un vanne, je sais plus trop quoi, je lui balance mon pied dans les couilles, il me saute dessus, pesait au moins quatre-vingts kilos, moi, rageur et fil de fer, je le crible partout et il se barre, sous les huées de la multitude accourue, c'était pendant la récré.

Ça a pas mal changé ma vie, je dois dire.

Quand j'étais petit, la violence me foutait la trouille. Je me rappelle Mario Lanzini, un mec de quatorze ans paumé dans la classe au père Caspaert, une classe de merdeux de sept-huit ans. La brute des montagnes. Droit descendu de l'Apennin. Tout en os et en mâchoire. Brave zig, à part ça, mais pour la chose d'étudier, que dalle. Il était dans un coin, au fond, il faisait ce qu'il voulait, pourvu qu'il foute la paix au monde. Ronflait. Bouffait des tranches de polenta froide. Se branlait. Trafiquait. Fauchait le quatre heures des petits. De temps en temps, bâillait en s'étirant et gueulait : « Qu'est-ce qu'on se fait chier, merde! » Le père Caspaert laissait pisser, confiant dans sa propre force et dans ses talents de dompteur. C'est un homme que j'ai beaucoup aimé, le père Caspaert. Il était grand et sec, pourvu de grosses bacchantes tombantes, demandait dès le début de l'année scolaire si un élève avait un père menuisier pour le fournir en grosses triques de trois mètres de long avec lesquelles, depuis le milieu de la classe, il pouvait aussi bien nous montrer quelque chose au tableau en tapant dessus comme un sourd ou virer un coup de trique derrière l'oreille à n'importe lequel d'entre nous, en quelque point de la classe se trouvât-il. Il cassait une trique par mois, l'une dans l'autre. Il adorait nous foutre les jetons en nous soulevant par le col de chemise et par le fond de culotte et en nous balançant comme s'il allait nous projeter à travers le vasistas. Nous faisions semblant d'avoir très peur.

De loin en loin, le père Caspaert interrogeait Lanzini, c'est dans le règlement. Sans se faire d'illusion, mais c'était un homme consciencieux. Il aurait aussi bien pu lui coller un zéro d'office. Ce jour-là, ça ne plut pas, faut croire, à Lanzini d'être dérangé. Il envoya se faire foutre le père Caspaert. Qui réagit en lion. Fonça sur Lanzini, l'arracha à son banc, le traîna vers la porte. Non, là, il tomba sur un bec. Lanzini crocha dans les tables à droite à gauche, s'arc-bouta, et macache. Souleva les pieds, balança ses deux galoches en bois clouté dans la poitrine du père Caspaert, qu'il propulsa à reculons sur toute la longueur de la travée. Baoum! C'est le bureau qui l'arrête. Caspaert sur le cul. Fou de rage verte. Fonce sur Lanzini. Qui saute par-dessus les tables. Caspaert aussi. Presque rejoint, Lanzini balance une table à deux places avec banc incorporé, tout chêne massif, casiers à livres et trous pour encriers avec encriers dans les trous et encre noire dans les encriers. Caspaert prend la totalité de la livraison dans les tibias. Arêtes vives. Ça fait mal. Caspaert écumant. Entasse table sur table à toute vitesse. Coince enfin le Lanzini dans un coin derrière la barricade de tables. Lanzini, haletant. Caspaert l'empoigne. Lanzini lui fonce son poing sur la gueule, son genou dans l'estomac, lui en balance encore trois ou quatre par-ci par-là et se taille, sans un regard pour nous autres. Caspaert se ramasse, lui court au cul, le rattrape au bout de la cour, sous les marronniers, l'agrippe par le bras, par le col de chemise, lui montre le bureau du dirlo. Finalement, Lanzini se résigne, de toute façon la lourde est bouclée, mais c'est lui qui empoigne le père Caspaert par l'aileron et le traîne chez le dirlo. On l'a plus revu en classe, après ça.

Le voleur

J'avais mis au point une combine formidable. Je descendais chez Sentis, le libraire-marchand de journaux qui fait le coin de la Grande-Rue, en bas de la rue Sainte-Anne, et je prenais *Pierrot*, l'illustré permis aux enfants chrétiens, je le prenais sur sa pile. J'avais mes six sous dans le creux de la main. Au lieu de payer tout de suite à la caisse et de m'en aller, je feuilletais çà et là les magazines à l'étalage. Je posais chaque fois mon journal sur une pile d'illustrés pour feuilleter plus à l'aise. Quand je le reprenais, je fauchais en même temps un illustré sur la pile. Je recommençais plus loin. Je payais un illustré, j'en embarquais trois ou quatre à l'œil.

Non seulement je volais, mais je volais des journaux qui faisaient pleurer le petit Jésus. Vraiment la mauvaise pente. J'avais d'ailleurs une trouille abominable : j'étais pas encore complètement pourri.

Je quittais la boutique les fesses serrées, je me forçais à ne pas courir, je remontais la rue Sainte-Anne, sans me retourner, surtout. C'était trop facile, j'arrivais pas à croire que c'était si simple, une poigne de fer allait se poser sur mon épaule, une voix terrible me traiter de voleur devant tout le monde. J'en crèverais sur place, sûr. En grimpant l'escalier, je commençais à oser y croire. Mes mains, mes pieds se réchauffaient, je sentais le sang courir dans mes joues, j'étais sauvé, merde, j'avais gagné! Je planquais les illustrés sous le matelas. Je me les lirais au Fort, dans un coin de verdure secret, puis je les échangerais. De toute façon, un truc volé, j'ai pas envie de le garder, ça me donne une impression de pas vrai, de pas exister tout à fait.

Naturellement, ça a craqué. Un jour, la poigne de fer s'est posée sur mon épaule, la voix terrible m'a traité de sale petit voleur fais voir un peu ce que t'as dans la main. La poigne était la main de Suzanne, la vendeuse à Sentis, la voix était sa voix. Je suis pas tombé raide. Suzanne me connaissait depuis tout petit. Elle m'a ramené dans la boutique, il y avait là une connasse de vieille bonne femme maquillée, toute fière toute faraude, c'est elle qui m'avait repéré, qui avait prévenu Suzanne, et maintenant elle jouissait sur toute la surface de sa sale gueule. Suzanne m'a dit : « Et si j'appelais les agents? » La vieille vache a dit : « Mais j'espère bien que vous allez les appeler! Il faut les appeler, ma petite, c'est votre devoir! Tenez, vous n'avez qu'à empêcher cette petite fripouille de se sauver, je cours au commissariat! »

Mais Suzanne s'est contentée de me reprendre les illustrés avec un air de mépris tellement écrasant que ça m'a coupé la montée de la honte. « Dites donc, je lui dis, il y en a un que je vous ai payé. Rendez-moi au moins mes sous. » C'est pas du tout ça que je m'imaginais que j'aurais fait si ce qui m'arrivait m'était arrivé. Pas du tout ça. Je bafouillais un peu, mais c'était pas l'anéantissement que j'aurais cru. Suzanne m'a jeté mes six ronds sur le comptoir, je les ai ramassés et je suis parti, tout crâneur. Complètement décomposé à l'intérieur.

C'est dans la rue que j'ai senti arriver l'onde de choc. Les grandes trouilles, c'est pas sur le coup qu'elles vous ravagent, il y a un décalage. Sur le coup, on n'est que réflexes et sauve-qui-peut, sauve ta peau ou — pire, chez moi en tout cas — sauve la face. Dans l'escalier, les jambes me flottaient dessous, les marches s'enfonçaient quand j'y posais le pied, je suis arrivé en haut je sais pas comment. Je me suis enfermé dans la chambre, je me suis jeté par terre dans un coin, ramassé sur moi tout petit tout serré, la figure poussée dans l'angle du mur, je me suis mis à trembler claquer des dents pas moyen d'empêcher, j'aurais voulu ne pas exister, ne pas exister, bordel de merde, ne pas exister, quel con, quel con, quel con, pourquoi je faisais des conneries pareilles, merde de con, pourquoi cette vieille putain de vieille vache de merde, pourquoi, qu'est-ce qu'elle en a à foutre qu'un môme fauche des illustrés, vieille salope enculée, morue, crève crève crève!

Elle m'a fait du mal, la mémère au sens civique, je lui en veux encore, je lui en voudrai toute ma vie. Chaque fois que je pense à cet instant, le meurtre flambe en moi, le temps d'un éclair, mais intense! Contre moi, il flambe. Il y a deux ou trois moments de ma vie qui me font le même effet quand ils me reviennent. C'est toujours des moments où j'ai été ridicule, ou con, ou salaud, enfin où j'ai pas eu le beau rôle, et toujours en présence de quelqu'un.

J'avais, c'est pas dur : j'avais sept ans, j'étais dans la classe au père Caspaert, les autres mômes avaient des sous, ils allaient à la Parade acheter des bégots. La Parade, c'est la boutique qui est à côté de l'école, tout près, où on vend rien que des bonbons marrants qu'on trouve que dans ce genre de boutiques-là, près des écoles. Il y a des grosses fraises en machin mou très sucré, d'un rouge éclatant, chimique à hurler, c'est justement ça qu'on aime. Il y a des rouleaux de réglisse noir avec un petit bonbon dur au milieu. Il y a des roudoudous qui sont comme des petites boîtes à camembert quand tu lèches t'arrives au bois ça te fait des frissons. Il y a de l'Aspirfrais qui est une poudre dans un petit sac en papier, t'aspires par la paille ça a le goût de citron. Il ya a du sen-sen-gomme *, du sen-sen-ballon. Il y a des pistolets à patates, tu plonges le canon dans la patate crue, ça fait emporte-pièce, une belle balle bien cylindrique en patate, quand t'appuies sur la gâchette il y a un ressort dedans, ça tire vachement loin. Il y a des sifflets à boussole, des rossignols invisibles à se coller sur la langue, des amorces dans des petites boîtes rondes, des petits billards de poche faut que tu mettes les deux yeux du négro bien dans leurs trous, vachement

* Ce n'est qu'en 1945 que j'ai appris que « sen-sen-gomme » était une prononciation francisée de « chewing-gum ».

coton. Il y a naturellement des billes, et aussi des gros calots de verre de toutes les couleurs, qu'ailleurs on appelle des agates.

A la sortie de classe ou à la rentrée d'une heure et demie, c'était la ruée à la Parade. Les mômes faisaient la queue, se tapaient sur la gueule, se mettaient en retard pour dépenser en bégots les sous qu'ils s'étaient mystérieusement procurés. Ah, oui : les bégots, c'est les bonbons. Pas n'importe quels bonbons, attention. Seulement les bonbons dégueulasses et fascinants qui ne se vendent que dans les boutiques comme la Parade. Bégaler, c'est filer des bégots aux copains. Un qui a des ronds, tout de suite la meute est sur lui : « Eh, Machin, tu bégales? Merde, eh, fais pas la vache, eh, tu bégales, merde? Moi, hier, je t'en ai filé, de mes bégots, si tu bégales pas t'es rien qu'un sale con! » Peut-être que c'est un mot strictement nogentais? Peut-être qu'il aura servi qu'à une seule génération de mômes?

Bon. Moi, bégaler, ben, je bégalais jamais. Ça me faisait un peu chier parce que quand un copain me bégalait, j'aurais bien voulu lui rendre.

J'avais une tirelire. C'était un cochon bleu, en faïence, assis sur une chaise, avec une fente dans le dos. Quand on me donnait des sous, par exemple mon cousin Silvio ou une patronne à maman pour la bonne année, maman les mettait dans le cochon, quand le cochon serait plein on les mettrait sur mon livret de Caisse d'Epargne. J'étais bien content, je me disais la Caisse d'Epargne ça doit être un truc épatant, on en cause toujours avec tellement d'admiration.

J'ai hésité longtemps. Et puis, un jour, j'ai ouvert l'armoire, doucement, j'ai pris le cochon sur la pile de mouchoirs bien repassés, je lui ai mis la tête en bas, j'ai un peu secoué en faisant gaffe que maman, de l'autre côté, dans la cuisine, n'entende pas, tout de suite il m'est tombé une pièce de quarante sous dans la main. Quarante sous, ouh là là, c'est beaucoup! Je voulais juste une petite pièce, une toute petite, dix ronds, cinq sous, là c'était trop gros, quarante sous ça devenait du vol, d'un seul coup j'étais devenu un voleur, un cambrioleur, un vrai fumier, j'ai failli remettre la pièce dans la fente, et puis, merde, tant pis, je l'ai gardée.

J'osais plus, comme on dit, me regarder dans la glace, mais moi c'était vrai, littéralement. Même dans les devantures des boutiques j'avais honte quand mon reflet, sans prévenir, me sautait au nez.

Naturellement, j'ai remis ça. J'achetais des conneries à la Parade, je bégalais les mecs, comme un vrai pote, mais c'était pas pour ça que je secouais le cochon bleu. C'était pour cette saleté de trouille délicieuse, je le vois bien maintenant. Pour l'émotion, quoi. L'emmerdant, c'est que j'avais des remords. Exactement comme c'est décrit dans le cours de morale, à l'école. Enfin, que je croyais, mais aujourd'hui je pense que c'était surtout la certitude que maman se rendrait compte un jour ou l'autre que le cochon était vide, et rien que d'y penser c'était l'agonie.

Les petits Ritals allaient peu à la Parade. Faute d'argent de poche. Quand par hasard l'un de nous avait cinq sous, on cavalait plutôt tous chez Fouquet, le pâtissier de la Grande-Rue, qui nous refilait un énorme sac de gâteaux rassis. Jusqu'au jour où Fouquet a fait comme les autres : ses gâteaux rassis, il les a pétris avec de la flotte, une couche de confiture dessus, ça fait du pudding, pour tes cinq ronds t'avais juste une petite part de pudding de rien du tout, c'est ça, le commerce. Les petits Ritals appelaient ça « de la boudine ». Bien fait pour les Anglais. Au fait, j'y pense, « pudding », ça viendrait pas de « boudin », par hasard?

De toute façon, maintenant il y a Mme Lozzi qui vend des glaces dans sa belle petite carriole dorée, et les glaces c'est plus excitant que la boudine.

Tout ça pour vous dire que mes bégaleries à la Parade se faisaient au profit de mômes français, fréquentations purement d'école. Si la rue Sainte-Anne m'avait vu dépenser des quarante sous à la fois en sucreries multicolores, j'étais cuit!

Dans ma classe, il y avait un môme d'une dizaine d'années, Pruvost, il s'appelait. Pas causant, petit, trapu, rougeaud, la gueule dure, pleine de creux et de bosses, peut-être bien breton. Il avait une fossette sur le menton, en plein milieu, ça faisait comme un nombril.

Un jour, à la récré, ce Pruvost me dit :

— File-moi des bégots.

— T'en as déjà eu, je lui dis.

— File-moi tout ce que t'as, ou je dis au père Caspaert que tu fauches des ronds à ta vieille.

Je suis resté comme un con. Les guibolles me tremblaient. Je pense que je devais être blanc comme un mort.

— Tu les fauches à ta mère, les ronds, je le sais. File-moi tout ce que t'as ou je vais voir le père Caspaert, magne-toi.

Je lui ai filé. « Mais tu fermes ta gueule! » je lui ai dit. « Puisque je te le dis! »

Je faisais connaissance avec le chantage. Je savais même pas que ça existait. Je pensais qu'il y avait les vieux, d'un côté, et de l'autre nous, les mômes, et qu'il suffisait de pas se faire choper par un adulte. Je découvrais tout à coup que c'était pas si simple. Lui, ce petit fumier, il avait trouvé ça tout seul. Il avait choumé le bon connard, il avait senti qu'avec moi il pouvait y aller, ça marcherait. Ça a marché.

Naturellement, le lendemain, il remettait ça. Toute la technique de la chose, il l'inventait au fur et à mesure, un vrai professionnel. Mais le lendemain, moi, j'avais rien. Vachement chaud aux plumes, j'avais eu, pas pu roupiller avant le petit matin, je m'étais juré que c'était fini, d'ailleurs le cochon bleu était presque vide, d'un moment à l'autre maman allait se rendre compte, ce fumier de Pruvost m'avait projeté en pleine figure ce qui me rongeait en douce depuis longtemps et que je voulais pas regarder. Et puis, finalement, les bégots, c'était pas si marrant que ça, pas autant que j'aurais cru. Et les parasites qui me collaient au cul, ça commençait à bien faire. Bon. Je lui dis je peux rien te filer, j'ai rien.

— Ah, ouais, qu'il me dit, alors moi je vais causer au père Caspaert.

— T'es vache, merde! Tu m'avais juré...

— Rien à foutre, je vais voir le père Caspaert.

Moi, affolé :

— Fais pas ça! Je t'en filerai demain.

— Ecoute, je veux bien pas lui dire, mais demain tu me files quarante sous.

— Quarante sous! Où tu veux que je les trouve?

— Où que tu les trouvais jusqu'à hier.

J'abrège. Quand j'y repense, je me foutrais des coups sur la gueule avec un fer à repasser. Ce fumier-là m'a pompé la moelle pendant peut-être deux mois. Le cochon bleu a craché son dernier centime, et puis ça a été le porte-monnaie de maman, mais là c'était coton, maman sait toujours à un sou près ce qu'il y a dans son morlingue. Je faisais les poches à papa quand il dormait, je trouvais des fois une pièce de cinq sous dans les ferrailles. J'avais honte, à en crever. Il a fallu que je lui file mon Meccano, mes livres d'images, mon porte-plume qu'on voyait dedans le Mont-Saint-Michel, mon compas, mes illustrés, mes crayons de couleurs, un kiwi articulé en tôle, très marrant, qui était une réclame pour le cirage et que papa m'avait fait cadeau... Il en avait jamais assez, me maintenait dans une trouille verdâtre. Je bouffais plus, je foutais rien en classe, ce mec m'obsédait, il me lâchait pas, s'était démerdé pour être à la table juste derrière moi...

Fallait que ça craque. Maman a été longue à faire un rapprochement entre les bizarreries qu'elle remarquait dans son porte-monnaie et son petit François. Faut dire que j'étais vachement hypocrite. Et puis, un jour, la catastrophe : « Je dois faire un saut à la poste, je vais en profiter pour mettre tes sous sur ton livret. On va y aller ensemble. T'es content d'avoir des sous de côté, dis voir? » Mes guibolles se sont mises à fondre.

Son cri, quand elle a eu la tirelire en main! Elle a appelé papa. « Dis donc, toi, qui est-ce qui t'a permis de prendre les sous de la tirelire au petit? » La tigresse. Papa « Ma qué tirelire? » Après ça, effroyable. Tel que je l'avais imaginé, c'est-à-dire inimaginable. J'étais un voleur! Son François! Elle qui avait davantage confiance en moi qu'en elle-même! Et moi, pendant ce temps-là, j'avais qu'une idée en tête, attendre qu'elle ait le dos tourné pour lui voler l'argent qu'elle se crevait le cul à arracher avec ses pauvres mains crevassées, enfin tout, quoi, elle oubliait rien, ramenait cent fois de suite les mêmes images bien mélo qui a chaque fois me démolissaient comme à la première. Papa, dans son coin, me regardait, hochait la tête, triste comme un chien.

Ça a duré des heures. Maman avait tant gueulé qu'elle avait la voix cassée. J'avais pris quelques baffes, quand elle arrivait à s'exciter vraiment très fort, mais c'est pas ça qui me rendait malade. Et finalement j'étais plutôt moins malade que toutes ces semaines. C'était fini! Quoi qu'il m'arrive, il n'y aurait plus cette sale chiasse dégueulasse qui me bouffait tout vivant. Elle parlait de maison de correction, j'avais très peur, mais c'était une peur sans angoisse, une peur face-à-face.

Elle a tellement gueulé que Mme Cendré est montée voir, et aussi Catherine Taravella, la mère d'Antoine et de Rosine, si sévère si inflexible question éducation, chaque fois fallait que je raconte ce que j'avais fait. « Dis-le, allez, dis-le ce que t'as fait! » et merde, je commençais à plus être aussi ému aussi coupable, la culpabilité c'est comme tout, faut pas abuser.

Maman est allée voir le père Caspaert, qui, un matin, à la fin du cours de morale et d'instruction civique, nous a dit, très grave, mes enfants, je dois vous mettre au courant, un de vos camarades a volé de l'argent à ses parents, ce qui est une vilaine action, d'autant plus laide que ses parents sont pauvres et ont bien du mal à gagner leur vie et la sienne. Ici, le père Caspaert s'est arrêté, les mômes se regardaient, se demandant qui, sauf quelques-uns qui savaient et qui me regardaient, moi, et peu à peu tout le monde m'a regardé, tous ces yeux, alors le père Caspaert a tapé sur sa table avec sa règle et il a dit mes enfants, il y a une action encore beaucoup plus laide que le vol, une action ignoble, une chose terrible, qui peut mener les gens au désespoir et au suicide. Ça s'appelle le chantage. L'un de vous — je ne veux pas dire « un de vos camarades », ce mot est trop beau, il le salirait — s'est livré à cette pratique répugnante et vile. Non, ne cherchez pas qui c'est, j'espère qu'il se sent suffisamment puni par le mépris que suscite sa conduite et qu'il ne recommencera pas.

Tous les mômes regardaient Pruvost, car tout finit par se savoir. Pruvost, lui, pas gêné. Baissait les yeux, mais pour pas que le père Caspaert voie l'air qu'il avait, ni son sourire. On l'avait éloigné de moi.

Aujourd'hui, j'arrive pas à croire que j'aie pu être comme ça. Il m'aurait fait ça seulement trois ou quatre ans plus tard, il avait aussi sec mon poing sur la gueule, et va lui montrer çui-là, au père Caspaert, ducon.

Il a fallu qu'il me rende mes affaires, mon Meccano, tout ça. Mais il manquait plein de pièces, la vache.

L'Arabe

Papa était sur un chantier, au Rond-Point de Plaisance *, il faisait un boulot de terrassement. Il lève la tête, il voit un gars qui était là, dans la rue, qui le regardait. Un Arabe. Maigre, des yeux de chien. L'Arabe lui dit : « Travail » en se montrant lui-même avec ses deux mains. Papa lui dit : « Fout var il patron. » L'Arabe dit : « Travail », et il fait le même geste. Papa dit : « Quouante qu'i vienne il patron, te le faro var. » Et il se remet à piocher.

L'Arabe est resté là jusqu'au soir. Le patron, c'est-à-dire un des Dominique, n'était pas passé. Papa, en s'en allant, a dit à l'Arabe : « Pétêt' qu'i vienne demain. Ma ze le sais qué dou travail il est pas boucoup. » Et il est parti.

Le lendemain, à peine il arrive, l'Arabe était là. « Travail », il dit. A midi, papa lui dit : « Pas la peine rester là coumme ça, qué le patron, quouante qu'i vienne, ze le parle pour tva. Ecco. Reste pas coumme ça, qu'i fa pas çaud rester rien faire. » L'Arabe l'a regardé bien bien, pour comprendre ce qu'il disait, et puis il a dit : « Travail. » Et il est resté là.

Dominique Taravella, qu'on appelle « Tric-Trac » parce

* Qui doit s'appeler, maintenant, c'est sûr, « Place du Général-Leclerc », ou « de-Gaulle », ou « de la Libération », ou « Pierre-Brossolette »... Toutes les banlieues sont ravagées par ces solennelles conneries, nivelées, dépersonnalisées, dans la grisaille morne, comme si le béton n'y suffisait pas. A Champigny, ça serait plutôt la version « Gabriel-Péri », « Colonel-Fabien » et « Stalingrad »... Tu te rends compte, la rue des Jardins, ma rue des Jardins, ils l'ont baptisée « Rue des Héros-Nogentais »!... Je te dis qu'ils aiment ça!

que lui c'est toujours « Allez, fais-moi ça en vitesse, deux truellées de plâtre, tric-trac, et basta! » passe dans la journée, regarde le boulot avec papa, donne des consignes. Papa lui montre l'Arabe.

— Qui c'est c't'homme-là?

— L'est oun qui çerce dou travail, l'a dite.

— Eh, mon pauvre monsieur, du travail, j'en ai pas, pas grand-chose. J'ai rien pour vous.

L'Arabe a dit :

— Travail, patron.

Tric-Trac, avec ses moustaches blanches de vieux chat-tigre, a levé les bras, désolé :

— Si j'avais du travail, franchement, je vous le donnerais. Mais j'ai rien, mon pauvre vieux, rien du tout.

— Travail, patron.

Les yeux de chien.

Le lendemain, il était là. A chaque type qui venait, le chauffeur du camion, le métreur, un gars d'un autre chantier venu en renfort, à chaque tête nouvelle, il disait : « Travail. » L'autre Dominique, Dominique Cavanna, celui qu'on appelle Dominique, passe.

— Travail, patron.

— C'est qui, c't'homme-là?

— L'a dite coumme ça qu'a veut dou travail, ecco. L'a dite solement ça, tout la zournée. Reste là, coumme ça, dalla matine alla svar. L'a dite solement « Travail ». Tout la zournée. L'ara pas çaud, paur' diable.

— Mais, mon pauvre homme, du travail, je voudrais bien en avoir, je vous le donnerais. Mais j'ai rien du tout. C'est calme, calme...

— Travail, patron.

Le grand Dominique, comme chaque fois qu'il est embarrassé, a fait claquer sa langue, « Tsa, tsa, tsa », et il est parti, hochant la tête et agitant ses longs bras.

Et bon, huit jours comme ça, quinze jours, trois semaines... L'Arabe, planté là, gris de froid, guettant tout ce qui entrait ou sortait, « Travail ».

Le chantier se tirait. Papa rebouchait. Un des Dominique s'amène, je sais plus lequel. Il regarde papa, le tas de glaise, l'Arabe, il attrape une pelle, il dit à l'Arabe : « Tiens! » L'Arabe prend la pelle, sans un mot il commence à charger la brouette. Dominique dit :

— Allez, Vidgeon, dépêche un peu, que j'ai besoin de toi autre part.

Et voilà. L'Arabe était embauché. Il s'appelait Ahmed. Il avait attendu presque un mois, là, debout. Il savait qu'à force d'attendre, à force à force, ça vient.

Quand Ahmed a touché sa première quinzaine, dans le bureau, voilà qu'il y a comme une engueulade entre lui et papa. Vivi, le fils Taravella, qui a trois ans de plus que moi et qui aide au bureau, veut savoir ce qui se passe. Il se passait qu'Ahmed voulait à toute force donner de l'argent à papa, qu'il lui devait, il disait. Et c'est là qu'on a su que pendant tout ce mois, chaque jour, papa donnait de quoi s'acheter à bouffer à cet Arabe aux yeux de chien. Personne n'en avait jamais rien su. Et maintenant, l'Arabe voulait le lui rendre, « tit po' à la fvas », sur ses payes. Mais papa, rien à faire. C'était l'argent des travaux de jardinage qu'il faisait le dimanche, chez les sœurs et ailleurs *.

---

* Je sais bien, c'est trop beau, ça fait pas vrai. Et même vrai, c'est trop édifiant, je ferais mieux de pas raconter ça. Mais c'est que je viens moi-même tout juste de l'apprendre. Vivi Taravella, qui est maintenant le Patron, me l'a raconté, je suis encore sous le coup, tant pis si c'est du mélo-cucul, prenez-moi pour un con, en ce moment même je chiale comme un veau.

Ahmed est resté vingt-cinq ans dans l'entreprise, et puis il est rentré en Algérie.

Les amateurs d'allégories et dessus de pendules ne manqueront pas d'être séduits par le chatoyant symbole de l'immigré rital passant la pioche à l'immigré arabe et de déplorer que je n'aie pas su mettre à profit l'occasion d'une dissertation aussi riche en enseignements d'une haute portée philosophique et sociale. Bah, ils feront ça tellement mieux que moi!

Ah, oui : « Vivi », c'est le diminutif de Luigi, c'est-à-dire « Louis ». Ça n'a pas l'air, comme ça, à première vue. Mais rappelez-vous qu'un Rital est incapable de prononcer une suite de sons aussi barbare que « ou-i ». Il prononcera « ouvi ». Pour dire « Oui », il dit « Vi ». Voilà comment Louis devient Louvi, d'où : Vivi. Merci de votre attention.

Le cien del couré

C'est une histoire à papa. Je vais essayer de la raconter juste comme lui, pourtant, je sais bien que c'est pas possible. Ça fait rien, j'ai envie d'essayer.

L'est oun couré. L'avait oun cien. Oun cien pétite, enfin pas trop pétite, bien coumme i faut, quva. Et y avait çvi-là qui sonne la cloce, qui ranze les çaiges, qui balaye par terre — coumme tu dis? il sacristain, ecco, valà —, y avait sta cristain, coumme tu dis, i vient var le couré, et l'a dite coumme ça :

— Messio le Couré, le vote cien il a oun air intellizente coumme z'ai zamais vu ça.

— Ah, si? qu'i dit le couré. Tou penses, eh? Même à moi me semble qu'il a oun air pas coumme les autes.

— Messio le Couré, l'a dite çui-là, sta cien-là, on dirait qu'i va parler.

— Parler? Heu, ma no! l'a dite il couré. Tou te crvas qu'i sara oun cien qui parle?

— Ma! A mva, me semble qu'il foudrait pas grand'çoje. L'a les yeux coumme un qu'il est zouste sur le pvoint de dire quoualque çoje.

— Eh, allora, bon, l'est le Signoure qué l'a fate coumme ça, lui, il le sait qu'est-ce qu'i fa.

— Messio le Couré, valà que ze me rappelle maintenant dans la ma tête qu'à la ville l'est un qui prende parler oux papagalli — coumme tou le pelles, sta vaseau-là qu'il est toutes les couleurs et qui cauje tout le temps? il perloque? valà, l'est zouste çvi-là —, allora pétête qui pourra prende parler même al cien. Ze me souis pensé coumme ça qué ze poutrais pétête le mener tout souite la ville cez c't'homme-là, coumme ça i nous dit tout suite si le cien i va parler o no.

— Ze souis pas tante sour qué ça sara pas oun pécé fare parler les bêtes, ma, va bene, d'accordo, va var çui-là que tu dis vec il cien.

— Messio le Couré, me fout oun tit po' l'arzent per donner c't'homme-là, pourquoi i travaille pas pour rien.

— C'est zouste. Tiens, et tourne vite me dire si le cien i parle et tout ça qu'est-ce qu'il ara dit.

Allora le maçin, là, coumme tou dis, le cristain, il a pris la ficelle, et il a mené le cien à la ville. Et i s'est assis nel bistrot, vec les copains, et l'a bu toues les sous du couré. Et quouante qu'il a fini les sous, il a tourné la maijon, qu'il était la maijon del couré, derrière la glige.

Le couré, i l'attendait. Tout suite, i dit :

— Allora, i parle,

— Messio le Couré, presque.

— Comé, « presque »? I parle, o i parle pas?

— Il ouve la bouce coumme un qui va parler, ça se voit qu'il a envie, ma il arrive pas ençore tout-à-fait. C't'homme-là l'a dite coumme ça qué si vous lui laissez le cien en pension, dans hvit zours i parle oussi bien coumme vous, et pourtant vous sêtes oune personne qu'alle parle vraiment bien.

— Heû là! Ma sara cer, no?

— Ma no! Pour vous, i demande solement cent francs.

— Cent francs? Oïmé! Tou penses qué ne vale la peine?

— Messio le Couré, mva z'ai pas le conseil à vous dounner, ma ze serais à la vote place, ze le ferais. Qué si le Signoure i loui a donné la parole, a sta pauv'bête, sarait oun pécé pas l'aider parler.

Le couré l'a fate oun sospire grosse.

— Bon. Valà l'arzent. Porte-moi sta cien à c't'homme-là et dans hvit zours tu tourneras le cercer.

Allora, çui-là l'est parti vec le cien, et l'a été bvare toute l'arzent du couré al bistrot, toutes i cent francs, et quouante qu'il est venou la svar, l'a porté le cien cez sa sœur qu'alle restait zoustement dans sta ville-là, pas bien lvoin, et bon, il est tourné la maijon.

Après hvit jours, le couré l'a dite :

— Va me cercer mon cien, qué ze veux l'entende parler.

— Messio le Couré, l'a dite coumme ça c't'homme-là qué les cent francs c'était pour prende le cien à parler, ma qu'il a pas compté la nourritoure.

— Et combien qui faut, per la nourritoure?

— Cent francs.

— Come, cent francs? Ma mva ze lui donne à manzer solement dou pain rassis trempé dans l'eau qu'on lave les plats dedans, à sta cien-là, l'est contente coumme ça, et tva tou veux me prende cent francs pour ça qu'il a manzé là-bas?

— Messio le Couré, c't'homme-là l'a dite coumme ça qué per fare parler le cien, bisvoin qu'a manze la bistecca toutes i zours, et oussi des médicaments esprès per la parole qu'alles coûtent vraiment cer.

— Evva bene, qu'il a dite le couré, tiens, ma c'est la dernière fvas!

Allora, çui-là il a compris qué le couré, l' n'avait basta. L'a été la ville, l'a s'est assis le bistrot, l'a manzé du salame, l'a bien manzé bien bu, bien bien, et quouante qué l'arzent l'est finite, l'a va cez sa sœur d'ouve qu'il a laissé le cien, et pis i prende le cien, et i va le vende à un qui s'en allait lvoin et qu'avait zoustement bisvoin oun cien per fare plaijir son pétite garchon, et bon, l'est tourné la maijon.

— Allora, l'a dite il couré, i parle? Et d'ouve qu'il est, qué ze le vois pas?

— Oï oï oï, Messio le Couré! qu'il a dite çui-là. Per parler, si, qu'i parle! I parle même de trop! A peine que z'arrive, à peine à peine, vous savez qu'est-ce qu'i m'a dit, tout svite?

— Eh, no! Cos' l'a dite?

— L'a dite coumme ça, vec la voix forte coumme ça : « Eh, tva, dis-mva oun po' : le couré, i couce touzours vec sa bonne? » Quouante qué z'ai entendou ça, Messio le

Couré, z'ai eu tellement vonte qué la colère al m'a pris tout d'un coup, et allora z'ai levé le baston, et ze l'ai cougné à lvi sulla tête, tellement forte qué le cien l'est resté morte.

Le couré l'a sauté en l'air.

— T'as fait bien, mon ami! T'as fait très bien!

— Ma, Messio le Couré, ze vous ai fait perde sta cien, qu'il est oun cien qu'a vale cer, pourquoi i sait parler. Ma ze peux dire tout le monde qué c'est vrai que l'vote cien i parlait, même que mva ze l'ai entendou, ze peux le dire tout le monde...

— Reste tranquville! Si le Signoure il a pas voulou qué sta pauv'bête alle vive, fout rispetter la sa voulonté. Tiens, prende sta cent francs et dis rien personne!

La belle jeunesse

A Nogent, il y a une jeunesse saine. Le dimanche midi, à la sortie de la grand-messe, elle est massée devant l'église, sur le parvis, là même où, tout petit, à la Fête-Dieu, de blanc vêtu, pleurant ma trouille et cherchant des yeux ma mère, je semais, mignon à croquer, les pétales de roses de mon petit plateau d'osier, comme tous les autres chérubins, fierté et orgueil de leurs mamans — la Fête-Dieu est une espèce de concours de l'enfant le mieux tenu, et toujours l'odeur d'une rose me replongera en pleine Fête-Dieu, en plein mes deux ans et demi — eh bien, là même, oui, sur le parvis, la jeunesse saine et propre de Nogent-sur-Marne, ville saine et propre, vend *L'Action française* en vociférant farouche, l'air féroce, le sourcil en visière, la canne au poing qu'on est censé supposer plombée du bout ou à épée rentrante. Leurs mamans sourient, indulgentes, leurs sœurs leur tirent la langue au passage. Leurs pères leur achètent posément leur journal et leur laissent la monnaie, ironiques et attendris. « Ça a le sang vif, mais ça pense droit. » « Voyons voir ce brûlot! », tapotent-ils la joue boutonneuse de l'espoir du nom.

Les jeunes Camelots du Roy (attention à l'i grec) ont préalablement nettoyé les rues. C'est-à-dire traqué les salopards qui vendent *L'Humanité* et *Le Populaire* dès qu'ils se risquent hors des sentines strictement ouvrières. Des rouges, y en a pas lerche, à Nogent. Ils se tiennent à carreau. Mais il y a les gosses, les Faucons rouges, scouts à morve au nez et à culotte trouée, les Jeunesses communistes, qui font des raids dans les rues convenables en gueulant leurs canards : « Demandez *Vaillant*! » « Demandez

L'Avant-Garde, journal des Jeunesses communistes! » Les Camelots de l'i grec te vous les coincent savamment, comme à la chasse à courre, leur collent une sévère dégelée devant les ferronneries obstinément closes et balancent les paquets de journaux à l'égout, à moins qu'ils n'allument un feu de joie.

J'ai été à la J.E.C., la Jeunesse étudiante chrétienne. « Etudiante »... C'était grisant, pour un de la communale. C'était Antoine Taravella, je crois bien, qui m'avait travaillé au corps, tu verras, on se marre bien, vachement potes, pas con comme les scouts et tout ça... J'y suis pas resté longtemps. D'abord parce que, entre-temps, j'ai viré ma cuti. On peut pas croire au Père Noël toute sa vie. Enfin, si, y en a qui peuvent. Tant mieux si ça les gêne pas. Mais tant pis pour nous autres. Enfin, bon, si c'est les cucuteries sournoises de la J.E.C. qui m'ont ouvert les yeux ou si c'est mes yeux frais ouverts qui m'ont fait voir la bondieuserie sous sa vraie gueule, va savoir... Ce qui sautait au pif, c'était le besoin de haine de tous ces petits cons. L'antisémitisme étant la haine à la mode, la haine standard, bien calibrée, attisée en permanence par tout ce qui était bien-pensant, pourquoi aller chercher plus loin? Ça leur suintait de partout. Je parle des J.E.C. français. Les Ritals culs-bénits, dont moi, étaient là pour faire nombre. Les « têtes » étaient françaises, et excitées, et plein la bouche de Mussolini. Hitler, elles savaient pas encore. Bien tentées, tournaient autour, attendaient l'avis de la hiérarchie, tout au moins le clin d'œil.

Mais Mussolini! Quand je me suis rendu compte que le chant fraternel et sacré de la Jeunesse étudiante chrétienne, *Jeunesse*, que je chantais avec, sinon ferveur, du moins plaisir et entrain :

Jeunesse, jeunesse!
Printemps de beauté!
Marche, le temps presse,
Vers la Vérité...

Que ce chant n'était, sur une autre musique, que la traduction fidèle de l'hymne officiel fasciste *Giovinezza* :

Giovinezza, giovinezza!
Primavera di belleza!

Ça m'a, comme on dit, donné à penser.

Quand j'ai vu des gars que je croyais pas plus cons que d'autres, des gars de mon âge, tordre la gueule de dégoût et écumer d'envie de tuer, de tuer salement, au seul mot de « Juif », j'ai découvert un monde. Un monde de petites conversations merdeuses dans des petites familles merdeuses de petits faux riches merdeux, aigris, vertueux, et cons, madame, cons, cons, mais cons! J'ai décroché. Ça aimait trop la buffleterie et l'acier bleui, là-dedans. Je crois que je suis pas fait pour la haine. Elle m'étonne comme un monstre incompréhensible. Soupe au lait, oui, mais dès que c'est retombé j'y pense plus. Haine? Vengeance éternelle? Voilà des mots qui, dans un roman, me désolidarisent tout de suite du type assez con pour vouer sa vie à venger je ne sais quel mort ou je ne sais quel honneur. On m'a dit, et pas qu'une fois : « Vous, les Ritals, vous êtes comme les Juifs. L'honneur, vous savez pas ce que c'est. » Eh bien, bon. On tâchera de faire sans cette spécialité bien française.

La jeunesse saine de Nogent pratique des sports chics et sains à l'Alsacienne et Lorraine de Paris (l'A.L.P.), qui se trouve au Perreux, au bord de la Marne.

Il y a bien, à Nogent, l'U.S.M., l'Union des Sauveteurs de la Marne, inamovible champion de France de sauvetage, mais c'est assez canaille, et il y a du Juif, là-dedans. La famille Shermann, notamment, qui vend de la savonnerie sur les marchés. Nana Shermann a été longtemps en classe avec moi. Je les connais bien, Rachel qui a un jules et un tandem, et Jojo, l'aîné, un athlète rigolard qu'arrête pas de foutre les gens à l'eau *. Je les trouve plutôt marrants, Nana est un copain au poil, la mère Shermann, avec son chignon noir corbacque, à l'air, parmi ses pyramides de savonnettes, d'une mamma napolitaine comme on voit dans les films.

* Tous les Shermann seront déportés. Aucun n'en reviendra.

Tu m'as compris, tu m'as

J'étais parti pour raconter les Ritals, je crois qu'en fin de compte j'ai surtout raconté papa. C'est marrant, l'écriture. Ça va où ça veut. T'as dans l'idée depuis longtemps de dire un truc qui te tient au cœur, un truc que tu connais bien bien, t'as des tas de choses à dire dessus, importantes, vachement, des choses de tous les jours et que pourtant personne n'a jamais dites, ou alors tout de travers, idées toutes faites et déconnages de bistrot, alors, bon, un jour tu te décides, tu te mets en route, t'as tout ça bien classé bien clair dans ta tête, et pof, tu te retrouves dans les pâquerettes, va savoir comment ça s'est fait, t'as rien vu, la grande belle voie triomphale où qu'elle est, je vous le demande, les détails t'ont fait aux pattes, la fleur de pissenlit sur le talus de la route a bousculé l'essentiel, et la voilà qui remplit tout l'écran, la fleur, quel culot, t'en reviens pas.

C'est comme ça. Ta mémoire, tu crois la connaître, tu dis bon toutou, ça, fidèle et loyal serviteur... Tiens, fume! Ta mémoire, c'est une bête étrangère et têtue que tu nourris dans ta tête, dans un coin, prête à servir, que tu crois! Une vraie bourrique, oui. Qui n'en fait qu'à sa tête à elle. C'est elle qui choisit. Elle garde ce qu'elle veut, elle te sort ce qu'elle veut, quand elle veut. Tes souvenirs ne sont pas ceux que tu crois, pas du tout. Pas ceux que tu voudrais. Quand tu ouvres la porte à la mémoire, tu sais jamais ce qu'elle va te livrer, ni quand ça va s'arrêter. Elle t'en jette à brassées, encore, encore, t'as pas les bras assez grands pour attraper au fur à mesure, ça s'empile, ça se bouscule, t'en as par-dessus la tête, et il en arrive, encore, encore...

Voilà. Les vacances se tirent. Les dernières. Enfin, mes

dernières. J'ai eu mon brevet, en juin. J'ai passé l'examen d'entrée dans les Postes. J'attends les résultats. Si ça marche, je serai manipulant. Manipulant, c'est les mecs qui trient les bafouilles, de l'autre côté du bureau de poste, le côté que tu vois pas. Il y a de l'avenir, tu peux passer des examens et tu grimpes, si t'as la tête aux études. Bon, on verra bien.

Août. Août 39. Presque septembre. Il fait encore chaud, la Marne commence juste à décourager ceux qui se baignent que dans l'eau tiède. Tout le monde dit qu'il va y avoir la guerre. Personne n'y croit. *Paris-Soir* a des titres gros comme des affiches : « Hitler adresse un ultimatum à la Pologne. » « La France et l'Angleterre réaffirment leur soutien inconditionnel à la Pologne. » « Les troupes allemandes auraient franchi la frontière »... Tu parles! Ils nous ont déjà fait le coup l'année dernière, juste à la même époque. La Tchécoslovaquie, c'était, cette fois-là.

Là, oui, on a eu la trouille. Mobilisation. Les affiches avec les petits drapeaux qui se croisent les bras. Les pépères partaient ou partaient pas, c'était une histoire de fascicule, j'ai pas bien suivi, si tu l'avais bleu, le fascicule, t'étais bon, mais les autres restaient, ça faisait que les bonnes femmes se jetaient à la gueule le fascicule de leur mari, ça commençait à se traiter de planqué et d'embusqué, maman disait c'est Quatorze qui recommence, faut-y que je revoie ça encore une fois, enfin si ça doit se faire vaut mieux que ça soit maintenant que plus tard, tant que t'es encore trop jeune pour qu'ils te prennent, surtout que celle-là durera pas quatre ans comme en Quatorze, avec les mécaniques qu'ils ont maintenant l'ouvrage sera bientôt faite, et ton père qu'est juste trop vieux, quand on s'est connus je le trouvais un peu vieux pour moi mais maintenant je suis bien contente... Papa venait enfin d'être « touralisé », la vraie bonne affaire, il aurait eu dix ans de moins il se serait peut-être retrouvé en complet-veston bleu-horizon avec un chapeau de paille en tôle.

Les Ritals restés ritals se faisaient du mouron : Mussolini était le petit pote à Hitler, sûr que l'Italie allait se retrouver du mauvais côté du casse-pipe et eux dans un camp de concentration, ma qu'èche qué z'oum fa al Signoure? Qué j' choume de la zens hounnête qu'alle travaille coumme des pauv' bêtes touta la zournée, dalla matine alla svar, touta la vie, un sou j' l'oume zamais fa le tort à perchonne, qué si c'est pas vrai ze tombe morte tout svite!

Et finalement c'est grâce à Mussolini qu'on l'a évitée, la guerre. Il Doutché il a dit coumme ça : la gouerra, il est pas bon. Ecco. Milior qu'on s'assit la table vec quoualqué cose à bvare et qu'on cause oun' po de tout ça. Allora i zont fait coumme ça qu'il a dit, le Français qu'il était messio Daladier, l'Anglais qu'il est çui-là vec le paraplouie, l'Allemand qu'il était messio Hitlère et il nostro Mussolini qu'il disait tout le monde fout esse bien poli bien calme, touzours, qué si on s'énerve allora on dit des çojes que c'est mieux de les pas dire. C't'Hitlère-là, il était coumme la tigre, vec les yeux méçantes pareil. Le Français et l'Anglais i zavaient por, i se disaient ça y est, c'est pas possible, i va la fare, la gouerra, oïmé qu'est-ce qu'on va lor dire, quouante qu'on tourne la maijon? Ma il Doutché il a tout arranzé. Il a dit à Hitlère qui fout pas se mette en colère coumme ça, il a dit à l'Anglais et al Français tendez oun' po, tendez oun' po, i se donne l'air méçante, coumme ça, ma quouante qu'on sait le prende c'est pas le mouvaise diable. Laissez-mva fare, qué j'arranze tout. Et il a tout arranzé, et i sont rentrés cez jeux bien contents bien copains, et y a pas eu la gouerra, et tout le monde il a fait la noce tout partout. Ecco.

Le plus content, c'était Hitler, qui repartait avec la Tchécoslovaquie sous le bras. Mais ça, sur le moment, on nous l'a pas dit. Enfin, pas comme ça.

Cette fois, il veut Dantzig, un bled, là-bas au diable, tout gris tout froid. Tout le monde sait bien qu'on finira par le lui donner, on fait des manières, comme ça, pour ne pas avoir l'air, on mobilise, c'est pas dur : les fascicules bleus qu'étaient encore sur place à attendre la démobilisation on leur dit de continuer, de toute façon ils se font pas chier, ils sont dans la ligne Maginot, on les voit au cinoche, ils tapent la belote toute la journée et leur gamelle ils la bouffent dans des assiettes, comme au restaurant. Les vieux qu'ont fait Quatorze en ont honte pour eux.

Bon. Faut pas s'en faire. Un journal titre : « Mourir pour Dantzig? » Ça fait rigoler tout le monde, la preuve. Mussolini attend que ça soit juste le vrai bon moment pour proposer ses services. Si c'est pas lui ça sera Staline. Ou Roosevelt. Ou mon cul. Après tout, j'en ai rien à foutre, de leurs jeux de cons.

ACHEVÉ D'IMPRIMER LE 28 FÉVRIER 1980
PAR FIRMIN-DIDOT S.A.
POUR FRANCE LOISIRS

Imprimé en France.
Dépôt légal : 1er trimestre 1980
N° d'édition : 4969 — N° d'impression : 6008